모든 역사는 현재로 통한다

한홍구의 현대사 특강 2

지금 이 순간의 역사

한홍구 지음

모든 역사는 현재로 통한다

한겨레출판

| 차례 |

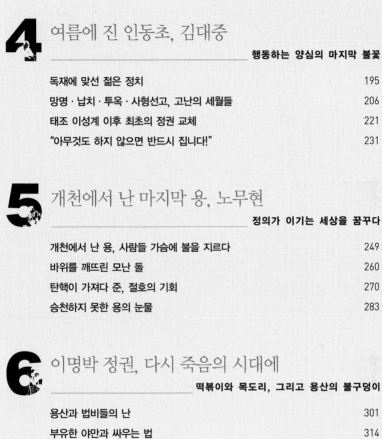

바뀐 것과 바뀌지 않은 것

이번 특강 '지금 이 순간의 역사'는 노무현 대통령의 갑작스러운 서거를 보면서 기획되었다. 그리고 특강을 진행하던 도중에 김대중 대통령마저 돌아가셨다. 우연한 일이었지만, 마침 그날은 김대중 대통령 집권 시기에 대하여 강의를 하기로 한 날이었다. 인터넷에 김대중 대통령이 돌아가셨다는 소식이 뜨는 것을 멍하니 보고 있다가 김대중 대통령의 집권 기간을 상세히 짚어보려던 계획을 바꾸어, 그의 일생을 되짚어 보는 추모 강연을 준비했다. 노무현 대통령이 돌아가신 뒤 정신없이 수십 번의 추모 강연을 다녔는데, 채 석 달이 안 되어 또다시 김대중 대통령의 추모 강연을 해야 하다니, 참으로 슬픈 일이 아닐 수 없었다.

한국은 참 사건과 사고가 많이 일어나는 나라다. 100년 전, 나라를 빼앗겨 식민지로 전락했다가 지금 세계 10위권의 강국으로 부상하기까지 한국이 걸어온 역사는 특급 청룡열차와도 같았다. 날마다 격변기였고, 해마다 전환기였던 한국 현대사에서 2009년은 특별한 해였다. 두 대통령의 죽음, 특히 노무현 대통령의 서거는 1980년 광주를 겪으며 새롭게 등장했던 민주화운동 세대가 주역이 되었던 한 시대가 끝났음을 상징하는 사건이었다. 우리네 일상은 늘 그렇게 이어져 흘러가지만 역사는 한 시대가 끝났다고 해서 다음 시대가 곧바로 시작되지 않을 수도 있다는 사실을 이번에 깨달았다. 무어라 할까. 영화가 끝나 사람들은 다 빠져 나갔는데, 아직 다음 회가 시작할 기미는 보이지 않고, 광고도 예고편도 시작하지 않은, 그런 어정쩡한 어둠 속에 우리는 놓여 있다. 촛불을 들었던 수많은 사람들은, 대한문 앞의 조문객들은 다 어디로 갔을까? 그들이 열어야 할 새로운 시대로 향한 길은 아직 열리지 않았다. 루쉰이 한 얘기처럼 어디에고 처음부터 길이 나 있는 법은 없다. 그것을 알면서도 다들 새 시대의 첫발을 떼는 것을 주저하고 있다. 한 30여 년 역사를 공부하고 나니 남는 생각은 한 번도 역사에서 길이 복잡한 적이 없었다는 점이다. 우리의 생각이 복잡했을 뿐이다. 돌아가면 길이 아닌가? 둘러간들 길이 아닌가? 풍광이 좋으면 조금 돌아갈 수도 있고, 벗을 보러 가려면 조금 둘러갈 수도 있고, 높은 산이 가로막으면 딴 길로 가도 된다. 마음이 복잡하니 목적지가 왔다 갔다 했을 뿐이다.

이번 특강은 1980년 5·18 광주에서부터 시작했다. 지금 우리가 그 종언을 목도한 시대는 광주에서부터 열렸다. 1980년대는 광주의 죽음을 끼고 산 시대였다. 전두환이 뿌린 피를 뒤집어 써야 했던 사람들은 광주의 자식이 될 수밖에 없었다. 1980년대는 참 불행한 시대였지만, 광주의 자식들은 그 불행했던 시대를 정말 열심히, 정말 치열하게 살아냈다. 한 시대의 가장 우수한 젊은이들이 자기 시대의 가장 가난한 민중들을 위해 헌신했던 때가 바로 1980년대였다. 자기를 버린다고 버렸으나 다 버릴 수 없었던 우수한 젊은이들은 그 대가로 몸속 어딘가에 지닌 오만과 독선, 현실과 동떨어진 관념의 과격함 등으로 인하여 서로에게, 자신에게, 그리고 그렇게 헌신하고자 했던 민중들에게 참으로 많은 상처를 주기도 했다. 이런 심각한 부작용을 낳기도 했지만 1980년대의 젊은이들이 구로로, 인천으로, 울산으로, 창원으로 향했던 그 움직임은 인류 역사에서 유례를 찾아보기 힘든 장엄한 행렬이었다. 분단과 전쟁과 학살 등 수많은 악조건에 둘러싸였던 한국이 대단히 빠른 시간 내에 산업화와 민주화를 동시에 달성할 수 있었던 것은 이 젊은이들의 헌신성에 크게 의존했다고 할 것이다.

어른들은 계란으로 바위치기라고 말렸지만, 바위가 깨졌다. 그런데 계란이 꾸었던 꿈만큼 세상이 바뀌지는 않았다. 세상은 바뀌지 않았지만 깨진 계란과 그 선배들은 무언가가 되었다. 노무현은 대통령이 되고, 이해찬은 국무총리가 되고, 임채정은 국회의장이 되고, 김근태, 유시민은 장관이 되고, 386 학생회장들은 국회의원이 되고, 그밖에도 수두룩 빽빽하게 무언가가 되었다. 20대에 감히 꿈도 꾸지 않은 높은 자리, 좋은 자리를 차지했지만 세상은 그만큼 좋아지지 않았다.

그들만의 민주화였다. 비록 바위는 깨어졌어도, 변하지 않은 세상이 참으로 넓었다. 그들만의 민주화는 너무 멀리 나가버리더니, 민주주의는 여의도에서의 투표 절차로 찌그러져 버렸다. 나라의 자원이, 국민들로부터 걷은 세금이, 누구를 위해 어떻게 쓰여야 하는가는 이미 정해진 것이었기에 민주주의와는 상관없는 일이 되어버렸다. 국민의 절대다수가 노동자인 세상에서, 민주주의의 기본 원리는 다수결이라고 뇌까리는 나라에서, 절대다수의 국민은 날 때부터 소수자였고 투표로 자신들의 처지를 바꿀 수 없었다.

한국전쟁으로 완벽한 싹쓸이가 이루어진 나라에서 채 50년이 되지 않아 '빨갱이' 소리를 듣던 김대중이 대통령이 되고, 어디서 굴러먹던 개뼈다귀인지 모를 노무현 같은 인간이 대통령이 된다는 것은 사실 기적이었다. 노무현 같은 사람이 대통령이 될 수 있는 나라는 많지 않다. 정의롭게 살라고 젊은이들의 가슴에 불을 싸지른 노무현이 대통령이 될 수 있었다는 것이야말로 한국 민주화의 성취였다. 그런데 딱 거기까지였다. 한국이 얼마나 민주화되었느냐고 묻는다면, 노무현 같은 사람이 대통령이 될 만큼 민주화되었다고 얘기할 수 있다. 한국이 얼마나 민주화되지 않았냐고 묻는다면, 노무현 같은 대통령이 벼랑에서 뛰어내려야 할 만큼 민주화되지 않았다고 얘기해야 한다.

내가 앞서 펴낸 『대한민국사』나 『특강』을 읽고서 꽤 많은 독자들이 우리 현대사를 보면 노상 맞아터지고, 죽고……, 저들은 너무나 거대하고 뿌리 깊어 힘이 빠진다고 푸념했다. 사실 우리 민중들이 참 힘들게 살아왔다. 그러나 입장을 바꿔 거꾸로 생각해보라. 그렇게 죽이고 그렇게 짓밟았는데도 턱밑까지 치고 올라오는 민중들을 보면서 저들은 얼마나 징글징글 하겠는가. 그 징글징글함을 못 견디는 저들은 지금 1950년대식 박멸의 추억을 꿈꾸고 있다. 1950년대 진보당 사건 판결에 불만을 품고 법원에 쳐들어갔던 반공청년들은 이제 70대, 80대 용팔이가 되어 판사 집 앞에서 아우성을 친다.

한국 현대사는 늘 경이로웠다. 어떤 부분은 너무 시간이 빨리 흐르고, 어떤 부분은 시간이 아예 멈춰 서 있고, 어떤 부분은 다른 나라 시계가 간 만큼 시간이 흘렀다. 『소금꽃나무』의 저자인 노동운동가 김진숙의 언어로 표현하면 대한민국은 "1970년에 죽은 전태일의 유서와 세기를 건너 뛴 2003년 김주익의 유서가 같은 나라. 두산중공업 배

달호의 유서와 지역을 건너 뛴 한진중공업 김주익의 유서가 같은 나라. 민주당사에서 농성을 하던 조수원과 크레인 위에서 농성을 하던 김주익의 죽음의 방식이 같은 나라"이다. 김주익이 수십 미터 크레인 위에서 목을 맨 뒤, 김주익의 변호사였던 노무현 대통령은 "죽음이 투쟁의 수단이 되는 시대는 지나갔다"고 힘주어 말했다. 그리고 5년 반 후, "야, 기분 좋다!"며 고향으로 돌아갔던 그 노무현이 부엉이 바위에서 몸을 던졌다.

많은 사람들이 '역주행'을 이야기하지만, 내가 이 서문을 쓰는 지금 한진중공업 앞에서 다시 단식을 시작한 해고 25년차 김진숙은 "3년 전부터 역사가 거꾸로 갔느니 시간이 되돌아갔느니 말들이 많았습니다. 서는 자리마다 전선이고 발 닿는 곳마다 전쟁터이고 쓰는 글마다 추모사인 일상이 단절없이 이어지고 있을 따름이라 사실은 별 실감이 없었습니다"라고 말하고 있다. 이 감각의 차이를 없애는 것이야말로 지금 이 순간 우리가 추구해야 할 연대의 본질이 아닐까?

2010년 2월
한홍구

왜 지금 이 순간의 역사인가?

안녕하세요, 한홍구입니다. 오늘부터 7주 동안 여러분과 더불어 '한홍구의 현대사 특강―지금 이 순간의 역사'라는 제목으로 강의를 진행하겠습니다. 노무현 대통령의 서거와 함께 우리가 전혀 생각지 못했던 민주주의의 퇴행을 보면서 역사를 공부하는 사람으로서 여러 가지 느낌이 들었습니다. 그 느낌을 여러분과 꼭 함께 나눠야겠다는 생각을 했고요. 역사를 공부하는 사람으로서 가만히 앉아 있을 수 없었습니다.

이번 특강에서는 1980년 광주항쟁 이후 노무현 대통령 서거까지 30년에 걸친 한국 현대사를 정리해볼까 합니다. 노무현 대통령의 죽음이라는 충격적인 사건이 어떤 역사적 맥락에서 일어났으며, 지금 우리의 슬픔을 딛고 어떻게 새로운 역사를 써나갈 것인가, 여러분과 함께 생각해보려고 합니다. 특히 한국 현대사가 흘러온 과정과 현 시점의 상황에 대해 많은 분이 슬퍼하거나 좌절하면서, 뭐랄까 패배감에 젖어 있는데요. 우리 역사의 흐름이 꼭 그렇지는 않다는 이야기를 여러분과 해야겠다는 생각에서 이 특강을 마련했습니다.

우리 현대사는 매우 열악한 조건에서 시작되었습니다. 식민지 지배와 분단과 전쟁과 학살과 독재와 고문, 그리고 친일파에서 면면히 이어져온 이 땅의 특권세력들을 보면 힘이 빠진다는 분이 많습니다. 이명박 정권이나 지금 우리 사회를 지배하는 기득권 세력의 거대한 뿌리에 주눅이 든다는 분도 제법 계신 것 같고요. 그렇지만 저쪽 입장에서 보면 죽여도 죽여도 다시 살아나고, 밟아도 밟아도 다시 일어나는 민중을 보면서 진짜 징글징글할 겁니다. 우리보다 몇십 배 더 징글징글하고, 힘이 들 겁니다. 그러니까 뉴라이트들이 없는 역사를 만들어내려는 것 아닙니까. 우리가 잘 견뎌야지요. 우리는 조금 고통스럽더라도 실제 일어났던 일들, 역사적 진실과 대화하면서 새로운 미래를 창조하려 합니다. 하지만 저들은 역사를 날조하여 불안한 미래를 달래는 마약으로 삼으려 하지요.

단 한 번도 제대로 과거와 단절한 경험이 없는 나라, 단 한 번도 지배층이 제대로 확 뒤집힌 적이 없는 나라에서 어떻게 자칭 보수세력이 이렇게 도덕적으로 허약하고 이렇게 정치적으로 무능하고 이토록 관용과는 담을 쌓고 살게 되었는지 참으로 놀라울 뿐입니다. 이명박 정권이 들어선 뒤 벌어지고 있는 온갖 역주행은 한국 기득권 세력의 도덕적, 정치적 허약함 때문입니다.

먼저 한국의 보수세력이 왜 이다지 허약해졌는가 하는 문제부터 돌이켜봅니다. 우리는 정권이 교체된다 해도 지난 20년 동안 일궈온 민주화의 기본틀은 유지하지 않을까, 그렇게 생각했었죠. 아마 많은 분이 그러셨을 텐데요. 이 부분에서 우리가 저쪽을 너무 높게 평가한 게 아닌가, 과도한 기대를 품었던 게 아닌가 하는 생각을 해봅니다.

1987년 이후 우리 민주주의가 조금씩 성숙해오다 정권 교체 이후 지금은 그 동력을 빼앗겼죠. 그리고 난 뒤에야 새삼 민주주의의 소중함을 깨달아가고 있습니다. 우리가 과거의 공포정치로부터 벗어났다고 너무 당연하게 생각했지만 그게 아니었죠. 〈한겨레〉 칼럼에 김선주 선생이 썼듯이 요새 이메일을 외국 계정으로 바꾸시는 분 많습니다. 참, 쓸쓸한 일들이 벌어지고 있어요. 지금 우리는 역사가 거꾸로 돌아가는 현상을 경험하고 있고, 많은 분이 그런 상황에 대해 힘들어하고 있어요.

그런데 저는 이런 말씀을 드리고 싶어요. 프랑스 혁명이 이루어지는 데 몇 년이 걸렸나요? 하루아침에 된 게 아니거든요. 우리는 민주화 궤도에 들어선 지 겨우 20년이지만, 프랑스 혁명은 200년 걸리고도 아직 진행 중인 일이 많습니다. 민주주의의 후퇴 속에서 우리는 우리가 걸어온 민주화의 과정들을 되짚어봐야 합니다. 민주주의가 소중하다는 사실을 제대로 알아야 열심히 지킬 것 아닙니까? 민주주의가 나에게 아무런 의미가 없는 것이라면 뭐하러 열심히 지키겠어요? 우리가 민주주의를 너무나 당연하게 생각하고 그냥 주어진 것으로 생각하지만, 이것을 이루는 과정에 어떤 희생과 고난이 있었는지 짚어보면서 우리가 걸어온 길, 우리가 이룩한 것들의 소중함을 함께 나누어야 하지 않을까, 그런 생각을 해봤습니다.

민주주의를 지키려고 하는 사람들이 민주화에 대해 제일 인색한 평가를 내리지 않았나 싶습니다. 왜냐하면 우리는 여전히 기대가 크고, 꿈이 크고, 갈 길이 아직도 멀다고 생각하기 때문입니다. 정말 갈 길이 멀죠. 저는 등산을 그리 좋아하는 편은 아닙니다만, 최근에 친구들한테 끌려 몇 번 따라갔습니다. 여러분도 산을 오르다 위를 쳐다보면 저기를 언제 올라가나 눈앞이 깜깜하다가도 뒤를 돌아보면, 와! 내가 이렇게 많이 올라왔나, 하는 기분을 한 번쯤 경험하셨을 거예요. 저는 우리가 이룩한 민주화가 그런 것이 아니었나 생각합니다.

이번 강의 제목을 '지금 이 순간의 역사'라고 지었습니다. 바로 지금 이 순간! 역사라고 하면 그저 오래된 옛날이야기로 치부하는 분들도 있지만, 역사를 흔히 과거와 현재의 대화라고들 하잖아요. 과거와 현재의 대화라는 건 결국 모든 역사가 '오늘 이 순간'으로 귀결되는 거라고 할 수 있습니다. 그래서 우리가 지금 살고 있는 현실이란 게 길게는 수천 년, 짧게는 수년의 역사적 변화들이 축적되어 이루어지는 것이라면, 마찬가지로 우리가 살아야 할 미래는 바로 지금 만들어지는 것이죠.

　저는 2004년부터 2007년까지 3년 동안 국정원과거사위원회에서 일했습니다. 과거사 정리 작업을 하면서 뼈저리게 느낀 것이 있습니다. 아무리 과거사 정리 작업을 잘한다고 한들, 애초부터 그 일들이 일어나지 않는 것보다 나을 수 없다는 점입니다. 우리가 과거사라고 규정하는 것들이 사실은 자기 시대의 가장 첨예하고 뜨거운 문제였습니다. 자기 시대에 제대로 문제를 해결하지 못하다 보니 뒤늦게 과거사란 이름으로 다시 제기될 수밖에 없고, 세월이 한참 지난 다음에는 제대로 해결하기가 어렵게 된 것입니다. 지난 몇 년 동안 한국 사회가 과거사를 둘러싼 갈등으로 몸살을 앓았는데, 지금 우리가 제대로 바로잡지 못해서 가까운 미래에 '과거사'라고 불릴 문제들을 낳아서는 안 되지 않겠습니까?

　앞으로 자세히 말씀드릴 기회가 있겠습니다만, 지금 우리 일상생활을 옥죄는 여러 가지 현실, 가령 집값 문제, 교육 문제, 혹은 일자리 문제 같은 게 오늘날과 같은 모습을 띠게 된 것이 불과 20년 내지 40년 안팎입니다. 부동산 투기가 우리나라에서 본격적으로 시작된 게 40년밖에 안 되었거든요. 비정규직이란 말이 생긴 지도 20년이 채 안 되었어요. 지금 대학 졸업생 중에서 70퍼센트 이상이 비정규직으로 사회생활을 시작할 수밖에 없는 현실인데 그게 불과 20년 사이, 즉 민주화 이후에 나타난 현상입니다. 지금 벌어지는 일들이 앞으로 20년 후에 또 어떤 모습을 띠게 될지는 모르죠. 얼마 전에 미디어법이 국회에서 날치기로 통과되었어요. 그게 정말 통과된 것인지는 법적 효력을 따져봐야 하겠습니다만, 이런 잘못된 법을 통과시켜놓으면 20년 후에 어떤 영향을 미치게 될지 생각해봐야 한다는 겁니다. 지금 이 순간 벌어지고 있는 일들에 대해 우리가 관심을 갖지 않을 수가 없어요.

자, 지금 우리가 살아가는 이 순간이 우리 역사에서 어떤 의미를 지닐까요?

지난 5월에는 5천 년 역사에서 보기 드물게 최고지도자였던 사람이 자기 목숨을 끊는 사태가 벌어졌습니다. 아마 고구려 중엽에 봉상왕이 자살한 이후 처음이 아닐까 싶어요. 그런 드문 일을 지금 우리가 경험하고 있는 겁니다. 여기에 대해 어떻게 반응할 것이냐, 이 순간 어떻게 반응을 하느냐에 따라 우리 아이들의 미래가 달라진다고 생각합니다.

"모든 역사는 현대사다"라는 말이 있습니다. 모든 역사는 과거에 일어난 일 자체라기보다는 현재의 관점에서 불러내고 해석한 과거입니다. 저는 '모든 역사는 현대사'라는 말을 좀 더 강조해서 '모든 역사는 지금 이 순간의 역사'라고 말씀드리고 싶습니다.

광주의 자식들, 그리고 노무현

살아남은 자의 슬픔을 느낀 사람들

광주 전야

오늘 첫 번째 강의는 광주로부터 시작할까 합니다. 2010년이면 광주 항쟁이 벌어진 지 만 30년이 됩니다. 어느새 30년 세월이 흘렀어요. 박정희가 죽고 유신체제가 붕괴되면서 우리가 민주주의를 향해 막 나아가려는 순간, 바로 그 순간에 전두환을 우두머리로 하는 신군부가 나타나 조국에서 준 총을 거꾸로 국민을 향해 겨누고 정권을 찬탈했습니다. 당시 광주는 외딴 섬나라가 돼버렸습니다. 아무도 광주에서 무슨 일이 벌어지고 있는지 몰랐어요. 그저 흉흉한 유언비어만 돌았을 뿐 무슨 일이 벌어지는지 우리는 잘 몰랐습니다. 그때 우리가 잘 몰랐던 일들, 그때 광주에서 벌어진 일들이 우리 역사를 완전히 바꾸어놓았습니다.

한국전쟁 이후 우리 현대사에 얼마나 많은 사건이 있었습니까? 저는 그중에서도 제일 중요한 사건을 꼽으라면 서슴지 않고 '광주'를 들겠습니다. 저는 그때 대학교 3학년이었는데 저부터가 광주 때문에 인생이 달라졌거든요. 아마 1980년대를 산 많은 사람이 광주 때문에 인생이 달라졌을 겁니다.

왜 광주인가?

저는 광주를 이해하지 못하면 한국 현대사를 절대로 이해하지 못한다고 생각합니다. 우리가 사는 지금 이 현실을 가장 많이 규정지은 사건이 바로 5·18 광주라고 봅니다. 5·18은 수많은 사람으로 하여금 자기 인생을 되돌아보게 만든 사건이었을 겁니다.

5·18에 대해 좋은 책*을 쓴 최정운 교수라는 분이 계신데, 그분이 책의 서문에서 이렇게 말씀하셨어요. "5·18은 우리 역사에서 하나의 사건이 아니다. 우리 역사를 다시 시작하게 만든 사건이며, 아울러 우리 모두에게 각자 새로운 역사를 만들게 한 사건이다."

그 시대를 산 사람들은 5·18로부터 자유로울 수 없었습니다. 5·18은 우리 몸에서 시작했지만 우리 영혼과 마음을 바꾸어놓은 사건이었습니다. 적어도 그 시대를 치열하게 산 사람들에게는 광주 이전과 이후가 마치 기원전과 기원후와도 같은 중요한 의미를 지녔습니다. 그리고 광주는 광주의 자식들을 낳았습니다. 광주를 통해 한 세대가 새롭게 만들어졌습니다. 저는 그 새로운 세대가 이번에 마감을 했다고 생각합니다. 노무현 대통령의 죽음! 노무현 대통령의 서거를 보면서 적어도 1980년대 광주의 자식들이 주역이 되어 뭔가 세상을 바꿔보려고 몸부림쳤던 한 시대가 이렇게 끝나는구나, 이제 새로운 시대가 열

---

* 최정운, 『오월의 사회과학』, 풀빛, 1999.

리는구나, 하는 느낌이었습니다.

한 시대가 끝난다는 게 꼭 부정적인 의미는 아닙니다. 역사는 흘러가게 마련이죠. 역사는 언제나 늘 새롭게 시작합니다. 어떤 의미에서는 우리가 광주에서 벗어난다고 해야 할까요, 광주를 딛고 일어서야 한다고 해야 할까요. 그렇게 새 시대가 열리는 듯한 기분이었습니다. 최정운 교수가 광주로부터 역사를 다시 시작한다고 말씀하셨고 저도 그런 생각입니다만, 이제 우리가 광주의 시대를 덮고 그 광주로부터 또 새로운 역사의 실마리를 끌어내야 합니다. 지금 우리가 그런 시점에 놓여 있는 게 아닌가 싶습니다. 새로운 시대에 대한 준비는 아마 대단히 오래 걸리리라고 생각합니다. 그 당시 우리는 광주가 그렇게 중요한 사건이라는 걸 체감하지 못했어요. 한 5년, 10년 싸우다 보면 광주가 해결될 줄 알았습니다. 그런데 과연 우리가 광주를 완전히 해결했느냐, 그렇게 이야기할 수 있을까요? 광주의 자식들이 온몸을 내던져 열었던 한 시대가 막을 내리는 지금, 우리는 광주 문제를 해결했다고 할 수 있을까요?

그 문제는 좀 미루어두고, 광주가 벌어지기 전의 상황으로 돌아가 보지요. 우리는 1970년대 박정희 시대를 살았습니다. 박정희 시대! 참, 뭐라고 표현을 해야 할까요? 박정희 향수를 가진 사람들은 그때가 좋았다고 말하지만, 그 시대를 직접 살았던 저희로서는 굉장히 어두운 기억을 이야기하지 않을 수 없습니다. 오늘 이야기할 주제가 1980년 서울의 봄입니다. 1979년, 제가 대학교 2학년 때 박정희가 죽었습니다.

대학을 다니는 동안 저는 학교에서 벤치에 앉아본 기억이 없어요. 벤치에는 항상 짭새들이 앉아 있었거든요. 짭새 옆에 앉을 순 없잖아요? 요새는 전경 버스가 흰색이지만 그때는 국방색이었어요. 캠퍼스 안에 국방색 전경 버스가 항상 주둔해 있었죠. 데모가 있든 없든 전경들이 하루 종일 버스에서 대기하는 겁니다. 전경들도 무슨 죄가 있겠습니까. 심심하니까 주뼛주뼛 내려와서 자기들끼리 우유팩도 차고 벤치에 앉아 있기도 하고요. 학생들은 그걸 비껴서 지나가고. 그러던 시절이었습니다.

당시 각 대학들을 보면 '학'이라는 별명을 가진 선배들이 있었어요. 왜 '학'이냐? 인품이 학처럼 고고해서 그렇게 붙인 게 아니에요. 왜 그랬는지 모르지만 그때는 데모할 때 "학우여!" 하면서 시작했습니다. 왜 '학'인지 아시겠습니까? 핸드마이크를 들고 사이렌을 왱 울리면서 "학우여" 하고 구호를 시작하는데, 바로 옆에 짭새가 있는 줄도 모르고 있다가 "학~"에서 끊기는 겁니다. 짭새들이 덮쳐서 끌고 가죠. 현장에서 보면 피가 거꾸로 도는 광경입니다. 그렇게 끌려가서 두들겨 맞고 징역 살고 나와 군대로 끌려가기도 하고 그랬죠. 한때는 전설이었던 그런 선배들, 나중에 만나서 친해지면 놀리는 겁니다. "학", "학", 그렇게 놀렸어요. 참 우울한 시절이었죠.

박정희가 일으킨 두 번의 쿠데타

박정희가 1961년에 군사반란을 일으켰습니다. 자기 말로는 군사혁명이라지만, 흔히 군사 쿠데타라고 하죠. 쿠데타는 반란의 한 형태입니다. 반란인데 어떤 반란이냐? 농민반란 같은 경우에는 체제 밖에 있는 사람들이 들고 일어나는 것이죠. 그런데 쿠데타는 체제 안에 있는 자가 국가기구의 물리력을 이용해 반란을 일으키는 걸 말합니다. 군인이 반란을 일으킨 거죠.

그럼 여순반란사건은 뭡니까? 여순반란도 군인들이 일으킨 겁니다. 국군 14연대가 제주 진압 명령에 불복해서 반란을 일으켰습니다. 그런데 실패했어요. 실패해서 반란이 된 겁니다. 5·16은 왜 군사혁명이라고 불렀을까요? 성공했으니까, 즉 집권했으니까 자기들 말로 군사혁명이라고 한 거죠. 반란이라는 본질은 똑같아요. 박정희는 1961년 5월 16일 반란을 일으켜 헌정 질서를 완전히 짓밟았습니다. 그렇게 권력을 장악했어요.

박정희가 군정을 하다 약속대로 민정이양을 했으면 되었을 텐데, 1963년 대통령 선거에 나와 윤보선과 붙었습니다. 우리나라 선거 역사상 최고의 박빙 선거였죠. 15만 표 차이로 간신히 당선이 되었어요. 1967년에는 재선에 성공합니다. 그때 박정희가 지금 제 나이쯤 됐어요. 헌법상 대통령 중임제였으니까 한 번에 한해서 연임이 가능했으니, 그게 마지막이었습니다. 그런데 박정희 입장에서는 계속 더 하고 싶었던 겁니다. 한 번만 더 하자는 욕심에 국회에서 날치기 통과로 3선 개헌을 했고, 그렇게 해서 1971년도 대통령 선거에 나왔습니다. 그때 야당의 김대중 후보가 40대 기수론을 통해 등장했죠. 1971년 4월 대선에서 박정희는 간신히 3선에 성공했어요. 그때도 김대중이 투표에서 이기고 개표에서 졌다고 말들이 있었죠.

박정희가 선거운동을 하면서 국민들에게 약속했습니다. "다시는 국민 여러분께 저를 찍어달라고 부탁하지 않겠습니다, 이번이 마지막입니다." 그 약속 지켰을까요? 지켰습니다. 어떻게 지켰느냐! 선거제도를 바꿔서 지켰습니다. 유신 쿠데타를 일으켜 대통령을 국민이 뽑는 게 아니라 체육관에서 뽑게 만들었죠. 박정희는 약속을 지켰습니다.

불행하게 지켜진 거죠. 그때 히트했던 영화가 〈미워도 다시 한 번〉입니다. 3선 개헌을 하면서 한 번만 더 할게, 한 번만 더 할게, 하니까 '미워도 다시 한 번' 국민들이 뽑아준 거죠.

박정희는 1971년 4월 27일 세 번째 대통령에 당선되어, 7월 2일 취임했습니다. 그런데 1971년 상황이 어찌 보면 2008년 촛불집회 당시하고 비슷해요. 어쩌면 더했죠. 2008년에는 딱 석 달 하다 말았잖아요. 5월에 촛불을 들기 시작해서 5월, 6월에 본격적으로 불이 타올랐고 7월부터 사그라지기 시작해 8월에 끝난 셈이었는데 1971년에는 1년 내내 데모가 있었습니다.

누가 데모를 했느냐? 의사가 파업을 하고, 판사가 집단행동을 했어요. 수련의 파동, 사법 파동, 그런 일들이 터졌습니다. 사법 파동은 소장 판사들이 집단사표를 던진 것이지만, 그보다 앞서 대법원이 박정희의 방침에 강하게 제동을 걸었습니다. 6월 22일 대법원 전원합의체가 "군인이 전투훈련 및 직무수행 중 전사, 순직, 공상으로 유족연금 등을 받을 수 있는 경우는 제외한다"는 국가배상법 제2조의 단서조항이 위헌이라고 판결했어요. 정부는 베트남파병에서 많은 희생이 발생하고, 또 베트남이 아니더라도 당시 한국군에서 너무나 많은 사상자가 발생하는 상황에서 국가배상법을 고쳐 희생자에 대한 정당한 배상의 길을 막아버리려 했던 겁니다. 이 판결로 심기가 상한 박정희가 법원에 대해 두고 보자 벼르니까 눈치 빠른 공안검사들이 마음에 안 드는 판사를 잡아들이려고 했죠. 여기에 판사들이 반발해서 집단사표를 쓰고, 일종의 파업 비슷한 행동을 했죠. 그런 일이 있었어요. 대학생들은 교련 반대 데모를 했습니다. 이북 특수부대의 청와대 기습 사건 이후 정부에서 고등학교는 물론 대학에서도 군사훈련을 시켰거든요.

1972년 유신헌법 공포식
박정희는 1972년 7월 4일 남북공동성명을 발표해 국민들의 얼을 빼 놓은 후 10월 전격적으로 유신 체제를 가동시켰다. 국회의원의 3분의 1을 대통령이 직접 임명하는 등 유신헌법이 보장한 막강한 대통령 권한을 등에 업고 그는 본격적인 독재의 길로 들어서게 된다. (보도사진연감)

대학생들이 여기에 반발한 겁니다. 노동자들은 파업 수준이 아니라 폭동을 일으켰어요. KAL 빌딩 방화 사건이라고, 서울 한복판의 한진 빌딩에서 베트남에 파견되었던 노동자들이 체불임금의 지불을 강력히 요구하다가 불을 지르기까지 한 거죠. 광주대단지 폭동은 지금의 성남에서 일어난 사건입니다. 청계천 복개 전에 빈민가 정비 및 철거민 이주사업을 추진하면서 철거민들을 트럭에 싣고 경기도 광주에 풀어놓은 겁니다. 그때는 성남 일대가 그야말로 허허벌판이었죠. 길이 있나, 하수도가 있나, 일자리는 서울에 있는데 서울로 나올 교통편도 없고, 도저히 생존이 불가능한 형편이었습니다. 굶어 죽게 생겼으니까 사람들이 폭동을 일으키는 거죠. 이주민 수만 명이 하루 동안 공권력을 해제하고 그 지역을 완전히 점거했습니다. 조선시대로 치면 엄청난 민란이 난 거죠. 뭐, 하루도 편할 날이 없었어요. 1년 내내 그랬습니다.

그래서 1971년 말 박정희가 국가비상사태를 선포했습니다. 그렇게 고비를 넘기는 듯하더니 1972년 갑자기 7·4남북공동성명을 발표해 국민들의 얼을 빼놓았습니다. 처음으로 남북 정권의 2인자 급이 비밀리에 상호 방문을 하면서 통일에 대한 대원칙을 발표했습니다. 이렇게 국민들의 기대감을 확 부풀려놓고는 뒤에서 뭐 했습니까? 중앙정보부에서 비밀공작을 펴 유신이라는 종신 집권 계획을 짰죠. 친위쿠데타를 했습니다. 헌법은 전혀 아랑곳없이 국회를 해산하고 비상국무회의에서 모든 일을 결정해서는 자기 마음대로 헌법을 만들었습니다. 그게 유신헌법입니다. 헌법이라고는 하지만 헌법이라고 부르기도 뭐한, 헌법의 기본 원리를 완전히 무시한 말도 안 되는 헌법이 나왔죠.

이때부터 개헌을 둘러싼 구도가 전격적으로 바뀌었습니다. 제헌헌법 이후 권력자들은 틈만 나면 개헌하려 들었고, 반대로 민주세력은 헌법을 지키자는 구도였습니다. 그래서 호헌이라는 말을 많이 썼죠. 권력자들이 시도한 개헌은 '발췌 개헌', '사사오입 개헌', '3선 개헌' 등 다 흉악한 개헌들입니다. 민주세력의 임무는 헌법을 지키는 일이었는데, 유신헌법의 등장으로 구도가 완전히 바뀌었습니다. 이제부터는 민주세력이 개헌을 요구합니다. 유신 이후로 전두환 때까지 그렇게 되었어요. 민주세력의 구호에 개헌이 단골로 등장하게 됐죠.

유신헌법이라는 게 굉장히 웃깁니다. 대통령 마음대로 뭐든 다 할 수 있죠. 국회의원의 3분의 1을 대통령이 임명합니다. 국회의원 임기가 6년이었는데, 대통령이 임명하는 의원들은 3년이에요. 중간에 대통령이 한 번 갈아치운다는 이야기죠. 그럼 어떻게 됩니까? 국회의원 한 번 더 하려면 무조건 충성해야죠. 앞잡이 노릇 충실하게 해야 합니다. 국회에 대통령의 친위부대, 돌격대를 집어넣은 겁니다.

법관은 어떻게 했느냐? 1960년대까지 법관 추천회의가 있었고, 법관에 대한 임명권이 대법원장한테 있었어요. 그러니까 소장 법관들이 대통령 눈치 안 보고 마음껏 소신 판결을 내렸습니다. 1960년대 말, 1971년까지만 해도 좋은 판결이 많았어요. 사법부의 독립성이 나름 보장되었던 거예요. 그래서 박정희 마음에 안 드는 판결이 계속 나왔어요. 중앙정보부 입맛에도 전혀 맞지 않았겠죠. 예를 들어 이북하고 편지 교환을 한 사람을 반공법 위반으로 잡아넣었습니다. 허락받지 않고 북쪽하고 서신을 교환했으니 지금 봐도 큰일 날 일이잖아요? 그런데 대법원에서 무죄판결이 나왔어요. 대학생들이 데모하고 야당 당사에 들어가 농성을 해서 잡아넣었더니 그것도 무죄판결이 났죠. 또 월간 〈다리〉지, 김지하의 「오적」 필화 사건도 무죄를 때렸어요. 대통령 입장에서는 사법부가 눈엣가시였겠죠.

그래서 어떻게 했습니까? 사법부 길들이기를 시작했어요. 말 안 듣는 판사들 다 잘라버렸습니다. 40명 정도 잘라버렸어요. 이 이야기는 제가 〈한겨레〉에 매주 연재하고 있어서 여기선 자세히 말씀드리지 않겠습니다. 어쨌든 그렇게 해서 사법부를 다 정리해버리고, 그것도 모자라서 긴급조치란 걸 만들었습니다. 대통령 마음대로 뭐든 다 하는 게 긴급조치권입니다. 심지어 대통령 마음대로 형벌을 정하고 사법부 기능까지 정지시킬 수 있었죠. 실제로 그렇게 했습니다. 초창기에는 긴급조치를 내리고 군법회의에서 재판을 했습니다.

긴급조치라는 게 상식적으로는 설명이 안 되는데요. 예를 들어 민청학련 이후 나온 긴급조치 4호를 보면 정말 희한합니다. '이유 없이 수업을 빼먹는 자'에 대한 조치가 나오는데요. 사실 수업 빼먹을 때 이유 있습니까? 그냥 거시기하니까, 날씨가 좋으니까 빼먹고, 날씨가 우중충하니까 빼먹는 거잖아요. 이 자리에 선생님들도 계시는데, 학생이 이유 없이 수업을 빼먹으면 어떻게 하십니까? 기껏해야 혼내거나 점수를 깎겠죠. 긴급조치 4호에 의하면 어떻게 하느냐. 놀라지 마십시오. 이유 없이 수업을 빼먹은 자도 최고 사형까지 가능합니다. 그런 학생이 나온 학교는 문교부 장관에 의해 폐교도 가능합니다. 물론 실제로 그렇게까지 가지는 않았어요. 하지만 그걸 법이라고 대통령 긴급조치에 명문화했어요. 그게 유신 시절입니다. 유신헌법을 개정하자는 말만 해도 군법회의에서 징역 15년을 때리는 시절이었습니다. 아주 살벌했어요.

10·26, 유신의 심장을 쏘다!

그렇게 살벌한 시대가 계속되면서 1979년이 되니까 학생운동이 기운을 다 잃어버렸어요. 그때 서울의 주요 대학에서 1학기 내내 데모가 거의 없었습니다. 왜 그랬을까요? 데모라는 게 적어도 5명은 모여야 시작했거든요. 5명이 주동해 캠퍼스 곳곳에서 마이크 소리를 왱 내며 "학우여~" 하고 유인물도 뿌리고 꽹과리도 치면서 학생들을 모아 데모를 시작했어요. 그런데 5명 팀이 안 짜지는 거예요. 하도 탄압이 심하고 학생들이 주눅이 들어서 학생수가 수만 명이 넘는 큰 대학에서 선수 5명이 나오지 않았던 거예요. 속에서 불만이 부글부글 끓어도 막상 데모를 주동하자고 하면 5명도 안 짜이는 상황이었습니다.

1979년 1학기는 데모 없이 조용히 지나갔는데, 그해 8월 7일 YH무역 농성사건이 터졌습니다. 뭐냐 하면, 가발제조회사인 YH사에 노조가 결성되니까 사장이 위장폐업을 해버리고 임금도 떼어먹은 채 달아났어요. YH 노동자들이 여기저기 호소하다 안 되니까 제1야당인 신민당사로 뛰어 들어갔습니다. 그때 신민당 총재가 김영삼 씨였는데 그때만 해도 지금처럼 맛이 가진 않았거든요. 어쨌든 명색이 야당이니까 노동자 입장에서 '저기 가면 우리 문제를 풀어줄지 몰라, 우리 하소연을 들어줄 거야' 하는 마음에 들어갔습니다. 그걸 경찰이 하루 만에 당사로 난입해 강경진압을 해버렸어요. 그 과정에서 노동자 김경숙 씨가 사망했습니다. 정부는 투신했다고 발표했는데, 몇 년 전 진실화해위원회에서 조사한 결과 투신이 아니라 구타로 인한 사망인 걸 확인했습니다.

YH 사건으로 정세가 급변하기 시작했어요. 유신체제가 아주 단단하게 통제된 체제인데, 사실 단단하면 잘 깨지잖아요. 체제 자체가 너무 경직되어 조그만 충격도 견디질 못하는 겁니다. 대학생인 저도 하루하루 분위기가 바뀌는 걸 피부로 느낄 정도였습니다. '야, 이 체제 오래 못 가겠다.' 1학기 내내 한 번도 없던 데모가 2학기 들어 자연발생적으로 일어나기 시작하더니, 정말 데모 한 번 할 때마다 정권이 흔들흔들하는 느낌이 전해져왔습니다. '야, 이 정권 우리가 무너뜨릴 수 있겠다.' 어린 마음이었지만 그런 느낌이 들었어요. 그렇지만 박정희가 총 맞아 죽을 줄은 몰랐죠.

YH 사건으로 야당이 완전히 부활했어요. 여성 노동자들의 농성을 진압할 때 경찰이 제1야당의 당사에 진입해서 국회위원이고 뭐고 가릴 것 없이 무자비하게 패버렸거든요. 당시 신민당 대변인이 코뼈가 부러지는 중상을 입었죠. 그렇게 제대로 터지고 나니까 김영삼 총재와 의원들이 세게 나오기 시작한 겁니다. 국회에서도 세게 나가고, 김영삼 씨가 〈뉴욕타임스〉와 회견하면서도 말을 세게 했어요. 그러니까 박정희가 어떻게 했냐? "저거 잘라버려!" 한 겁니다. 그 말 한마디에 일국의 야당 총재를 제명하는 사태가 벌어집니다. 총재를 제명하니까 신민당 의원들이 사퇴서를 내버렸어요. 지금처럼 미적지근하게 낸 게 아니라 전원 사퇴서를 냈습니다. 유신정권은 그걸 어떻게 받았나요? 아주 기가 막힌 안을 내놨어요. "선별 수리하겠다." 사표 낸 의원 중에서도 강성 의원들만 수리하겠다고 했어요. 그러다 박정희가 총 맞아 죽는 바람에 흐지부지됐지만, 그런 잔머리를 썼습니다.

어쨌든 김영삼 씨는 의원직에서 제명되었습니다. 그러자 고향인 부산과 마산 일대에서 민심이 부글부글 끓었어요. 사실 민심은 오래전부터 심상치 않았습니다. 서울은 1979년에 데모가 사라졌지만, 부산 지역은 1975년 부산대에서 재일동포 학원간첩단 사건이란 게 터지면서 학생운동이 쑥대밭이 돼버렸지요. 그 이후로 부산대학은 데모할 엄두를 못 내고 있었어요. 그러다 1979년 가을 무렵 겨우 이대로 있을 수 없다는 학생들이 나오게 되었는데, 때맞춰 김영삼 씨가 제명된 거죠. 부산에서 바로 데모가 일어났습니다. 주도했던 학생들도 깜짝 놀랄 만큼 시민들의 호응이 컸고요. 왜 우리 지역 정치인을 자르느냐며 시민들이 크게 반발했던 겁니다.

2천 명이 참가한 학내 시위가 5만 명의 시민이 참여한 대규모 시위로 걷잡기 힘들 만큼 커지면서 부마항쟁으로 확대되었죠. 여기에 사실 정치적 요인만 있던 건 아닙니다. 당시 부가가치세가 처음 도입되면서 조세에 대한 서민들의 불만이 아주 컸습니다. 이런 경제적 요인

YH여공 신민당사 농성 사건
깨지지 않을 것 같던 유신 체제에 처음 균열을 낸 것은 민주화 투사도, 학생도, 야당 정치인도 아니었다. 가발공장 YH무역의 여성 노동자들이었다. (보도사진연감)

과 부산이라는 지역적 특수성이 합쳐지면서 더 크게 폭발했죠. 경찰력으로 도저히 수습이 어려워지자 정권은 부산 일대에 계엄령을 선포했어요.

그때 중앙정보부장인 김재규는 박정희의 오른팔이었죠. 박정희가 고향 후배인 김재규를 군대로 이끌었고 계속 뒤를 봐줘서 보안사령관, 군단장, 중앙정보부 차장, 건설부 장관 등을 역임하다 중앙정보부장 자리까지 올라갔습니다. 박정희 정권하에서 중앙정보부장이란 말도 못하게 중요한 자리입니다. 어마어마한 자리였죠. 1970년대 중앙정보부는 지금의 국정원과 비교도 안 될 정도로 권한이 막강했어요. 나는 새도 떨어뜨린다는 권력이었죠. 남자를 여자로, 여자를 남자로 바꾸는 것 말고는 뭐든지 다 가능한 자리가 바로 중앙정보부장이었습니다. 그런 자리에 몇 년씩 앉혔으니까 박정희의 심복 중의 심복이었습니다.

그 김재규가 박정희를 쐈습니다. 왜 쐈느냐? 유신체제를 무너뜨리는 길은 이 길뿐이었다는 거죠. 김재규는 왜 유신체제를 무너뜨려야 한다고 생각했을까요? 대규모 유혈사태를 막아야 했기 때문입니다. 김재규로서는 굉장히 절박한 마음이었습니다. 중앙정보부장이기 때문에 부산, 마산에서 대형 소요가 일어났을 때 직접 헬기를 타고 내려가 봤어요. 가서 보니까 소요가 장난이 아니에요. 시민들도 합세했는데 4·19보다 훨씬 더하더라는 거죠. 4·19에 비해 시민들의 호응도 높고, 또 시민들이 파출소에 불 지르고 세무서에 돌을 던지는 등 격한 행동을 하고 있었습니다. 사실 4·19는 학생들이 주도하고 시민들은 호응했던 거죠. 이번에는 시민들이 주도적으로 나서는 거예요. 학생들은 계기만 제공했죠. 민심이 장난이 아닌 게, 곧 5대 도시로 확산될 듯했어요.

김재규가 급히 서울로 올라와 대통령에게 정책을 바꾸어야 한다고 강력하게 주장했어요. 그런데 차지철이 면전에서 싹 무시했습니다. 차지철은 대통령 경호실장이었죠. 5·16 당시 쿠데타 핵심들이 모인 사진을 보면 박정희 옆에 가슴에 수류탄 달고 얼룩무늬 군복 입은 험상궂게 생긴 사람이 있잖아요? 그 사람이 바로 차지철입니다. 아주 강경파였죠.

이 사람이 박정희에게 뭐라고 이야기했느냐. 중앙정보부장이 물렁물렁해서 저런 일이 벌어진 거니 "각하, 탱크로 밀어버립시다!" 그런 겁니다. 그즈음 캄보디아에서 킬링필드가 있었죠. 얼마나 죽었습니까? 300만 명이 죽었습니다. "캄보디아 보십쇼, 300만을 죽여도 정권

5 · 16 쿠데타의 주역들
공수단 대위 신분으로 쿠데타에 참여한 차지철(오른쪽 두 번째)은 공화당 4선 의원을 거쳐 10 · 26 당시에는 대통령 경호실장이었다. 그가 평소에 하고 다녔다는 유명한 말, "각하는 곧 국가다."

유지하는 데 까딱없습니다. 우리는 1만 명, 2만 명 정도로 본때를 보입시다. 깔아버립시다." 이러고 나온 거예요.

정말 참혹한 이야기입니다만, 우리가 워낙 험난한 죽음의 역사를 거쳤습니다. 남북이 분단된 상태에서 한국전쟁이 일어나 엄청나게 많은 사람이 죽고 분단은 고착화되었어요. 조금이라도 진보적인 사람들은 북으로 갔고 그나마 남아 있던 사람들은 전쟁 전후로 깨끗이 청소가 됐습니다. 오죽하면 고은 선생님의 시에 이런 구절이 있겠어요? "나 같은 게 살아서 오일장 장터에서 국밥을 다 먹는다." 장터에서 국밥을 먹다 불현듯 죽은 사람들 생각이 난 거죠. 얼마나 많이 죽었으면 이런 기막힌 시가 나왔겠습니까.

이렇게 다 죽이고 시작했기 때문에 박정희 정권이 굉장히 악랄한 독재인데도 다른 독재국가들에 비하면 의문사나 사형이 굉장히 적었습니다. 남미의 몇 나라는 장난이 아니었어요. 우루과이의 경우 그나마 가톨릭 덕분에 2만 명밖에 안 죽었다고 자위하는 형편이었습니다. 우리하고는 단위가 달랐어요.

박정희가 인혁당 같은 사건을 통해 국민들에게 본때를 보이려고 했는데 약발이 잘 안 먹혔습니다. 인혁당을 빨갱이로 조작해버린 것이 오히려 학생들 입장에서는 남의 일처럼 여긴 점도 있었던 것 같아요. 우리는 빨갱이가 아니다. 우리는 단지 민주주의를 원할 뿐이라는 거죠.

반유신 활동이 계속 커져서 정말 폭동 수준이 되고 군대를 동원해야 하는 상황까지 다다르니까 박정희 정권도 위기감을 느끼죠. 거기다 차지철 같은 사람이 "탱크 동원합시다!" 하니까 박정희가 김재규에게 뭐라고 했느냐면, "4·19 때는 이승만이 발포 명령을 안 내렸기 때문에 최인규나 곽영주가 사형을 당했지만 내가 발포 명령을 내리면 누가 대통령을 사형시킬 거야? 발포해!" 그런 겁니다.

대통령은 발포하라고 하지, 경호실장은 탱크로 깔아버리자고 그러지. 김재규가 뻔히 알잖아요. 이놈들은 한다면 하는 놈들이다. 그렇다면 대량 유혈참사를 어떻게 막을 것이냐. 지금은 군대를 풀어서 일시적으로 진정된 듯 보이지만 시위는 확산될 수밖에 없다, 이걸 어떻게 막을 것이냐. 막으려면 박정희를 쏘는 길밖에 없다. 야수의 심경으로 유신의 심장을 쏘았다는 이야기가 여기서 나온 겁니다.

김재규가 총을 쏜 게 올해로 딱 30주년입니다. 박정희도 팔자가 기구한 것이, 제삿날이 같은 사람이 또 한 명 있어요. 이 사람도 우리 역사에 엄청나게 중대한 영향을 미친 사람입니다. 100여 년 전에 죽었는데 박정희가 20세기 후반기에 영향을 미친 것만큼, 또는 그보다 더 큰 영향을 20세기 전반기 우리 역사에 미친 인물이죠. 바로 이토 히로부미입니다. 박정희가 하필 이토하고 제삿날이 같아요. 언젠가 저희 평화박물관에서는 두 사람의 죽음과 관련해 전시회나 행사를 열었으면 합니다. '10·26 두 발의 총성.' 뭐, 이런 제목으로 할 생각입니다.

박정희가 총에 맞아 죽으면서 영원할 것 같던 유신체제가 무너졌습니다. 박정희는 종신집권을 꿈꿨는데 그 꿈이 결국 이루어졌죠. 죽을 때까지 대통령을 한 겁니다. 다만 총에 맞아 죽었죠. 그 집 팔자가 참 셉니다. 육영수 여사도 총 맞아 돌아가셨잖아요. 장남 박지만 씨가 저보다 한 살 위인데 마약을 했다, 뭐 했다 하면서 안 좋은 이야기가 많았어요. 인간적으로 가슴이 아프죠. 열여섯 살에 어머니가 총 맞아 돌아가시고, 스물두 살에 아버지마저 총에 맞아 비명횡사했으니 한국전쟁 이후 우리나라에서 부부가 따로따로 총 맞아 죽은 집은 그 집뿐일 거예요. 이게 독재의 말로, 유신체제의 말로입니다. 육영수 여사는 참 불쌍하게 돌아가셨죠. 육영수 여사가 총 맞아 돌아가시면서 유신체제가 더 길게 연장된 측면도 있다고 생각합니다. 그렇게 박정희의 시대가 끝났습니다.

서울의 봄, 불안한 고요

유신시대가 막을 내리고 세상이 부글부글 끓어오르기 시작했습니다. 유신이 끝났으니 당연히 민주화를 요구하는 세력과 기득권을 유지하려는 유신세력이 충돌을 일으키면서 정치적인 혼란이 왔습니다.

이런 혼란을 빌미로 군이 전면에 나서게 됩니다. 당초에는 계엄령이 부산 일대에만 선포되었는데 박정희가 죽으면서 제주를 제외한 전국으로 확대되었어요. 그 차이가 뭡니까? 제주도까지 포함하면 전국 계엄이니까 계엄사령관이 전면에 나서게 됩니다. 그러나 제주가 빠지면 계엄사령관은 대통령과 국방장관의 지휘를 받아야 합니다. 국방장관은 군 출신이지만 엄연히 민간인 신분이죠. 국방장관이 지휘한다는 것은 내각이 개입할 수 있다는 이야기입니다. 헌법에 국무총리는 "행정 각부를 통할"한다고 되어 있으니까 총리가 국방장관을 지휘할 수 있는 거죠. 나중에 5·17 때는 제주를 포함해 전국 계엄으로 가죠.

그런데 10·26사건이라는 게 단순히 대통령 한 사람만 유고가 생긴 게 아니죠. 대통령부터 시작해서 유신체제하에서 힘깨나 쓰는 기관의 수장들이 모두 마비되어버린 겁니다. 당시 제일 센 권력기관은 중앙정보부였습니다. 그에 못지않게 막강했던 것이 대통령 경호실이었죠. 원래 경호실이 세긴 했지만 영부인이 총에 맞아 죽고 나서 대통령 경호를 강화한다는 명분으로 더 세졌습니다. 경호실이 얼마나 셌느냐 하면 제30경비단과 제33경비단을 휘하에 두었어요. 군까지 지휘할 수 있었습니다.

자, 우리나라에서 제일 센 건 대통령이죠. 그다음으로 중앙정보부장과 경호실장이 있습니다. 그런데 중앙정보부장이 대통령을 쏴 죽였어요. 경호실장은 그 자리에 있다가 같이 총 맞아 죽었습니다. 정치적 파워로 4위 격인 대통령 비서실장은 그 자리에서 간신히 살아남았지만 암살 현장에 있었기 때문에 비서실도 주도권을 잡지 못하게 되었어요.

그럼 어디서 힘을 쓰겠습니까? 군이 힘을 쓰는 거죠. 군부의 파워는 참모총장을 정점으로 하는 지휘계통과 보안사에 있었습니다. 보안사는 이때 합동수사본부가 되었죠. 중앙정보부가 권한을 행사해야 마땅했겠지만 중앙정보부는 역적 기관이 됐잖아요.

참모총장은 정승화였고 보안사령관은 그 유명한 전두환이었습니다. 그런데 정승화마저 약점이 있었습니다. 김재규가 궁정동에서 박정희를 쏴 죽이기 전에 정승화랑 밥 먹자고 약속을 했거든요. 박정희가 총을 맞을 당시 정승화도 궁정동에 와 있었습니다. 그래서 정승화가 김재규와 짠 거 아니냐는 의심을 살 만한 소지가 있었던 거죠.

유신체제의 권력의 정점에 일대 공백이 발생한 상황에서 정승화와 전두환 사이에 갈등이 발생합니다. 정승화는 참모총장 겸 계엄사령관으로서 전권을 장악하고 있었죠. 그런데 보안사령관인 전두환이 자꾸 야심을 품고 이상한 짓을 하니까 정승화가 전두환을 인사조치하려고 했습니다. 전두환이 누굽니까? 군부 내에서 영남 인맥을 대표하는 사람입니다. 박정희가 정치적인 후계 그룹 비슷하게 키운 '하나회'가 바로 군부 내 영남 인맥입니다. 그 하나회가 위기감을 느끼고 하극상을 일으킨 겁니다. 그게 12·12쿠데타죠. 보안사령관이 육군참모총장을 체포하는 말도 안 되는 사태가 벌어진 거예요.

사람들의 의견이 엇갈리는 대목이 있어요. 하나는 전두환이 12·12 때부터 대통령을 하려고 마음먹고 있었다는 것이고, 또 다른 의견은 그때는 일종의 호신책으로 자신을 제거하려는 정승화를 잡아들였는데, 정승화 제거 이후 내친김에 대권의 꿈까지 꾸게 되었다는 이야기입니다. 어쨌든 전두환은 정권을 잡고 실력자로 등장했습니다.

당시 유신에서 민주화로 넘어가려는 시기를 '서울의 봄'이라고 불렀습니다. 그런데 봄이 제대로 오지 못했어요. 김영삼과 김대중이 연금에서 풀려나고 김종필도 공화당을 이어받으면서 3김의 경쟁이 시작되었습니다. 그때 대학가에 다음번 대통령은 김씨가 아니다, 뭐 그런 소문도 파다하게 퍼졌어요. 어쩌면 판이 엎어질지도 모른다는 얘기죠.

　대학생들은 학교에 학생회를 만드는 등 학원 민주화를 향해 나아갑니다. 그들 사이에 데모를 하느냐 마느냐에 대한 논쟁도 있었습니다. 민주화를 위해 강하게 나가자는 의견도 있었지만, 다른 한편에서는 학생들의 강경투쟁이 군부가 움직일 빌미를 주기 때문에 자제해야 한다는 의견도 있었죠. 그런 상황에서 민주화를 향한 구체적인 일정은 안개에 가려져 있었습니다. 4·19 때는 이승만 하야하고 허정 과도정부가 들어서서 3개월 이내에 헌법 개정하고, 선거까지 치렀잖아요. 그런데 최규하 과도정부는 민주화를 하겠다는 건지 말겠다는 건지 아무런 계획이 없고, 야당은 끝없이 분열했어요. 군과 학생이라는 두 집단이 박정희 없는 유신체제로 갈 것이냐, 아니면 민주화로 갈 것이냐, 그 두 힘을 대표해 첨예하게 대치하는 상황이었습니다. 여기까지가 1980년 5월 광주가 일어나기 전의 상황입니다.

왜 광주에서
그토록 잔인했을까

이제부터 '5·18광주'에 대해 본격적으로 말씀을 드리겠습니다. 광주가 왜 중요하냐? 광주가 없었으면 저는 지금 이 자리에 서지도 않았을 겁니다. 저 개인에게도 광주는 가장 중요한 사건이었습니다. 대학생 때부터 지금까지 딴 생각 못하고 한 방향으로만 가도록 만든 하나의 사건을 꼽으라면 단연 광주입니다. 그때는 잘 몰랐지만 말입니다. 광주가 왜 중요한지는 광주항쟁의 발발에 대해 이야기한 다음에 끝부분에서 정리하도록 하겠습니다.

5·17 계엄, 학살의 신호탄

1980년 5월 한국의 정세가 굉장히 요동을 쳤습니다. 유신체제가 무너지면서 그전에 우리 사회를 억누르던 각종 통제들이 무너지기 시작했어요. 노동자들이 일어서고 학생들도 부글부글 들끓었죠. 대학에서는 학생회를 만들면서 학원 민주화를 이루어내고 있었습니다. 그때까지는 학생들이 거리로 나오지 않았어요. 유신 때 워낙 조직을 만들 수 없었기 때문에 3월, 4월 학교 내 조직을 꾸리고 가동할 시간이 필요했죠.

한편 정부 차원에서 정치적인 민주화와 개헌을 진행하는 것이 당연한 수순인데 자꾸 지연되니까 의심이 쌓이는 상황이었어요. 그래도 중요한 것은 정부가 이탈하지 않고 민주화 코스로 가도록 하는 일이지, 학생들이 성급하게 거리로 나갔다가 자칫 군을 자극하지 않겠느냐는 우려가 많았어요. 그래서 데모를 자제했지만 이와 관련해 운동권 내에서 논쟁이 치열했습니다. 거리로 나가서 정치적 주장을 펼치자는 쪽과 반대로 학교 안에서 역량을 키우며 돌아가는 상황을 좀 더 지켜봐야 한다는 쪽으로 갈렸던 거죠. 학생들의 역량이 아직 성숙하지 않은 상태에서 섣불리 나가면 과연 시민들이 지지할지조차 불확실하다는 거였어요. 이런 논쟁을 하면서 몇 달을 보냈습니다.

그러다 5월 13일 일부 대학이 거리로 뛰쳐나갔습니다. 몇몇 대학들이 물꼬를 트니까 다음 날인 5월 14일엔 모든 대학이 거리로 나왔어요. 대학생들이 하루 종일 서울 시내를 휘저었어요. 시위는 5월 15일에도 계속됐는데 뜻밖에도 시민들의 반응이 좀 싸늘하다고나 할까? 싸늘하지는 않더라도 시민들이 좀 지켜보자는 심정이었던 것 같아요. 부마항쟁 때하고는 너무나 달랐죠. 시민들도 18년간 한국을 철권통치하던 박정희가 갑자기 죽고 나니까 한편으로는 민주화를 꿈꾸면서도 한편으로는 대단히 불안했던 거죠. 학생들은 거리로 나가면 시민들이 박수를 칠 줄 알았는데 적어도 박수는 안 나왔죠. 적대적이거나 냉담했다는 뜻은 아니지만 시민들도 불안했던 모양이에요. 상황이 어떻게 돌아갈지 모르니까.

학생들도 서울역에 모여 집회를 한 뒤 다시 학교로 돌아가자, 그렇게 결정했습니다. 그걸 위화도회군에 빗대어 서울역회군이라고 이야기들 하죠. 서울역회군이 잘못되었다, 잘되었다, 여러 논의가 많지만 그 이야기를 여기서 되풀이하지는 않겠습니다.

일단 학생들은 자진해서 학교로 돌아갔어요. 그러니까 아주 혼란스러웠던 국면은 좀 수그러들었죠. 그때 학교로 돌아간 중요한 이유는 군이 나설 빌미를 주지 않기 위해서였어요.

하지만 군이 출동했죠? 결과적으로 군이 기회를 노리고 있다는 일부 학생들의 주장이 맞았어요. 그리고 당시는 북쪽이 꽤 셌잖아요. 남쪽이 경제적으로 막 앞서기 시작했지만 북도 여전히 잘나갔거든요. 남쪽의 혼란을 틈타서 북쪽이 군사행동을 벌일지도 모르는 상황이었기 때문에 굉장히 불안한 조건이었습니다. 그런 이유에서 학생들이 학교로 돌아갔지만 군은 기다렸다는 듯이 5월 17일 24시를 기해 제주도를 포함한 전국으로 비상계엄을 확대하고, 전국 대학에 휴교령을 내렸습니다. 신군부는 이런 상황이 올 것에 대비하여 진작부터 시나리오를 준비했다가, 기다리던 상황이 발생하자 각본대로 움직이기 시작한 겁니다.

그리고 이른바 3김인 김영삼, 김대중, 김종필을 잡아들였습니다. 김종필은 부정부패로 잡아들였고, 김대중은 내란죄로 잡아들였습니다. 김영삼은 가택연금을 시켰어요. 아마 신군부에서 머리를 썼던 것 같아요. 부마항쟁을 보니까 김영삼, 김대중을 한꺼번에 잡아들이면 부산도 터지고 호남도 터져서 골치 아프다. 영호남이 동시에 터지면 서울도 터질 가능성이 있잖아요. 이걸 분리해서 하자. 아마 그런 꾀를 냈던 모양이에요. 하지만 김종필은 잡아들여도 공주 등지에서 데모가 일어날 것 같지 않으니까 그냥 잡아들였죠. 양김 중에는 김대중만 잡아들였습니다.

그때 대학에 휴교령이 떨어졌다고 했죠? 사실 각 대학에서는 휴교령이 떨어지면 학교 앞에 모여서 데모한다, 뭐 그런 식으로 계획을 세웠지만 거의 데모가 안 되었습니다. 유일하게 잘된 게 광주였어요. 왜 광주에서만 데모가 됐느냐? 여러 가지 해석이 있어요. "김대중 씨가 잡혀간 것이 영향이 컸다", "아니다. 5월에 광주에서 싸움을 잘했기 때문에 다른 곳보다 분위기가 고조되어 있었다." 다양한 해석이 있지만, 김대중 씨의 체포가 미친 영향을 과소평가할 수는 없을 것 같아요.

이렇게 전남대 앞에서 데모가 일어났고, 여러분도 잘 아시다시피 공수부대가 전남대생들을 진압하기 시작했죠. 시내에 퍼져 있던 공수부대들이 학생들을 마구잡이로 구타하고 심지어 대검으로 여고생을 찌르는 등 입에 담기 힘든 끔찍한 일들이 벌어졌습니다.

광주에서만 그렇게 잔인했던 이유가 뭘까요? 이에 관해 '왜 광주에서만 그런 일이 일어났느냐'는 질문보다 '왜 계엄군이 광주에서 다르게 행동했을까?'라는 의문을 가져봐야 할 것 같습니다. 계엄군이 혹시 다른 꿍꿍이가 있었던 게 아닌가? 일을 크게 벌이고 싶었던 게 아닌가? 아직은 군이 나설 명분이 모자라니까 국민들에게 군이 출동할 수밖에 없는 명분을 확실하게 심어주기 위해 일을 크게 벌이려고 했던 것이 아니냐? 그렇게 강력하게 의심하는 사람도 많습니다. 그 부분에서는 저도 자신 있게 말을 못하겠지만, 적어도 군의 입장에서 상황이 악화되기를 바랐던 것만은 분명합니다.

왜 시민들은 총을 들었나

군인들의 잔인한 진압을 생각해보면 이게 정말 말이 안 됩니다. 어떻게 국민의 생명과 재산을 보호한다는 국군 장병들이 시민을 때려죽이고 대검으로 찌르는가? 그 당시 광주의 국민학생들은 "아빠, 아빠, 저 아저씨들 인민군이지? 국군 아저씨 아니지?" 하고 많이 물었다고 해요. 눈앞에서 현실로 벌어지는 일을 도저히 국군의 행위로 믿기 힘들었던 거죠. 시민들이 분노하지 않을 수 없었던 겁니다.

광주항쟁 당시 마이크를 잡고 선전활동을 했던 전옥주 씨는 원래 무용학원 선생님이었어요. 언젠가 인터뷰에서 이분이 부들부들 떨면서 하는 이야기가, 그 험한 일을 겪고 난 후 자신이 정말 싫어지는 것이 광주항쟁이 일어나기 전, 자원해서 군부대에 위문공연을 갔던 기억 때문이랍니다. 군부대에 위문 가서 군인들 위해 춤도 추고, 김치도 담가주었는데 어떻게 그 군인들이 우리에게 이럴 수가 있는가? 전옥주 씨는 반정부 데모라곤 해본 적도 없고, 유신이 있건 없건 상관없는 평범한 시민이었답니다. 그러다 광주항쟁에서 가장 열렬한 투사 중 한 분으로 변신한 거죠. 그렇게 평범한 시민들이 총을 들기 시작했어요. 왜? 이유는 간단합니다. 계엄군이 우리 동네에서도 저런 만행을 저지를까 싶어 시민들이 총을 들었어요.

대한민국에서 시민들이 총을 든다는 건 굉장한 일입니다. 그 시민들은 운동권과 전혀 상관이 없는 사람들이에요. 지난해 평화적인 촛불집회를 두고도 폭력, 비폭력 어쩌고 떠들었지만, 사실 한국은 폭력적인 저항이 가장 완벽하게 거세된 나라입니다. 민주화 세력이나 저항세력만이 아니라 조폭도 마찬가지예요. 미국은 어떻습니까? 고등

금남로 대치 상황
5월 21일 13시 경. 군이 집단 발포하기 직전의 대치 상황이다. 신군부는 왜 유독 광주 시민에게 총을
쐈을까? 분명한 것은 그들이 상황이 나빠지길 바랐다는 점이다.

학생 갱들이 기관총 들고 다니잖아요. 우리나라 조폭은 아직도 사시
미칼이죠. 사시미칼이 최고의 무기입니다. 한국에는 갱 영화도 없어
요. 조폭 영화만 있지. 영화 〈쉬리〉에 서울 시내에서 총격전을 벌이는
장면이 나오니까 사람들이 리얼리티를 떠나 "재미있다", "저럴 수도
있구나" 했어요. 한국은 조폭들도 총을 못 만져보는 사회입니다.

　광주 이전의 1970년대는 어땠습니까? 무장투쟁이라는 게 있었나
요? 다른 나라는 저항운동 과정에서 무장투쟁도 하잖아요. 거기에 대
한 평가는 다를 수 있습니다만, 하나의 선택지로서 무장투쟁도 존재
하는데 한국은 한 번도 없었죠. 오죽하면 남민전 사건이라고, 김남주

선생을 비롯해 몇몇이 공작금 마련을 위해 재벌 회장 집에 과도를 들고 들어갔는데, 본채에도 못 들어가고 수위실에서 격투하다 도망친 일이 있어요. 아무도 잡히지 않았죠. 그걸 가지고 우리가 농담 반 진담 반으로, 한국전쟁 이후 지리산에서 빨치산 토벌되고 난 다음에 일어난 최초, 최대의 무장투쟁이라고 했어요. 그 정도로 우리 무장투쟁의 역사는 거세가 되었습니다.

안중근이 역사책에 위인으로 나오는데, 위인이면 뭐해요? 위인이라는 건 따라 배우자는 거 아닙니까? 우리는 어때요? 안중근의 후예가 나왔습니까? 사실 안중근 같은 사람이 나오면 큰일 나겠죠. 안중근의 방식이 쉽게 말하면 뭡니까? 수틀린 자식 쏘아 죽인 것 아닙니까? 우리는 해방 이후에도 친일파가 정권을 잡았잖아요. 사실 우리한테 일본 놈보다 더 미운 게 친일파 아닙니까? 그런데 젊은이들이 안중근처럼 행동해요. 젊은이들이 안중근처럼 살고 안중근처럼 죽자, 우리 시대의 안중근이 되자 하고 나서면 어떻게 되겠습니까? 수틀린 자식 쏘아 죽이는 걸 배우면 어떻게 되겠습니까? 그래서 거세시켰습니다. 어떻게 거세시켰나요? 안중근을 나쁜 사람이라고 하지는 못하니까 젊은이들이 따라 배울 생각을 못하도록 했죠. 총을 잡으려면 등짝에 북두칠성 박고 태어난 놈만 잡을 수 있다, 뭐 이런 식으로 만들어버린 거죠.

우린 무장 저항, 폭력적인 저항이 굉장히 제한되었어요. 우리만 아니라 정권도 마찬가지였던 것 같아요. 중앙정보부가 말도 못하게 흉악한 곳이잖아요. 제가 국정원 조사위원을 했기 때문에 잘 압니다. 그러나 남미 군사정보기관과 비교해볼 때 중앙정보부가 직접 죽인 사람은 얼마 안 됩니다. 거의 없다시피 하죠. 사실은 군사정권이 폭력을 사용할 필요가 없을 만큼 우리가 길들여져 있었던 겁니다. 그런 나라에서 시민들이 예비군 무기고를 부수고 총을 꺼내 무장을 하기 시작합니다. 경천동지할 일이죠.

광주 시민들이 무장을 시작한 시점은 언제인가요? 5월 18일 데모가 시작됐고, 그게 소문이 쫙 퍼지자 시민들이 길거리로 나왔는데 계엄군이 아주 강하게 두들겨 팼죠. 시민들이 너무 어이가 없고 분통이 터져서 오히려 모이기 시작했습니다. 택시, 버스도 모여서 차량 시위를 했어요. 그리고 21일 시민들이 도청으로 모였는데 그날 정오쯤 갑자기 도청에서 애국가가 울려 퍼지더니 군인들이 총을 쏘기 시작했어요. 여러분도 영화 〈화려한 휴가〉에서 보셨죠? 엄청나게 총을 쏘고 사람들이 쓰러졌어요. 영화에서 이준기가 쓰러지듯이.

그런 상황에서도 시민들은 시신을 수습한 다음에 다시 모였습니다. 또 총을 쏘니까 흩어졌다가 다시 모이고. 이러는 동안 다른 곳에서는 무기고가 털리기 시작했습니다. 시민들이 무기고를 부수고 총을 들었습니다. 시민들이 무장을 한 겁니다. 곳곳에 총을 든 시민들이 등장하니까 이제 시민군과 계엄군 사이에 총격전이 벌어질 상황이 되었죠. 그렇게 되니까 계엄군들이 빠져나가기 시작했습니다. 전혀 예상하지 못했던 상황이 벌어진 거죠. 계엄군이 빠진 광주를 시민들이 장악했어요. 그 기간을 우리는 '해방 광주'라고 부릅니다.

절대공동체가 만든 세상

홍성담 선생의 판화 중에 해방 광주를 묘사한 〈대동세상〉이라는 게 있습니다. 그밖에도 여러 많은 작품이 하나같이 해방 광주를 아름다

절대공동체 광주
잠시 계엄군이 빠져나간 광주는 하나의
공동체가 되었다. 수천 점의 총기가 시
민의 손에 쥐어졌는데도 단 한 건의 절
도, 강도 사건이 없었다.

운 세상으로 묘사합니다.

광주는 절해의 고도가 되었습니다. 외딴 섬이나 마찬가지였어요. 왜냐하면 계엄군이 광주 외곽을 다 차단했거든요. 밖으로 나갈 수도 없었습니다. 전화도 끊기고, 고속버스도 끊기고, 다 끊겼어요. 물자도 바깥에서 안 들어옵니다. 그런데 광주 시내에서 단 한 건의 매점매석도 없었어요. 총기가 수천 점이나 풀렸는데 은행이 털렸다거나 절도, 강도 사건이 단 하나도 없었어요. 이게 광주 시민들의 자부심입니다. 당시 광주에서는 시민들이 집에 있는 쌀을 퍼 오고, 장사하는 분들은 가게 앞에 솥단지 걸어 밥을 지어서 무장한 시민군에게 먹이고 그랬어요. 누군지 몰라도 상관없었어요. "아, 딴 사람 주쇼" 하면 "이눔아, 싸우더라도 묵고 싸워야제" 하면서 주먹밥 만들어 주고 그랬죠.

지난해 촛불집회 때 밤거리에서 물 돌리고 김밥 돌리던 이름 없는 시민들을 보며 저는 해방 광주를 떠올렸습니다. 여기에 기독교 신자도 계시겠지만 성서에 오병이어의 기적이라고 있죠. 떡 5개와 생선 2마리로 몇천 명을 먹였다는 이야기 말이에요. 수천 명이 모인 자리에서 나는 됐으니까 다른 사람들 주라고 양보해서 생수와 김밥이 남는 것을 보고 오병이어의 기적이 별것 아니구나 하는 생각을 했습니다. 대동세상이 이런 것이구나. 모두 하나가 되는 세상이죠. 최정운 선생은 당시의 광주를 '절대공동체'라고 불렀는데, 정말 시민들이 하나가 되어 죽음을 초월해 만들어낸 아름다운 세상이었습니다. 홍성담 선생은 그때만 생각하면, 그 감동적인 순간을 직접 체험했다는 것만 생각하면, 지금 당장 죽어도 여한이 없다고까지 말씀하시더라고요.

그런데 이런 느낌도 들어요. 해방 광주는 참 아름답고 벅찬 세상이지만 한편으로는 얼마나 두려웠을까요? 얼마나 답답했을까요? 그때 거기 있던 사람들이 어떤 심정이었겠어요? 계엄군과 대치하는 상황에서, 어떻게 하다 보니 군대가 일단 물러나긴 했지만 다시 탱크를 몰고 들어오면 과연 이길 수 있을까요? 이기기 힘들 것 아닙니까? 그래도 손에 총을 들고 있을 수밖에 없잖아요. 이 상황이 어떻게 될까, 어디까지 갈까? 굉장히 두려웠을 겁니다.

그 두려움 속에서 시간은 계속 흘러갑니다. 이 사람들이 바랄 것이 뭐가 있겠습니까? 다른 지역에서 같이 일어나 준다면 뭔가 기대해볼수 있겠죠. 그리고 또 하나의 희망, 미국! 미국이 도와줄 것이다. 왜냐? 1970년대 후반에 한미 관계가 안 좋았습니다. 베트남 파병 이후 오히려 한미 관계가 악화되었어요. 김신조 일당이 청와대 앞까지 침투했을 때 박정희는 북한에 보복하길 원했지만, 첩보함 푸에블로호와 승무원 80여 명이 이북에 억류되어 있던 미국은 보복이나 응징 대신

물밑 협상을 벌였죠. 박정희는 속된 말로 뚜껑이 열렸어요. 미국 정부만 믿으면 안 되겠다. 그래서 중앙정보부를 통해 미국 의회에 뇌물을 뿌리다 발각된 게 바로 '코리아게이트' 사건입니다. 국제적 망신이었죠.

거기다 조지아 촌놈 카터가 대통령에 당선되더니 인권 외교로 박정희를 압박했어요. 냉전체제에서 반공만 내세우면 군사독재도 지원하는 게 미국이었잖아요. 그러던 미국이 갑자기 인권을 들고 나온단 말예요. 박정희 입장에서는 어, 이것 봐라, 배신감을 느낀 거죠. 박정희가 그 시절에 반미 많이 했어요. 강화도의 신미양요 유적지까지 복원했잖아요. 미국의 조선 침략에 맞서 싸우다 죽은 반미 전사, 무명용사의 묘에 박정희가 큼지막한 비석을 세우던 시절입니다.

광주 시민들이 왜 총을 들었습니까? 민주주의를 위해서잖아요. 그러니까 인권과 민주주의를 내세우는 미국이 우리를 도울 것 아니냐, 그런 기대가 있었습니다. 근거 없는 기대가 아니었어요. 〈투사회보〉 몇 호인가를 보면 "미국에서 7함대가 떴다", "항공모함이 한반도에 왔다", "이제 광주 시민은 살았다" 그런 이야기들이 나오죠.

자, 미국 항공모함이 왜 떴습니까? 당시 전두환 일당이 광주를 진압하기 위해 전방에서 군대를 뺐잖아요. 전방 지역에 공백이 생기니까 미국이 북쪽에 딴 생각 하지 말라고 항공모함을 보내 경고한 거죠. 미국은 누가 권력을 잡든 상관없이 한반도의 체제 유지가 중요하니까 딴 생각 하지 마라. 전두환 일당의 광주 진압에 힘을 실어주기 위해 온 겁니다.

광주 시민들은 어땠어요? 정말 너무 외롭고, 힘들고, 기댈 데가 미국밖에 없으니까 '야, 미국이 떴다. 우리는 살 수 있다' 이렇게 희망을 품고 버텼습니다. 그런데 바깥에서는 어땠어요? 광주에 대해 온갖 악선전이 이루어지고 있었죠.

당시 군사정권은 광주의 배후에 간첩들이 암약하고 있다고 선전했습니다. 광주 시민들이 한창 도청을 장악하고 있던 5월 24일, 서울 시경은 광주에서 무장폭동을 유도하려고 남파된 간첩을 서울역에서 잡았다고 발표했습니다. 간첩 이창룡으로 발표했지만 본명은 홍종수라는 사람입니다. 나중에 제가 국정원 과거사위에 있을 때 조사해보니까 5·18 이전에 남파된 사람이더라고요. 공산주의자들이 아무리 못하는 짓이 없어도 그렇지, 어떻게 광주항쟁이 일어나기 전에 남파된 간첩이 광주항쟁을 배후 조종하라는 임무를 부여받을 수 있었겠습니까? 정부는 온갖 사실을 조작해서 광주 시민들의 배후에 불순세력이 있다는 인상을 주려고 했죠. 이렇게 정부 발표와 언론에 의해 광주는 왜곡되고 있었습니다.

가장 긴 새벽이
'지금 이 순간'을 열다

5월 26일이 되니까 계엄군의 진압이 임박했음을 누구나 느낄 수 있었습니다. 광주에서는 도청 앞 분수대를 연단 삼아 매일 궐기대회가 열렸는데 헬기가 떠서 삐라를 쫙 뿌립니다. 뭐라고 했습니까? "우리가 곧 쳐들어간다, 소탕 작전을 시작한다, 빨리 투항하라"는 최후통첩이 떨어진 겁니다. 군 당국과 대화를 시도하던 수습위원회를 통해 시민들도 다음 날 군이 들어온다는 사실을 알았죠. 도청을 지키던 지도부도 그런 이야기를 합니다. 순간 굉장히 무거운 침묵이 흐르고, 올 것이 오는구나, 절대공동체로서 광주를 지키던 우리의 행복한 시절이 끝나는구나. 아주 무거운 분위기였다고 합니다. 낮에는 3만 명이 모였지만, 어둠이 깃들자 남은 사람은 몇백 명 되지 않았답니다.

5월 27일 새벽, 총을 내려놓지 못한 사람들

여러분 같으면 어떻게 하시겠습니까? 총을 내려놓는 것이 맞습니까,

총을 들고 싸우는 것이 맞습니까? 저는 그때 20대였습니다. 나중에 얘기를 들으면서 총을 내려놓자는 것은 투항주의, 패배주의라고 생각했죠. 나이 들고 생각해보니까, 꼭 그렇게만 말할 수는 없을 듯해요.

총 들고 싸워서 이기겠습니까? 그때 예비군 무기고에서 꺼낸 총이 뭐예요? 칼빈이나 M1 소총이 고작인데 그거 몇백 정, 몇천 정 있다 한들 계엄군이 탱크 몰고 들어오면 이길 수 있겠습니까? 막아낼 수 있겠습니까? 말이 안 되는 거죠. 총을 내려놓자는 게 잘못된 이야기는 아니었다고 생각합니다. 응당 나올 법한 이야기였을 거예요. 산 사람은 살아야 하지 않겠습니까? 산 사람은.

총을 내려놓지 못하겠다는 사람들도 있었습니다. 절대로 총을 못 내려놓겠다는 겁니다. 왜? 총을 내려놓는다는 건 텅 빈 도청을 전두환에게 그냥 내주자는 이야기 아닙니까? 어떻게 텅 빈 도청을 내주느냐, 지금까지 죽은 사람은 뭐가 되느냐, 절대 그럴 수 없다는 거죠. 그 사람들 어떻게 됐습니까? 그 사람들이 5월 26일 밤 도청에 남았습니다.

저는 이렇게 생각해요. 그날 그들이 없었다면 광주는 우리 역사에 없다. 아주 없지는 않겠지만, 그러나 지금 같지는 않다. 솔직히 이야기해봅시다. 광주가 엄청난 사건이라고 말씀드렸죠. 광주는 수많은 사람의 인생을 바꾸어놨습니다. 광주의 자식들을 낳은 사건입니다. 그러한 광주의 힘은 어디에서 나왔습니까?

역사를 공부하면 희한한 질문을 던지게 돼요. 광주에서 사람이 죽었죠. 얼마쯤 죽었습니까? 당시에는 2천 명이 죽었다고 생각했지만, 조사해보니까 그렇게 많이 죽지는 않았어요. 5월 그 무렵에만 200명쯤 죽고, 나중에 돌아가신 분들과 행방불명을 합쳐 500명을 넘지 않은 것 같습니다.

우리 역사에서 200명, 300명 죽은 사건이 어디 광주뿐인가요? 제주 4·3사건이 있죠. 1980년 광주 인구가 30만이었어요. 4·3 당시 제주도 인구는 28만이었습니다. 그런데 얼마나 죽었습니까? 공식적으로 정부에서 확인해준 것만 해도 3만 5천 명이에요. 사실은 훨씬 더 많이 죽었죠. 하루저녁에 300명, 400명씩 죽은 동네가 수두룩 빽빽입니다. 한국전쟁 때는 어땠어요? 보도연맹이니 뭐니 해서 대량으로 학살할 때 어땠습니까? 골짜기 골짜기마다, 마을 마을마다 200명, 300명씩 죽어나가는 데가 수두룩했습니다. 그럼 그 사건들이 광주와 무엇이 다른가요? 사람이 죽은 걸로 치면 광주보다 훨씬 더한 곳도 많습니다.

차이라고 한다면 광주에는 '27일 새벽의 도청'이 있었다는 겁니다. 그날, 그 밤에 어떻게 전두환에게 텅 빈 도청을 내주느냐며 총을 들고 남아 있던 사람들이 있었던 겁니다. 총을 내려놓자고 주장하던 사람들은 도청에서 빠져나갔죠. 산 사람은 살아야 할 것 아니냐. 산 사람을 생각한 사람들은 총을 내려놓자고 했습니다. 그런데 죽은 사람들을 생각한 사람들은 어떻게 총을 내려놓느냐면서 거기 남았습니다. 이길 수 있어서요? 이길 거라고 생각했을까요? 아무도 그런 생각 안 했어요. 주먹밥 가져다, 빵 사다 나눠 먹은 게, 그게 최후의 만찬이었습니다. 자기들끼리 최후의 만찬을 했어요.

그날 다 죽지는 않았어요. 살아남은 사람도 있어요. 나중에 증언하는 이야기를 들어보니 이런 말까지 했다고 해요. "야, 우리 죽고 나면 누가 우리 씻어주기나 하겠니?" 그래서 목욕탕 가서 목욕하고 속옷 싹 갈아입고 들어와서 총 들고 앉아 있었답니다. 죽을 걸 알았던 거예요. 죽을 것을 뻔히 알고 죽음을 기다리면서 그 자리를 지킨 사람들이 있었기 때문에 저는 광주가 있다고 생각합니다. 5월 광주가 그 힘으로 지금 우리를 부르고 있다고 생각합니다.

그날 밤 거기에 남은 사람들의 마음이 어땠을까 생각하면, 참말이지 짐작조차 하기 어려워요. 그 순간 무슨 생각을 했을까? 이 밤이 지나면 우리도 살 거라고 스스로 주문이나 최면을 걸었을지도 모르겠고, 어머니나 애인 같은 사랑하는 사람을 떠올리며 기다리던 사람도 있었겠죠. 드라마 〈모래시계〉에서 교련복 입은 고등학생들끼리 수학 시험 공부는 했냐고 얘기를 나누는 대목이 나와 가슴을 후벼 팠던 기억이 있습니다.

저하고 요즘 친하게 지내는 강용주(구미유학생 간첩단 사건으로 장기 복역했고, 준법서약서 작성을 거부한 최연소 비전향 장기수)는 당시 고등학생이었는데 그날 밤 도청 밖에서 외곽 경비를 섰다고 합니다. 강용주가 그날 집에서 나가려는 걸 어머니가 못 가게 잡다가 자식 고집을 꺾지 못하겠으니 잠깐만 기다리라면서 고등학생 자식에게 담배를 쥐어주었답니다. 강용주는 큰절을 올리고 어머니는 눈물을 흘리며 아들을 보냈어요.

영화 〈화려한 휴가〉 보셨죠? 마지막 부분에 신애가 마이크를 잡고 외칩니다.

"광주 시민 여러분, 광주 시민 여러분, 우리를 기억해주십시오. 우리는 폭도가 아닙니다. 우리를 기억해주십시오."

무엇을 기억해달라는 겁니까? 여기서 이렇게 죽어가는 사람이 있다는 것을 기억해달라고 애처롭게 외치고 다녔습니다.

그 호소를 누가 들었습니까? 광주 시민들이 들었겠죠? 며칠 동안 함께 해방 광주를 만들던 시민들이 들었습니다. 몇 시간 전까지만 해도 같이 도청을 지키다 이젠 어쩔 수 없다며 집으로 돌아간 사람들이 들었습니다. 집에 가느냐 도청에 남느냐는 철저하게 개인의 선택이었습니다. 누가 누구에게 강제할 문제가 아니었죠. 그런 상황에서 집에 간다고 비난할 사람이 누가 있겠습니까?

영화에도 그런 장면이 나오죠. 배우 박철민 씨가 분한 인물이 도청에 남아 있다 마누라한테 붙들려 가죠. "이 웬수야" 하며 마누라가 잡아갑니다. 집에 들어왔어요. 그런데 밤중에 그 방송을 듣고 어떻게 합니까? 이불 속에서 꺼이꺼이 울죠. 그러니까 마누라가 한마디 합니다. "가!……" 그렇게 다시 돌아온 사람들이 도청에 있었습니다.

방송을 듣는 사람들의 심정은 오죽했겠습니까? 집에 있던 광주 시민들이 그날 밤 쿨쿨 잤겠습니까? 오히려 도청에 남은 사람들은 잤다고 그래요. 그 상황에도 어찌나 졸린지 꾸벅꾸벅 다들 졸았답니다. 집에 있던 사람들은 그 방송을 들으며 발 뻗고 잘 수 없었겠죠. 당시 신애만 마이크를 잡은 게 아니었죠. 계엄군도 성능 좋은 스피커로 떠들었습니다.

"광주 시민 여러분, 도청이 폭도에게 장악되어 있습니다. 이제 군은 작전을 개시하려고 합니다. 시민 여러분은 밖으로 나오지 마십시오."

새벽이 되자 사이렌이 울리고 총소리가 나기 시작했습니다. 그 총소리도 오래가지 않았죠. 한 30분 들리더니 그치더래요. 좁은 광주 바닥에서 시민들이 총소리를 못 들었겠습니까? 총소리가 나는구나……. 총소리가 멎었구나……. 총소리가 멎었다는 건 무슨 의미입니까? 계엄군이 도청을 장악했다는 거죠. 그럼 도청을 지키던 사람들은 어떻게 되었겠어요? 다 죽었겠구나……. 그런 생각들을 시민들이

광주의 힘
왜 광주는 기억되는가? 5월 27일 새벽, 도청을 지킨 사람들이 있었기 때문이 아닐까? 뻔히 죽을 것을 알고, 죽음을 기다리며 그 자리를 지킨 사람들 말이다.

했던 겁니다. 그 밤이 얼마나 길었을까요?

계엄군이 작전을 마치고 수색까지 종료하면서 서서히 날이 밝았습니다. 5월이니까 날이 일찍 밝겠죠. 시민들도 27일 새벽을 뜬눈으로 지새웠습니다. 어쩌면 우리 역사에서 가장 긴 새벽이었는지도 모르겠습니다. 그 밤을 지새우고, 조간신문을 받고, 텔레비전을 켜니까 뭐라고 나왔습니까? 새 시대가 밝았다고, 구국의 결단을 내린 새로운 영도자가 출현했다고 했죠. 그렇게 전두환을 떠받들었습니다. 그날 살아남은 사람들 사이에서 하나의 말이 생겨났죠. 살아남은 자의 슬픔이라고.

살아남은 자의 슬픔

광주의 자식들이 뭐냐? 저는 살아남은 자의 슬픔을 느끼는 사람이라고 생각합니다. 살아남은 자의 슬픔을 누가 느꼈습니까? 전라도 사람들, 광주 사람들이 많이 느꼈겠죠. 바깥에서는 누가 느꼈습니까? 운동권들이 느꼈겠죠.

광주는 철저하게 정보가 통제되었습니다. 광주 바깥 사람들은 광주 이야기를 잘 몰랐습니다. 정부가 광주를 다 차단해놓고 통제를 했거든요. 국민들이 광주에서 무슨 일이 벌어지는지 모르는 상태에서 정부는 광주의 폭도가 불순분자의 선동을 받고 엄청난 짓을 저질렀다고 왜곡합니다. 광주 시민들이 총 들고 왔다 갔다 하며 으싸으싸 군가 부르고, 도심에 내걸린 플래카드에 "전두환 찢어 죽여라"라고 써놓은 섬뜩한 표현들을 보여줍니다. 언론에서는 폭도에 의해 군인들이 많이 희생됐다고 떠들어댔죠.

언론이 모든 진실을 왜곡했습니다. 광주 시민들이 유일하게 폭력으로 공공기관을 불태운 게 KBS와 MBC 방송국입니다. 텔레비전에서 진실을 왜곡하고 순 거짓말만 하니까 방송국을 불태운 거죠. 광주 시민들에 의해 방송국이 불타니까 정부는 폭도의 짓이라면서 더욱 악선전을 했습니다.

광주가 진압된 이후 지역 신문들이 다시 발간되었는데 〈전남신문〉인지 〈광주일보〉인지 한 신문사에서 이런 제호를 뽑았답니다. "무등산은 알고 있다." 검열 때문에 어떠한 진실도 이야기할 수 없으니까 그저 "무등산은 알고 있다"고 표현한 거죠. 광주 시민들이 그 신문 보고 다 울었다고 합니다.

신군부의 신문 검열
1980년 6월 2일 자 〈전남매일〉. "아아, 광주
여 우리나라의 십자가여"라고 뽑은 헤드카피와
기사에 빨간펜으로 삭제 표시가 되어 있다.

무등산은 알고 있지만 인왕산도 알았을까요? 북한산은 알았을까요? 대구의 팔공산은 알았을까요? 부산의 금정산은 알았을까요? 다른 데는 다 몰랐죠. 그 진실을 아는 사람들은 오로지 전라도 사람들과 운동권뿐이었습니다. 저는 그 진실을 아는 운동권들이 바로 광주의 자식으로 다시 태어난 사람들이라고 생각합니다. 광주 때문에 인생이 삐딱선을 탄 사람들, 광주 때문에 인생의 행로가 바뀐 사람들. 그 사람들이 누구냐? 바로 살아남은 자의 슬픔을 느낄 수 있었던 사람들입니다.

저는 노무현 대통령도 살아남은 자의 슬픔을 느낀 사람이라고 생각합니다. 광주가 없었으면 노무현은 어땠을까요? 아마도 지금쯤 부산에서 제일 돈 많이 버는 변호사였을 겁니다. 젊을 때 잘나가는 변호사였잖아요. 세무 소송 전문이었죠. 상고 출신에다가 형님들이 세무 공무원들이어서 아주 승률 좋은 변호사였다고 합니다. 하지만 광주를 알았기 때문에 인생이 어긋나버린 거죠.

노무현 대통령의 어머니가 예전에 이런 말씀을 하셨다고 해요. "모난 돌이 정 맞는다. 나서지 마라. 계란으로 바위 치기다. 그저 바람 부는 대로, 물결치는 대로, 눈치껏 살아라." 그런 이야기를 듣고 자랐는데, 인권변호사가 되어 데모하는 학생들을 만나보니까 그 학생들의 부모들도 똑같은 이야기를 하더라는 거죠. "그저 눈치껏 살아라. 나서지 마라. 너만 다친다. 계란으로 바위 치기다. 모난 돌이 정 맞는다."

젊은이들에게 정의롭게 살라는 말을 하지 못하던 시대. 우리는 수백 년 동안 조상 대대로 그런 가르침을 받으며 살아왔습니다. 어쩌면 그런 가르침이 우리 DNA에 각인되었는지도 모릅니다. 그런데 갑자기 돌연변이가 나타나기 시작한 겁니다.

1970년대에도 민주화운동을 하는 사람이 많았지만 유신의 공기가 하도 무거우니까 한 학교에 데모 주동자 5명이 없어서 데모를 못했잖아요. 1980년대가 되니까 어때요? 감옥 가는 사람들이 줄을 섰습니다. 데모하면 붙잡혀서 엄청 두들겨 맞고, 학교 잘리고, 감옥 가고, 집안 풍비박산 되고, 호적에 빨간 줄 가고, 취직 안 되고…… 그거 다 알면서도 데모하는 놈들이 계속계속 나오는 겁니다. 그야말로 돌연변이들이죠.

도대체 1970년대와 비교해서 1980년대는 뭐가 달라졌습니까? 1980년대 세대들은 뒷일을 생각 안 하는 바보인가요? 아닙니다. 다 알면서 그 짓을 했어요. 왜 그랬습니까? 생각이 광주에 미치면 그다음부터는 계산이 안 돼요. 셈이 안 되는 겁니다. 1980년대 세대는 계산을 할 수 없는 세대였습니다. 죽을 줄 뻔히 알면서도 도청에서 총 들고 계엄군을 기다리던 사람들도 있는데 데모한다고 죽이기야 하겠어? 그 생각을, 그 질문을 하지 않을 수 없었던 거죠. 그런 사람들이 생겨나기 시작했습니다. 돌연변이 변종들. 그 사람들이 광주의 자식들입니다.

노무현 대통령도 바로 광주의 자식들 중 한 사람이라고 생각합니다. 그 사람이 왜 바보 노무현으로 떴습니까? 지역감정에 맞서 싸운 정치인이기 때문에 바보가 되었죠. 왜 노무현이 지역감정에 맞서 싸웠을까요. 저는 노무현이 광주의 자식이기 때문에 지역감정과 맞서 싸웠다고 생각해요. 광주의 자식다운 행동을 한 겁니다. 서울에서 출마하면 당선 가능성이 훨씬 높고 부산 가면 뚝 떨어질 것이 확실한데 부산으로 내려갔습니다. 그게 옳고, 또 싸워야 했기 때문이죠.

노무현만 그랬나요? 1980년대에 그런 바보 많았습니다. 노무현이 그들과 다른 점은, 노무현은 정치판에 들어가서도 그 짓을 계속했다는 겁니다. 다른 386 운동권들도 정치판에 많이 들어갔어요. 그런데 로마에 가면 로마법을 따른다고, 이 친구들이 정치판의 논리에 너무 빨리 순응해서 더 이상 바보짓을 안 했습니다. 노무현은 정치판에 들어가서도 계속 바보짓을 했죠. 그런 의미에서 노무현은 바보 중의 바보였습니다.

노무현이 했던 바보짓을 저는 이렇게 생각합니다. 그거 족보 있는 바보짓이다. 노무현이 갑자기 평지에서 돌출한 게 아닙니다. 하늘에서 뚝 떨어진 것이 아니에요. 광주를 겪은 세대, 광주의 자식들을 낳은 집안의 집안 내력입니다. 그런 의미에서 노무현은 한 세대를 대표했다고 생각합니다. 바로 광주 세대죠. 계산을 할 수 없었던 세대, 셈이 멈춰버린 세대, 그렇게 하면 손해라는 사실을 알면서도 부딪쳐볼 수밖에 없었던 세대입니다. 뻔히 죽을 줄 알면서도 기다린 사람들이 있었는데 그 앞에서 무슨 계산을 하겠습니까? 거기서 무슨 주판알을 튕기겠어요? 그런 세대가 한 시대를 열었습니다.

광주는 어떻게
기억되는가

그러다 보니까 운동이 변하기 시작합니다. 운동이 급진화되는 거예요. 전두환을 꺼꾸러트릴 수 있다면 무슨 짓이든 하겠다, 내 영혼이라도 팔겠다 할 정도의 적개심이 생기는 겁니다. 전두환을 꺾는 데 도움이 된다면 마르크스-레닌주의도 공부하고, 모택동주의도 연구하고, 스탈린 노선에 대해서도 논쟁을 합니다. 나중에 주체사상까지 받아들이게 되었죠. 이념적인 급진화로 가는 하나의 단초가 열렸습니다.

세상을 보는 눈이 달라지다

그리고 미국을 재발견하죠. 민주주의를 표방하던 미국이 광주를 위해 항공모함을 파견했다고 생각했는데, 알고 보니 전혀 아니더란 말입니다. 우리가 광주를 겪고 난 뒤 가장 충격을 받고 좌절한 사진이 뭔지 아십니까? 전두환이 미국 가서 레이건하고 함께 찍은 사진입니다. 신문 1면에 대문짝만 하게 난 적이 있어요. 미국은 전두환을 지지하는

구나. 원래 우리나라가 어떤 나라입니다? 전 세계적으로 반미 운동이 들불처럼 타오르던 시대에도 반미 운동이 단 한 건 없던 나라가 대한민국입니다. 반미의 무풍지대였어요. 그런데 1980년대에 어땠습니까? 빈 라덴 나오기 전까지 전 세계에서 반미 운동이 가장 활발한 나라가 한국이었습니다. 그 경천동지의 대반전.

우리가 어떤 세대입니까? 여러분, '악수표 밀가루'라고 혹시 아세요? 나이 드신 분은 고개를 끄떡끄떡하시는데, 미국이 한국에 원조물자로 나눠준 밀가루 포대에 성조기와 태극기를 배경으로 악수하는 그림이 그려져 있었거든요. 그 악수표 밀가루를 먹고 자란 세대에게 미국은 정말이지 큰형님 같은 존재였고 언제나 고마운 나라였습니다. 미국은 정의로운 나라, 풍요한 나라, 우리를 도와준 민주주의의 나라였어요. 그 미국에 대한 환상을 한순간에 깨뜨린 게 다름 아닌 광주였습니다.

그다음에 이북을 재발견하기 시작합니다. 미국이 우리에게 어떤 나라였는지 생각하다 보니 바로 '분단' 문제로 가게 되고, 해방 이전에 우리가 어떤 나라를 꿈꾸었는지를 생각하게 되고……. 1948년 남쪽에서 수립된 정부는 친일파가 장악해 독립운동가들이 꿈꾸던 나라와 멀어지게 되었는데, 이북은 적어도 출발점에서 보면 민주개혁이나 친일분자 척결 등을 이루었으니 독립운동가들이 꿈꾸던 나라 아닌가, 뭐 이런 생각들을 하게 된 거죠.

우리가 이제껏 반공교육을 열심히 받아왔는데 그렇게 반공교육을 시킨 놈들이 결국 광주에서 시민들을 학살한 게 아니냐. 이렇게 되니까 순식간에 반공교육이 영향력을 상실하고 〈조선일보〉, 〈동아일보〉의 말을 믿지 않기 시작했어요. 왜? 우리는 학살을 보았는데 저들은 그 학살범을 새 시대의 영도자라고 칭송하니까. 저 나쁜 자식들, 저게 언론이야? 완전히 등을 돌리게 된 겁니다.

이러한 과정을 통해 우리 운동이 대중화됩니다. 동지가 많아졌어요. 운동권이 말도 못하게 확장되었습니다. 1970년대에는 데모 좀 한다고 하면 대충 서로 알고 지냈거든요. 1980년대가 되면 운동권 규모가 엄청나게 커집니다.

그리고 또 하나의 죽음을 재발견하게 되었습니다. 죽음의 재발견이란 무엇이냐? 우리가 한국전쟁을 겪으면서 엄청나게 많은 사람이 죽었습니다. 그런데 한국전쟁의 특징이 있습니다. 여러분, 혹시 현기영 선생이 쓴 「순이 삼촌」이란 작품 읽어보셨어요? 제주 4·3사건을 배경으로 썼는데 사람들이 비명도 못 지르잖아요. 가위에 눌려 "악" 소리도 못 냅니다. 그 당시 수만 명이 죽었습니다. 그 죽음을 슬퍼할 수도 없습니다. 기록할 수도 없어요. 기억할 수도 없어요. 추모할 수도 없어요. 죽음마저 죽여버린 게 한국의 잔인한 현대사였습니다.

그런데 우리가 광주를 거치면서 죽음을 대면하게 되었습니다. 죽음을 대면하게 돼요. 박정희 시절에 저도 데모 좀 했습니다만, 박정희를 죽이겠다는 건 상상도 못했습니다. 광주 이후로는 달라집니다. 전두환과 같은 하늘 아래 살 수 없다, 저놈은 꼭 죽여야 한다. 그런 심정으로 1980년대에 데모를 시작했죠.

죽기를 각오하고 싸운다는 것은 어려운 일입니다. 1980년대에도 정말 죽음을 각오했던 사람들이 얼마나 되는지 저는 잘 모르겠어요. 그러나 내가 죽어도 좋다는 각오로 싸우지는 못하더라도, 저놈들과 싸우다 죽을지도 모르겠구나 하는 생각은 다들 했습니다. 왜냐? 광주 이후 우리 주변에서 사람들이 엄청나게 죽기 시작했어요.

광주항쟁 바로 직후인 1980년 5월 30일 종로 5가 기독교회관에서 김의기라는 서강대생이 투신을 했습니다. 유서에 뭐라고 썼습니까? "동포여, 무엇을 하고 있는가? 동포여, 무엇을 하고 있는가? 광주에서 저렇게 죽어가고 있는데, 그 진실이 이렇게 묻혀가고 있는데, 당신은 무얼 하고 있는가?" 그렇게 죽어가기 시작했어요. 김종태라는 노동자 한 분도 분신을 했고요. 그리고 저와 대학 동기인 김태훈이라는 친구가 있었습니다. 경제학과를 다니던 얌전한 친구인데 고향이 광주였지만 운동권은 아니었어요. 저는 그때 군대에 끌려가서 없었습니다만, 나중에 사진을 보니까 본 것 같기도 하고 아닌 것 같기도 하더라고요. 그냥 졸업을 앞둔 평범한 친구였죠. 1981년 봄에 학교에서 광주 문제로 처음 데모가 일어났어요. 광주와 관련한 데모는 서울에서도 이때가 처음이었습니다. 그때 김태훈이 학교 도서관에서 투신을 했어요. 운동권도 아닌 평범한 학생이 공부하고 있다가 투신을 한 거예요. 당시 김태훈이 투신하니까 학생들이 놀라서 달려가지 않았겠습니까? 그런데 전경들이 거기다 최루탄을 뿌렸어요. 이 친구가 떨어져서 바로 운명하지 못하고 꿈틀꿈틀하는데 몸뚱아리 위로 최루탄 가루가 하얗게 덮였다는 것 아닙니까? 그걸 본 사람들은 어떻게 됐겠어요? 안 봤으면 몰라도 보는 순간 인생이 달라질 수밖에 없지 않겠습니까? 1980년대가 그런 시기였습니다. 그 시기가.

그렇게 사람들이 죽어 나가기 시작하니까 뭐랄까, 그 시대는 진짜 그랬던 것 같아요. 적어도 광주의 진실을 알고, 살아남은 자의 슬픔을 느끼고, 동지의 죽음을 목격한 사람의 입장에서 운동은 너무나 당연했습니다. 그 시대는 그렇게 죽음으로부터 자유롭지 못했습니다. 운동을 그만두는 게 3박 4일 술 처먹으며 고민할 일이지, 운동에 투신하

계엄군과 아이

광주민주화운동은 처절히 실패한 봉기였다. 하지만 긴 맥락에서 볼 때 광주만큼 위대한 승리를 거둔 운동도 찾기 어렵다. 80년 이후 한 세대에 걸친 역사가 거의 모두 광주에서 비롯되었기 때문이다.

는 건 지극히 당연했습니다. 그런 시대였기 때문에 바보가 숱하게 나온 겁니다. 그 바보들이 주도했던 시대가 바로 광주의 자식들이 이끈 민주화운동의 역사였다고 생각합니다.

저도 겪고 살았던 그 시대를 주제로 우리한테 광주는 도대체 무엇이었는가에 대한 글을 제가 최근에 썼습니다. 저는 광주에 사건 나기 1년 반 전 처음으로 한 번 가봤어요. 광주에 아는 사람도 없고 딱 한 번 가본 도시였는데 그런 광주가 제 인생을 바꿔놓았습니다. 우리 세대에게 광주는 무엇이었을까요?

광주에 관한 글을 쓰면서 제가 좋아하는 하종강 선배를 인터뷰했습니다. 하종강 선배가 김의기의 친구이기도 해서 그 시절 이야기도 좀 들을 겸 하 선배에게 "내가 이런 주제로 인터뷰를 좀 하고 싶으니 한 번 봅시다" 했더니 사진 한 장을 갖고 와서 보여줘요. "이게 뭐요?" 하면서 보니까 자기 책상머리를 찍은 사진이에요. 책상머리에 화이트보드가 붙어 있는데 이렇게 적혀 있었어요. "총을 들었을까?" 몇 년 전 술을 먹고 썼대요. "내가 5월 26일 밤 광주에 있었더라면, 그때 도청에 있었더라면, 나는 어떻게 행동했을까?" 그 질문으로부터 자유롭지 못한 세대, 아직까지도 자유롭지 못한 사람들이 바로 광주의 자식들입니다. 저는 그 사람들이 전두환 같은 흉악한 독재자와 싸울 수 있었던 힘은 바로 그런 질문으로부터 나왔다고 생각합니다. "나는 총을 들었을까?" 그 처절한 패배를 기억하는 사람들이, 광주를 기억하며 싸웠던 겁니다.

처절히 실패한 싸움의 위대한 부활

광주의 자식들이 이룬 대표적인 성과가 민주화입니다. 그 민주화가 잘 이루어졌나요? 우리가 이룩한 부분이 저는 많다고 생각합니다. 그러나 이루지 못한 부분도 많고, 또 우리가 잊어버린 부분도 있습니다.

지난 대통령 선거에서 김근태 의원이 "어떻게 한나라당을 지지하느냐? 광주학살의 원흉들이 있는 한나라당을 어떻게 찍느냐? 국민들이 노망이 난 것 아니냐"고 해서 논란이 벌어졌지요. 문제는 그 민주화의 의미가 대중에게 얼마나 전달되었는지 생각해보아야 합니다.

광주를 겪은 사람들에게는 그런 질문을 던질 필요도 없지만 지금 세대는 광주를 겪지 못했습니다. 그런 사람들에게 광주를 겪은 사람들과 똑같이 행동하고, 똑같이 느끼고, 똑같이 판단하라고 요구할 수는 없지 않겠습니까?

지금 세대는 굉장히 다릅니다. 저는 광주 세대로 살았기 때문에 민주 대 반민주 구도가 아직 유효하다고 믿고, 그런 구도가 되어야 한다고 생각합니다. 그러나 젊은 사람들은 달라요. 저도 몇 년 전부터 절감하기 시작했어요.

지난 2007년. 1987년 6월 항쟁으로부터 꼭 20주년이 되는 해였죠.

그때 박종철의 모교인 해광고등학교에서 6월 항쟁 20주년 기념으로 제게 강연을 요청해와 부산으로 갔습니다.

기념식장에 갔더니 세련된 옷차림의 젊은 여성 10여 명이 함께 자리를 하셨어요. 누군가 궁금했는데 알고 보니 당시 비정규직 문제로 철도공사와 힘겨운 싸움을 벌이던 KTX 승무원들이었습니다. 이분들이 '박종철 인권상'을 수상한 인연으로 오셨다는 거예요. 그 말을 듣고 속으로 '야, 누가 심사위원인지 몰라도 정말 잘 뽑았다. 민주화운동의 상징인 박종철의 이름으로 비정규직 차별의 상징인 21세기 신자유주의 젊은이들을 격려하는 건 정말 멋진 일이다' 그렇게 생각을 했습니다. 마침 제가 강연하기 전에 승무원 지부장님이 마이크를 들고 소감을 이야기했습니다. 그런데 정말 망치로 머리를 땅 때리는 듯한 충격을 받았어요. 그 내용이 무엇이냐 하면, 처음에 철도공사와 투쟁을 시작할 때는 여기저기서 격려와 지지를 보내주어 힘을 많이 얻었는데 투쟁이 장기화되면서 점점 관심이 끊기고 내부적으로도 이탈하는 사람들이 생겨 아주 힘든 상황이었답니다. 그런 와중에 갑자기 박종철 인권상을 준다는 연락을 받았대요. 사무실에 몇 사람이 모여 회의하다가 전화를 받고 "야, 우리한테 상을 준대" 했더니 모두 박수를 치고 팔짝팔짝 뛰면서 좋아했답니다. 그런데 전화를 끊은 뒤에 서로 얼굴을 쳐다보며 물었대요. "박종철이 누구야?"

박종철이 누군지도 모르는 상황에서 우리가 아무리 민주화를 외치면 뭐하겠습니까? 더군다나 철도공사 사장으로서 KTX 승무원들을 '자르신' 분이 누구냐? 1970년대 민청학련사건의 주역이던 이철 아닙니까? 신자유주의 시대 젊은이들의 입장에서는 민주화라는 것이 운동권들한테만 민주화이고, 그들끼리만 좋은 자리 차지하고, 민주화라는 훈장 달고 나타나 자기들 목을 치는 것처럼 보이지 않았을까요?

광주에서 어떤 일이 벌어졌는지, 왜 우리가 그렇게 싸웠는지, 그런 것들이 공유가 안 되는 현실에서 민주화라니 얼마나 허황되고 공허한 이야기겠습니까? 그게 확 와 닿더라고요.

왜 민주화가 내용 면에서 사람들의 삶 속으로 파고들지 못하는가? 우리가 민주화를 했고, 민주화를 통해 많은 일을 이룬 것도 사실입니다. 그러나 민주화되어서 살림살이 나아지셨습니까? 비정규직이라는 새로운 문제가 등장했는데 민주화운동 진영은 이런 문제들을 얼마만큼 해결할 능력과 관심을 갖고 있을까요? 이런 부분들을 함께 껴안고 가지 못한다면 민주화운동을 역사적으로 아무리 높이 평가한들 지금이 순간을 살아내야 하는 사람들에게 무슨 의미가 있겠습니까? 아까 말씀드렸듯이 안중근을 위인전에 집어넣으면 뭐합니까? 사람들이 안중근과 같은 행동과 실천을 하지 않으면 그게 무슨 의미가 있습니까?

민주화운동이 몇 사람만 성과를 따내는 식의 화석화된 역사가 되어서는 안 됩니다. 우리는 광주와 민주화운동이 우리 삶을 어떻게 바꾸어놓았고, 우리 역사를 어떻게 만들어갔는지 다시 한 번 짚어봐야 합니다.

이번 특강에서 우리가 살펴보아야 할 대목이 바로 이 부분입니다. 노무현 대통령까지 떠나보내고 현재 우리는 굉장히 어려운 상황에 처해 있습니다. 그러나 저는 이렇게 생각합니다. 지금보다 더 어려운 시절도 있었습니다. 우리는 분명 지금보다 더 힘들고 어려운 시절을 겪었습니다. 그래도 끈질기게 일어나서 여기까지 온 겁니다. 지금은 혼란스럽고 역사의 흐름이 답답하지만, 우리가 정녕 미래를 생각한다면 지금이야말로 우리가 살아온 역사를 돌이켜봐야 합니다.

광주는 그 자체만 놓고 본다면 실패한 무장봉기입니다. 처절하게 패배한 봉기였지요. 그러나 긴 역사에서 볼 때 광주만큼 성공한 운동도 찾기 어려울 겁니다. 광주는 그야말로 새로운 시대를 열었습니다. 1980년대 이후 한 세대에 걸친 역사가 광주로부터 비롯되었습니다. 패배한 싸움이었던 광주가 새 시대를 열 수 있었던 것은 잘 졌기 때문입니다. 우리가 어떻게 밤낮 이기겠습니까? 지는 경우가 더 많을 겁니다. 이겨야지요. 힘 약한 우리는 한 번 지면 깊은 상처를 받고 회복하는 데 힘이 듭니다. 불리한 싸움은 하면 안 되고, 싸우면 이길 수 있는 싸움을 해서 꼭 이겨야지요. 그러나 싸우다 보면 부득이하게 질 수밖에 없는 싸움을 해야 하는 경우가 있습니다. 그 싸움을 잘해야 합니다. 이기는 것도 중요하지만, 때로는 잘 지는 것이 이기는 것보다 더 중요할 때도 있습니다.

광주에서의 죽음은, 광주의 장엄한 패배는 수많은 광주의 자식에 의해 위대하게 부활했습니다. 뿔뿔이 흩어졌던 청년학생들은 투쟁성의 회복을 목표로 1983년 9월 민주화운동청년연합(민청련)이라는 단체를 결성했습니다. 이 단체의 상징이 두꺼비였습니다. 두꺼비는 뱀에게 잡아먹히지만, 두꺼비 독이 퍼져 결국 뱀은 죽어버리고 뱀의 몸을 자양분으로 수많은 새끼 두꺼비가 태어납니다. 광주의 자식들이 그렇게 태어났고 그렇게 죽고자 했던 겁니다. 저 강고했던 군사독재가 왜 무너졌겠습니까?

지금 이 순간 우리가 살고 있는 현실은 지난 20~30년 동안 우리가 간고분투(艱苦奮鬪)해서 쟁취한 결실입니다. 그러나 간고분투해 도달하기까지의 과정에서 우리가 이룬 것과 이루지 못한 것, 우리가 미처 생각하지 못했던 문제가 숱하게 터져 나오고 있습니다. 비정규직 같은 문제는 생각지도 못한 일이었습니다.

  이런 문제들을 하나하나 짚어보고 그 속에서 우리가 해결할 수 있는 길을 모색하면서 앞으로 강의들을 진행해볼까 합니다. 오늘은 여기서 마치겠습니다.

장엄한 패배,
위대한 부활

유신의 아들들,
그들만의 '새 시대'

오늘은 1980년 광주의 장엄하고 비극적인 패배 이후 전두환 정권의 등장부터 1987년 6월 항쟁에 이르기까지의 과정을 살펴보겠습니다. 우선 당시 정치의 일반 상황에 대해 설명하고, 이어서 민주화운동의 진행 상황을 말씀드리겠습니다.

지금 우리는 그동안 이룩한 민주화가 역주행하는 시대를 살고 있습니다. 그러다 보니 꼭 돌이켜보는 시대가 바로 1980년대입니다. 제가 1980년대에 관한 강연을 준비하면서 보니까 우리가 그 시기를 어떻게 살아왔는지 참으로 새삼스럽고, 또 지금과 너무 똑같다 싶은 부분도 있더라고요.

지난번에 우리는 광주에 대해 이야기했습니다. 1980년 5월 27일, 그날 도청에서 죽어간 사람들이 없었다면 광주는 지금과 같은 의미로 다가오지 못했을 거예요. 그런데 타 지역 사람들은 광주에서 무슨 일이 일어났는지 잘 몰랐습니다. 당시 5월 30일 서울 종로 5가 기독교회관 6층에서 서강대생 김의기가 "동포여, 지금 무엇을 하고 있는가"라고 절규하는 유서를 남기고 투신했죠. 사실 진실을 아는 사람들도 아무 행동을 못했고, 훨씬 많은 사람이 전두환 일당의 거짓 선전에 속아 여전히 광주의 실상을 모르는 채였습니다. 알면 아는 대로, 모르면 모르는 대로 모두 깊은 침묵에 빠진 거죠. 굉장히 무섭고 참담한 시절이 었어요. 여기까지가 1980년 5월 광주가 끝난 직후의 상황입니다.

무소불위의 국보위

광주를 진압하자마자 전두환 일당은 계획했던 프로그램을 하나하나 진행해나갔습니다. 5월 31일 '국가보위비상대책위원회'란 것이 출범했는데, 전두환 자신이 상임위원장이 되었죠. '국보위'는 정부 주요 각료들과 군 주요 장성들이 모두 모이는 협의체 비슷한 것이었고, 실권은 전두환과 군이 장악했습니다. 신군부가 이미 수립해놓은 집권 계획을 광주 진압 뒤에 본격화한 것이라고 볼 수 있겠죠.

신군부는 국보위 출범과 함께 정치적 반대 세력을 제거하기 시작했습니다. 그 전에 이미 5·17 계엄 선포와 함께 김대중과 김종필은 잡아넣고 김영삼은 가택연금을 시켰죠. 그들의 주요 추종세력도 보스와 비슷한 운명에 처했습니다.

관료 기구에 대해서도 대대적인 숙청이 이루어졌어요. '사회 정화'라는 이름 아래 부정부패한 관료들을 몰아낸다고 했습니다. 제일 더러운 놈들이 정화를 내세운 거죠. 그때 정화 대상이 된 사람들 중에는 물론 부패한 사람들도 있었겠지만, 호남 사람들이 많이 피해를 보았습니다. 박정희 정권 때는 그래도 지역 간에 약간의 안배가 있었는데 전두환 정권이 들어선 뒤로는 대놓고 호남을 차별했어요.

전두환의 국보위 설치
광주를 피로 진압한 지 일주일이 채 지나지 않은
5월 31일, 전두환은 '국가보위비상대책위원회'를
설치하고, 본격적인 집권 계획을 실행해 나간다.
(경향포토뱅크)

그다음에 '정치풍토쇄신을 위한특별조치법'을 내걸었습니다. 한마디로 구 정치인들의 정치활동을 금지하는 법입니다. 정치인들은 정치가 직업이자 삶의 목표 아닙니까? 그런 사람들을 정치 못하게 묶어놓으니 어떻게 됩니까? 정치라는 게 중독성이 강하죠. 도박처럼 한 번 빠져들면 헤어나지 못한다는데 못하게 해놓으니까 이 사람들이 미치고 팔짝 뛸 노릇이죠.

그러고 나서 어떻게 했느냐? 일단 다 묶어놔요. 묶어놓은 다음에 선별해서 풀어주겠다고 합니다. 풀려나는 대신에 말 잘 듣겠다, 새 시대에 협조하겠다는 충성서약을 받아내는 거죠. 서약한 사람들은 다시 정치 무대에서 뛸 수 있는 겁니다. 그런 장치를 마련해놓고 1차 해금, 2차 해금, 3차 해금 하는 식으로 구 정치인들의 발목을 잡았습니다. 그리고 국보위와 나란히 '국가보위입법회의'란 거를 만들었어요. 이름이 웃기죠. 입법회의.

원래 입법은 누가 합니까? 국회에서 해야죠. 그런데 국회는 제쳐놓고 '입법회의'라는 걸 만들었어요. 입법회의 의원은 누가 임명했을까요? 보안사에서 임명했습니다. 보안사에서 선별해 임명했어요. 국회의원도 일부 들어가고, 언론인도 들어가고, 관료도 들어가고, 저명인사도 들어갔습니다. 통제하기 쉽게 80명 정도 의원들이 임명됐지요. 입법회의란 것을 만들어서 만들고 싶은 법 다 만들었습니다.

지금 입법회의가 있다면 어떻겠습니까? 최근 미디어 악법 통과시키려고 국회에서 별 쇼를 다 했지 않습니까? 재투표도 하고, 대리투표도 하고, 큰 논란이 벌어졌죠. 입법 전쟁이라며 6개월 동안 떠들어댔는데, 입법회의 같은 것이 있으면 그런 소동 따위 필요 없죠. 자기들 마음대로 입법의원을 임명하고, 법안도 마음대로 제출해 무조건 통과시키면 됩니다. 그것이 '새 시대'의 방식이었습니다.

언론기관도 통폐합했는데, 이 이야기는 나중에 따로 살펴보도록 하겠습니다.

깡패 잡는 깡패들

그때 삼청교육대도 있었죠. 나이 드신 분들은 5·16 직후 이런 풍경을 기억하실 겁니다. 조리돌린다고들 하죠? "나는 깡패입니다"라고 쓴 팻말을 목에 건 정치 깡패들 수백 명을 종로통에서 행진을 시켰어요. 자유당 시절에 끗발을 날리던 이정재, 임화, 유지광 같은 유명한 깡패들을 잡아다 조리돌리고 일부는 사형시켰습니다. 이정재와 임화수는 사형됐고 나머지는 계화도 등지에 보내 간척지 사업 같은 강제노동을 시켰어요.

전두환 정권은 5·16 직후 박정희가 써먹은 프로그램을 거의 그대로 따라 했습니다. 언론 통폐합도 그렇고, 정치인 묶었다가 해금한 것도 그렇고, 삼청교육대도 그랬죠. 박정희도 세게 밀어붙였지만 전두환은 훨씬 더 세게 나갔습니다. 박정희는 주로 깡패들을 잡아들였죠. 전두환도 깡패들을 잡는다고 눈을 부라렸지만 사실 누가 더 악랄한 깡패입니까? 자전거 체인 들고 설치는 놈들하고 총 들고 날뛰는 놈들하고 누가 더 흉악한 놈인지 모르겠습니다만, 하여튼 훨씬 센 깡패들이 약한 깡패들을 잡아 가둔 거죠. 게다가 정권 입장에서는 노조 지도자도 깡패고, 파업 좀 세게 했던 사람들도 다 깡패로 분류했죠. 그 밖에도 많아요.

사람들을 어떻게 잡아들였을까요? 기관별로 할당을 했습니다. 무조건 몇 놈씩 잡아넣어라. 나중에는 할당량을 못 채우니까 평소 경찰한테 밉보인 사람들까지 잡아넣었어요. 문신한 사람은 기본이죠. 용 문신이라든가, '차카게 살자'라고 새긴 사람들을 목욕탕에서 다 잡아들였습니다. 문신이야 그쪽 업계에 계신 분들이 많이 한다지만 그렇다고 문신한 사람이 다 나쁜 사람은 아니잖아요. 또 나쁜 사람이라도 그렇죠. 그렇게 무자비하게 잡아가는 법이 어디 있습니까? 그리고 사람이 살다 보면 이웃하고 다툴 수도 있잖아요. 이웃하고 다투다 신고 들어가면 경찰이 출동해서는 '잘됐다' 하고 머릿수 채우는 거죠.

그렇게 끌고 가서는 '새로 태어나게 하겠다'는 식으로 지독하게 사람들을 굴렸습니다. 군대체조, 봉체조는 기본이고 굉장히 혹독한 인권침해가 자행되었습니다. 이 시대에 인권침해 아닌 것이 있었겠습니까만, 특히 삼청교육대에서는 이루 말할 수가 없었죠. 드라마 〈모래시계〉에서 삼청교육대를 생생하게 묘사했는데 그게 전혀 과장이 아니었습니다. 거기서는 위아래도 없고, 그저 군인들 스트레스 해소라고나 할까요. 정말 끔찍한 인권침해가 '사회 정화'라는 이름으로 자행됐죠.

삼청교육대의 봉체조
신군부는 깡패를 잡아들여 정신교육을 시킨다는 미명 아래, 전국적으로 4만 명의 인원을 군부대에 가둬놓고 인권 침해를 자행했다. 과연 진짜 깡패는 누구였을까?

저는 1981년 1월 군대로 끌려갔는데, '새 시대'가 개막되고 얼마 안 되었어요. 제가 배치된 27사단에도 삼청교육대가 있었습니다. 자대에 배치되기 바로 직전에 폭동이 일어나서 3명인가 죽었다고 들었습니다. 이 폭동이 삼청교육대에서 굉장히 큰 사건이었고 아주 분위기가 흉흉했죠.

삼청교육의 의미가 '세 가지를 청소한다'라는 설도 있었고, 그 계획을 입안한 사무실이 삼청동에 있어서 삼청교육대라는 설도 있어요. 아무튼 이 삼청교육이라는 게 굉장히 무시무시했습니다. 시체 소각장이 있었다는 둥 삼청교육대와 관련해 여러 가지 흉흉한 유언비어가 많이 돌았어요. 하지만 그 정도까지는 아니었던 것 같아요.

당시 삼청교육을 받은 사람이 얼마나 되었을까요? 전부 4만 명 정도로 밝혀졌습니다. 이건 국방부 과거사위에서 군 문서를 다 가져다 조사한 결과인데 아마 삼청교육대의 진실과 가장 가까울 겁니다. 그리고 삼청교육대에 들어갔다 사망한 사람이 총 54명으로 나왔습니다. 멀쩡한 사람들을 잡아다가 몇 달 사이에 그렇게 만들었죠.

김대중도 모르는 김대중 내란음모사건

1980년 7월 4일 '김대중 내란음모사건'이 크게 보도되었습니다. 김대중 씨가 정확히 언제 잡혀 들어갔나요? 5월 17일 계엄이 전국으로 확대되고 바로입니다. 바로 다음 날 아침부터 데모가 터지기 시작했어요.

김대중 씨를 잡아넣은 다음 뭐라고 떠들어댔느냐? 광주에서 폭동이 일어난 것은 김대중이 선동해서 그렇다는 거예요. 그게 아주 웃기는 이야기입니다. 처음에는 불순분자와 간첩 때문에 폭동이 났다고 했는데 상황이 어느 정도 진정되자 자신들이 벌인 광주학살극을 정당화하기 위해 김대중이 내란 음모를 꾸민 것으로 날조한 거죠.

초기에 잡혀간 민주인사들 중에는 광주에서 무슨 일이 벌어졌는지 모르는 사람들도 있었어요. 너무 일찍 잡혀간 탓이죠. 이 사람들이 보안사에 갇히고 나서는 신문도 못 보고, 텔레비전도 보지 못했겠죠. 조사관들끼리 쑥덕대는 걸 보니 뭔가 심각한 일이 벌어진 것 같은데 정확한 영문은 알 수가 없었어요. 그래도 무조건 광주 이야기를 하면서 두들겨 패기 시작했던 거죠.

정말 웃기는 게, '김대중 내란음모사건'에 연루된 분들이 지금은 전부 '광주민주화운동' 유공자로 되어 있습니다. 사실 이분들은 광주와 별 관련이 없거든요. 박정희 정권 때 민주화운동을 열심히 한 사람들이었어요. 그래서 광주에서 무슨 일이 일어났는지 모른 채 두들겨 맞으면서 "우리는 광주하고 아무 상관 없어요" 죽어라 부인했는데 나중에 세상이 바뀐 다음에 광주 유공자가 돼버린 겁니다. 유공자는 이중 등록이 불가능하기 때문에 광주 유공자로 지정되면 다른 부분은 인정이 안 되거든요. 열심히 민주화운동을 했는데 민주화운동 유공자는 못 되고 졸지에 아무 상관 없는 광주 유공자로 명함을 내밀어야 하는 웃지 못할 일도 벌어졌습니다.

전두환 정권은 진짜로 김대중을 죽이려고 했습니다. 그래서 김대중 씨를 '한민통(한국민주회복통일촉진국민회의)'이라는 반국가단체의 수괴로 몰았어요. 원래 죄목은 내란음모죄인데, 내란음모죄의 법정 최고형은 무기징역입니다. 아무리 악법이라도 실행이 없는 음모만으로 사형해버릴 수는 없잖아요. 실제 내란을 일으킨 것이 아니라 내란 음모라는 예비 행위만 있으니 사형에 처할 수 없는 거죠. 그럼 신군부가 김대중에게 어떻게 사형 판결을 때렸느냐? 바로 반국가단체인 '한민통' 의장으로 걸고 넘어간 겁니다.

한민통은 일본에서 만들어진 단체죠. 1972년 김대중 씨가 신병 치료차 일본에 갔는데 유신이 선포되자 귀국을 거부하고 일본과 미국을 오가며 반유신 활동을 펼쳤습니다. 그 무렵 일본에서 재일 한민통을 만들자는 논의가 있었어요. 김대중 씨가 사실상 의장직을 수락했지만 취임식이나 조직 발족식을 하기도 전에 중앙정보부에 납치됐거든요. 어쨌든 김대중 씨는 한민통 의장이라는 반국가 단체의 수괴로서 국가보안법에 의해 사형을 선고받았습니다.

김대중 씨가 일생 동안 생사의 고비를 여러 번 넘겼는데 그때도 정말 죽을 뻔했어요. 나중에 김대중 씨가 회고하기를 재판받으면서 초연하게 버티려 했지만 막상 판결이 내려질 때는 살고 싶다는 생각이 강렬하게 들었대요. 정말 의연하려고 했지만, 그래도 사람인지라 재판장의 입만 보게 되더랍니다. 재판장이 '무기징역'의 '무'라고 하면 입이 앞으로 튀어나오고, '사형'의 '사'라고 하면 입이 옆으로 벌어질 것 아니에요. 그 긴장된 순간에도 판사의 입만 뚫어지게 쳐다보았답니다. 결국 재판장의 입은 옆으로 벌어졌죠. 김대중 씨가 세상이 바뀌고 어느 강연에서 그 이야기를 하니까 많은 사람이 웃었다는 기사를 보았는데 실은 참 슬픈 이야기입니다.

　그 시절 광주로 인해 엄청나게 많은 사람이 두들겨 맞고 고문당했습니다. 그런데 광주의 비극이 왜 일어났습니까? 신군부가 정권을 탈취하려 들면서 일어난 사건이죠. 그러면서 광주를 김대중이 선동한 것으로 덮어씌우기 위해 어떻게 했습니까? 김대중을 빨갱이로 만들어야 하잖아요. 여러 가지 공작들이 본격적으로 진행되었고, 많은 민주인사가 연루된 겁니다.

　김대중이 수난을 당했기 때문에 광주와 호남의 한이 자연스럽게 김대중과 일치될 수밖에 없었습니다. 전라도 사람들이 김대중을 찍은 이유는 단순히 우리 동네 사람이기 때문이 아니라, 김대중이야말로 광주의 한을 상징하고 광주의 한을 풀어줄 인물이었기 때문입니다. 그런데 다른 지역에서 보기에는 그게 무서운 거죠. 그게 바로 김대중 씨에게 평생토록 덧씌워진 이미지였습니다.

　1987년 6월 항쟁 이후 대통령 선거를 앞둔 9월에 김대중 씨가 광주를 방문했습니다. 1980년 광주 이후 처음이에요. 망월동에도 가서 참

배를 했죠. 그 심정이 오죽했겠습니까? 김대중 씨가 망월동을 참배하는 사진을 봤는데 정말 펑펑 울더라고요. 노무현 대통령 장례식 때도 울었지만, 망월동에서는 정말 어린아이처럼 엉엉 울었어요. 어떻게 눈물이 안 터져 나오겠습니까?

그런데 신문에서 그 사진을 본 사람들의 반응이 어땠습니까? '한을 품은 놈을 대통령으로 뽑으면 안 된다. 반드시 정치 보복을 할 것이다.' 왜 김대중이 그렇게 울 수밖에 없는지 이해할 수 없는 사람들 입장에서는 오해와 왜곡된 반응이 나오는 거죠. 그런 일들이 벌어졌습니다. 김대중과 민주인사들을 빨갱이, 역적으로 만들어놓고 한 시대를 정리했던 겁니다.

광주에서 200여 분이 돌아가셨는데, 이게 우리 사회에서 아주 충격적인 사건이었습니다. 한국전쟁 이후 국가가 직접적으로 국민에게 폭력을 행사한 적이 거의 없었기 때문입니다. 어떻게 보면 이제껏 군사독재가 폭력을 자제한 측면도 있어요. 이건 오해하면 안 됩니다. 제가 군사독재를 옹호하려는 게 아니라 전에도 말씀드렸다시피 한국전쟁 전후로 대량학살을 통해 죽일 사람 다 죽이고 시작했잖아요. 이제 더 이상 폭력을 행사할 대상조차 없었던 거죠.

여러분, 홍세화 선생이 항상 '똘레랑스'를 강조하시잖아요? '똘레랑스'가 왜 유럽에서 나왔겠습니까? 죽이고, 죽이고, 또 죽여도 끝이 안 나기 때문입니다. 가령 나치 수용소처럼 독가스를 사용해 대량으로 죽이기 전에는 프랑스나 영국에서도 일일이 칼질을 해서 반대파들을 죽였거든요. 단두대에도 올리고 직접 목을 베기도 했는데 그게 끝이 없으니까, 계속 죽이게 되니까, '이 짓을 계속해야 하나?' 생각하게 되고, '죽여서 끝나는 게 아니구나' 깨닫는 과정에서 '똘레랑스'도 나왔을 겁니다.

우리는 어때요? 완전히 깨끗하게 마무리했습니다. 남북이 분단되었기 때문이죠. 아마 전 세계 학살사에서 가장 깨끗하게 정리한 사례가 아닌가 싶습니다. 거기다가 이승만 정권이 시위대에게 발포했다가 무너져버린 경험도 있고요. 그래서 우리나라 독재정권들이 그 포악성으로 치면 세계 어디에 내놓아도 떨어지지 않는 악랄한 집단인데도 다른 독재국가들에 비하면 죽은 사람의 숫자가 훨씬 적죠.

그런 상황하에서 전두환 정권은 광주 시민들을 학살했습니다. 국민들에게 큰 충격이었죠. 그러니 뒷수습을 해야 할 것 아닙니까? 뒷수습하는 방법에는 당근과 채찍 두 가지가 있지요. 앞서 전두환 정권이 채찍을 사용해 국민들을 억압한 사례들을 계속 말씀드렸지만 당근 얘기에 들어가기에 앞서 채찍 이야기를 조금만 더 하겠습니다.

불한당들의 채찍질

당시 전두환은 국보위 상임위원장과 중앙정보부장까지 겸직했습니다. 그러나 최고의 권력은 무엇입니까? 뭐니 뭐니 해도 대통령이겠죠. 그때 대통령이 최규하였습니다. 최규하는 국무총리를 하다 박정희가 죽는 바람에 갑자기 대통령이 된 사람인데 이 양반이 좀, 아니 아주 많이 우유부단합니다.

당시 민초들의 해학이랄까, 정치판을 향한 비웃음이 한국인들이 좋아하는 '고도리'에 잘 반영되었는데요. 그 무렵 시중에 최규하 고도리와 전두환 고도리가 퍼졌습니다. 최규하 고도리는 뭐냐? 싹쓸이하면 원래 상대방한테서 피 한 장씩 가져오는 게 룰이잖아요? 그런데 최규하 고도리는 싹쓸이하면 오히려 자기 피를 한 장씩 내줘야 합니다. 어이가 없죠? 그럼 전두환 고도리는 무어냐. 여기선 싹쓸이를 했을 때 피 한 장씩 받는 정도가 아니고 상대가 먹은 것 중에 자신이 가지고 싶은 패를 아무거나 한 장씩 가져오는 겁니다. 광을 한 장씩 가져와 오광을 할 수도 있고, 단을 가져와 단숨에 청단이나 홍단을 할 수도 있어요. 한 방에 게임 끝이죠. 참, 절묘한 비유 아닙니까?

최규하는 끝내 입을 다물고 죽었습니다. 12·12 때 어떤 일을 겪었는지, 5·17 때 무슨 일이 있었는지, 또 어떤 과정을 거쳐 하야했는지, 정말 "아야, 아야" 소리 한마디 없이 죽었어요. 일국의 국무총리와 대통령을 역임한 사람이라면, 또 그런 위기의 시기에 대통령이라는 막중한 자리에 있었으면 최소한의 책임을 지는 게 마땅하잖아요. 광주에서 죽어간 사람들에 대해서도 책임져야 할 부분이 있잖아요. 그런데 "미안하다"는 말도, "사실은 이랬다"는 말도, "알고 보면 나도 불쌍한 사람"이란 말조차도 하지 않고, 정말 아무것도 남기지 않고 죽었습니다.

전두환이 최규하를 몰아내고 대통령에 취임한 것이 1980년 8월입니다. 판을 싹쓸이하고는 덥석 대통령 패를 집어 든 거죠. 전두환 정권은 광주학살의 원죄를 안고 출발했습니다. 그러고도 아직 민심이 평정되지 않았어요.

박정희 때는 불교계와 정권의 관계가 괜찮았습니다. 중앙정보부장이었던 이후락이 불교 신도 회장을 하는 등 불교계를 관리하면서 비교적 사이가 좋았는데, 전두환 정권이 들어서면서 많이 악화되었어요.

1980년 10월 27일 정권 차원에서 불교계를 쳤습니다. 전국의 주요 승려 150여 명을 잡아다 엄청 두들겨 패고 고문했습니다. 그리고 병력 몇만 명을 동원해 전국의 사찰과 암자 5천여 곳을 일제 수색했어요. 예금 통장이니 뭐니 다 압류했습니다.

왜 그랬습니까? 1980년 초 민주화 분위기 속에서 월주 스님이 조계종의 총무원장이 되었습니다. 조계종은 그동안 종단 내 갈등이 심했는데 이를 통합해 새 조계종을 출범시켰어요. 그러면서 이분이 신군부의 협조 요청에 응하지 않았습니다. 정치자금도 안 내, 찬양법회 같은 것도 안 해. 스님들도 그 무렵 정말 힘들었던 게, 특히 전라도에서는 광주를 기억하는 사람들이 절 근처에 와서 스님들을 향해 "야, 이 중들아, 사람이 그렇게 죽었는데……" 하며 행패를 빙자해 억울함을 호소했거든요. 불교계가 민중의 아픔을 가장 밑바닥에서 느끼잖아요. 신군부에 협력하는 일이 기꺼울 리가 없었죠. 사실 1970년대만 해도 스님들은 반정부 집회에 거의 안 나왔어요. 불교계에서 반정부성명서와 관련해 서명한 사람은 법정 스님 한 분 정도였습니다. 그 정도로 원래는 불교계가 정치에 관계하지 않았는데 10·27 법난을 겪으면서 굉장히 많은 스님이 현실 문제에 눈을 뜨게 되었고 사회적 발언도 많이 합니다. 불교계가 상당히 급진화되었죠.

불교계가 10·27 법난으로 뒤집어졌듯이, 구 정당들도 진즉에 '정치풍토쇄신을위한특별조치' 등으로 해체되었죠. 전두환 일당은 박정희 시절의 야당인 신민당은 물론 여당인 공화당까지 해체했습니다. 전두환 정권이 출범하면서 여야 정당들도 새롭게 짜였어요. 이때 정말 웃기고 희한한 일들이 벌어집니다.

친절한 두환 씨의 야당 만들어주기

우선 전두환 정권은 자신들의 정당을 새로 만들었습니다. 이름하여

'민주정의당'이죠. 자기들 입으로 '정의'라는 이름을 갖다 붙였어요. 이 민정당을 보안사가 주도해서 만들었습니다. 어떻게 한 나라의 집권정당을 군기관인 보안사에서 만들었을까요? 우리나라 정보기관 중에 원래 중앙정보부가 제일 세죠? 기구도 방대하고, 인원도 제일 많고, 정보도 많이 축적되어 있습니다. 하지만 중앙정보부장이었던 김재규가 국가원수를 살해했잖아요. 권력 내부에서 보면 역적 기관이 된 겁니다. 그래서 중앙정보부가 힘을 잃고 그 대신에 군 정보기관인 보안사의 수장 전두환이 권력을 잡습니다. 보안사는 신군부의 핵심으로서 새로운 정치판을 짜게 된 거예요. 집권 여당인 민정당까지 만들었습니다.

야당은 누가 만들었습니까? 국가안전기획부가 만들었습니다. 안기부는 중앙정보부의 후신이죠. 이름만 바꿨습니다. 예전부터 정보기관들이 야당 공작을 해왔어요. 박정희 때는 중앙정보부에서 야당 내에 프락치를 심었는데 그런 사람들을 일본말로 '사쿠라'라고 했죠. 낮에는 야당으로, 밤에는 여당으로 활동했습니다.

그런데 전두환 일당의 야당 공작은 이전 정권과 차원이 확실히 달랐습니다. 어떻게 했느냐? 아예 야당을 만들어줬어요. 그동안 정치정화법으로 묶어놓았던 구 정치인 중에 말 잘 듣는 자들을 선별해서 해금시켜 제1야당인 '민한당'을 만들었어요.

전두환이 또 다당제를 좋아했답니다. 일당독재란 말을 듣기 싫어서 그랬는지 어쨌든 야당을 둘이나 만들었어요. 충성서약을 한 구 정치인들을 풀어줘야겠는데 민정당이 다 소화할 수 없었던 거죠. 새 시대와 개혁을 들고 나온 민정당이 때 묻은 구 정치인들을 다 끌어안을 수 없고, 실제 국회를 운영해나가려면 모양새도 갖춰야 하고 말 잘 듣는 야당으로부터 취할 이득도 있고 해서 정치인들에게 일종의 놀이터를 마련해준 겁니다. 거기에다 완전 어용야당을 하나 더 만들었어요. 옛날 공화당이나 유정회 출신들 몇몇 풀어주고 거기에 중앙정보부에서 국장 했던 사람들도 두어 명 끼워 넣는 식으로 제2야당인 국민당이 만들어졌습니다.

여당인 민정당은 보안사 출신들이 장악하고, 야당인 민한당과 국민당은 안기부가 차지했습니다. 정보기관들이 경쟁적으로 여당, 야당을 만들면서 자기네끼리 국회의원 자리도 차지하는 웃지 못할 일들이 백주대낮에 벌어졌습니다.

전두환이 야당이라는 말을 그렇게 싫어했답니다. 정당 간 회담에서 야당 총재들이 '야당'이라는 말을 꺼내면 전두환이 "어허, 이 사람! 야당이 뭐요? 나라를 위하는데 어디 여야가 따로 있소?" 했대요. 그러면서 대신 쓰라고 한 표현이 '우당(友黨)'입니다. 우당. 그런데 이 우당이라는 말이 어디서 쓰이느냐? 북에서 많이 씁니다. 북에 조선노동당 말고도 천도교의 천우당 등이 있는데, 북의 당들은 서로 정권을 잡으려 경쟁하는 게 아니라 하나의 인민민주주의 체제 내에서 혁명에 동참한 각 계급의 이익을 대변한다는 의미에서 우당이라는 표현을 쓴다고 합니다. 전두환도 그런 표현을 빌려다 쓴 거죠.

이런 정치판에 대해 말 만들기 좋아하는 신문기자들은 뭐라고 했느냐면, "1대대 2중대 3소대"라고 했어요. 민정당이 1대대, 민한당이 2중대, 국민당이 3소대. 그렇게 불렀습니다. 야당을 직접 만들어준 정권은 아마 세계 역사상 전두환 정권밖에 없지 않을까요? 야당에 정치자금도 듬뿍 집어 주었답니다.

당근 한 조각과
영혼을 갉아먹는 채찍질

자, 이제 잠깐 당근 이야기를 해보죠. 5공 정권이 워낙 이미지가 나쁘니까 그 이미지를 제고하기 위해 많은 노력을 기울였습니다. 그중 제일 효과가 있었던 게 과외 금지였죠. 전두환 정권과 이명박 정권의 차이를 살펴보면요, 서민들이 숨 쉴 공간은 전두환 시절이 지금보다 더 낫지 않았나 싶은 생각마저 듭니다. 착각일까요? 슬프게도 그런 생각이 가끔씩 들어요.

양 정권의 가장 중요한 차이가 뭐냐? 전두환은 자신이 나쁜 놈인지 잘 아는 나쁜 놈이었습니다. 이게 굉장히 중요해요. 이명박 정권은 촛불집회 때 100만 시민들이 아우성을 쳐도 끄떡없이 '내 갈 길을 가겠다'는 식이지만, 전두환은 손에 국민의 피를 묻히고 집권한 학살자이기 때문에 국민들한테 점수를 따야 한다는 생각을 하고 있었습니다. 전두환은 국민들이 자신을 싫어하고 자기 이미지가 나쁘다는 걸 잘 알았어요. 이게 굉장히 중요한 차이입니다. 그저 재래시장 가서 떡볶이나 사 먹는 식으로는 통하지 않는다는 것을 잘 알았습니다.

"우리 그렇게 나쁜 놈들은 아닙니다."

전두환 정권은 실제 대중에게 먹혀들 정책이 무엇일까 고민한 끝에 과외 금지라는 꽤 파격적인 선물을 국민들에게 안겨줬어요. 과외 금지! 이거 정말 파격적인 겁니다. 지금은 사교육과 부동산이 얽히고설켜서 전두환이 아니라 전두환 할아비를 불러오더라도 과외를 금지하기 어려울 겁니다. 과외 금지만 시켜도 국내 내수경기는 금방 살아날 텐데 말이죠.

사실 386세대가 굉장히 급진적이었잖아요. 그것이 5공 독재정권의 탓도 있지만, 그 당시 가난한 집 자식들이 좋은 대학에 많이 들어갔기 때문이기도 합니다. 민중적인 이야기를 척하면 척하고 알아듣는 민중의 자식들이 대학에 많이 들어갔어요. 과외 금지라는 게 굉장히 커다란 변화를 가져왔던 겁니다.

연좌제도 폐지했습니다. 연좌제는 우리나라에서 가장 여러 번 폐지된 제도예요. 박정희 때도 걸핏하면 연좌제 폐지하겠다고 여러 번 선언했습니다. 전두환 때 대대적으로 연좌제 폐지를 선언했고, 실제 이때쯤부터 연좌제가 많이 완화된 것도 사실이죠. 그 이후에도 종종 연좌제 문제가 터졌지만요.

전두환 정권이 들어서고 크게 달라진 부분 중 하나가 컬러 방송을 실시했다는 겁니다. 사실 컬러 방송을 우리나라가 굉장히 늦게 시작했죠. 박정희가 촌사람답게 화려한 것을 싫어해서 "군이 컬러텔레비전을 봐야 하느냐?" 그랬다죠. 당시 우리나라에서 미국으로 컬러텔레비전을 굉장히 많이 수출했습니다. 1970년대에 컬러텔레비전 공장을 세워 수출까지 했는데 국내에서는 여전히 흑백만 볼 수 있으니 말이 안 되죠.

미국의 컬러텔레비전 시장은 제품별로 상층, 중층, 하층으로 나뉘는데 우리나라는 제일 값싼 하층 시장에 주력했어요. 그런데 미국 하층 시장의 소비량이 떨어지면서 재고 물량을 한국으로 돌릴 필요성이 생긴 거죠. 1980년 12월에 국내 최초로 컬러텔레비전의 시험 방송이 시작됐습니다. 컬러 방송이 시작되면서 연예 산업도 급속히 성장했죠.

국민들이 놀 것이 없다면서 '국풍81' 같은 희한한 놀이판도 만들었고, 그 연장선상에서 프로야구가 출범했습니다. 굉장히 암울한 사회 분위기에서 프로야구가 나왔죠. 재미있는 게 광주에 본거지를 둔 해태 타이거즈가 굉장히 잘나갔어요. 당시 전라도 사람들이 서울에 많이 올라와 있었지만 평소 전라도 사투리를 거의 쓰지 못했습니다. 경상도 사람들은 사투리를 안 고치고 사는데 전라도 사람들은 호적 세탁도 할 만큼 고향을 드러내지 않았습니다. 그런데 서울에서 전라도 사람들이 자기네 말을 거리낌 없이 쓸 수 있었던 곳이 어디냐, 잠실구장의 해태 타이거즈 응원석이었어요.

서울에 연고지를 갖고 있는 팀은 MBC 청룡이었습니다. 방송사가 프로야구팀을 만들었다는 건 참 웃기는 일이죠. 프로야구팀을 기업들이 왜 만듭니까? 기업 홍보 수단으로 만들잖아요. MBC가 홍보할 게 뭐가 있습니까? 오히려 다른 기업이 MBC에 광고해야죠. 당시 대기업들이 선뜻 프로야구팀을 창단하지 않으니까 전두환 정권이 MBC에 떠넘긴 겁니다. 그래서 울며 겨자 먹기로 팀을 창단했는데 사실상 서울의 홈팀은 해태 타이거즈나 마찬가지였죠. 전라도 사람들이 다 잠실구장에 몰려가 해태를 응원한 거예요. 또 해태가 얼마나 잘했습니까? 당시 그런 분위기를 담은 〈스카우트〉라는 영화가 있습니다. 기회가 닿으시면 광주항쟁을 다룬 〈화려한 휴가〉와 함께 〈스카우트〉도 한 번 보시기 바랍니다.

녹화사업으로 젊은 영혼을 갉아먹다

그즈음 중고등학생 교복도 자율화되고 자정 이후 통행금지도 풀렸습니다. 이렇게 세상이 달라지고 좋아지는 것처럼 보였지만 이면의 보이지 않는 곳에서는 녹화사업이란 것이 진행되고 있었어요. 사실 저도 녹화사업 대상자였습니다. 저는 조상님 덕인지 정말 한 대도 맞지 않고 그냥 풀려났습니다.

녹화사업이 뭐냐 하면, 데모하는 놈들은 머리가 빨갛게 물들었으니까 산림 녹화하듯이 군대에서 머릿속을 파랗게 세탁해서 내보내겠다는 거죠. 군대에 강제 입영시킨 운동권 학생들에게 그냥 정신교육을 시키는 게 아니라 그들을 보안사에 데려다 프락치로 이용하는 겁니다. 휴가를 보내 학원 등지에서 정보를 물어오게 했죠.

저는 1981년 1월 강제 입영하게 됐는데 6개월 교련 혜택을 받아 1983년 3월 제대했습니다. 제가 무림사건이라는 학생운동 사건에 연루되어 있었는데, 저 말고도 여러 명이 한꺼번에 군대에 끌려갔습니다. 저희가 제대할 무렵에 녹화사업이 본격적으로 시작되었어요.

정기휴가 갔다 온 지 며칠 안됐는데, 갑자기 휴가 준비하라고 하기에 이상하다 하면서 연대로 올라갔죠. 연대장에게 휴가 신고를 하는데 의미심장한 미소를 지으며 잘 갔다 오라더니 연대 인사참모가 터미널까지 자기 차로 데려다 주겠다는 거예요. 뭔가 이상하다 했더니

녹화사업 희생자들의 진실을 밝혀라
전두환 정권은 운동권 학생들을 군대에 강제 입영시킨 뒤 보안사에 데려다 프락치 활동을 강요했다. 친구의 이름을 팔아야 하는 엄청난 고통을 겪었을 6인의 젊은이들이 군에서 의문의 죽음을 맞았다.

아니나 다를까, 터미널 못 가서 방향을 틀어 사단 보안대로 데려가더라고요. 사단 보안대에서 수사관이 옛날 제 데모 기록을 가져다 하나하나 물어봅니다. 이미 다 기록되어 있는 걸 뭐하러 부인하겠습니까? "이거 했지?" "네, 했습니다." "어떻게 된 건지 이야기해봐." "뭐, 이렇게 이렇게 된 것 같아요." 그러다 가끔 "야, 인마, 이건 왜 빠뜨려" 하면 "아, 깜빡했네요. 거기 씌어 있는 게 맞습니다." 이렇게 한두 시간쯤 조사하더니 수사관이 갑자기 "에이, 뭘 하라는 건지 모르겠네" 이러는 거예요. 저는 속으로 만세를 불렀죠. 그러더니 딱 그걸로 조사가 끝났습니다.

그다음부터는 2주일 동안 보안부대 도서실에서 각종 정훈서적, 반공서적들만 열심히 읽었습니다. 2주 내내 책만 보다 풀려났어요. 저와 비슷한 시기에 잡혀간 녹화사업 동기들도 제각각 소속 사단에서 조사를 받았죠. 저만큼은 아니더라도 대부분 편하게 받았지만 한두 녀석은 실컷 두들겨 맞기도 했답니다. 그나마 저희 동기들은 괜찮았습니다. 왜 그랬을까요? 저희는 짬밥을 많이 먹고 갔거든요. 제대할 때가 가까운 거죠. 군대에서 하는 말로 거꾸로 매달아도 국방부 시계는 간다잖아요. 제가 2월 중순부터 조사를 받았는데 3월 말 전역 예정입니다. 어떻게든 한 달 반이야 못 버티겠냐? 뭐, 그런 마음이었죠.

이등병 때 끌려간 친구들은 어떻겠어요? 군대 생활은 2년 반 남았는데 보안사에서 잡아다 두들겨 패면서 휴가 나가 학생운동 동향을 물어와라, 운동권 친구들 동정을 보고해라, 그렇게 달달 볶으면 어떻게 견디겠습니까?

일부는 휴가 나와서 방에만 처박혀 있다 귀대하고, 일부는 학교에 와서 술 퍼먹고 친구들한테 고백하죠. 내 사정이 이런데 어떻게 하면 되냐고, 옛날 친구들한테 펑펑 울면서 고백하는 녀석들도 있었어요. 일부는 협력하기도 했습니다.

어떤 선택을 하든 인간성은 다 파괴되는 거죠. 안 그렇겠습니까? 동지를 팔라, 친구를 팔라 하니까 그 고통을 견디지 못한 젊은이들이 목숨을 끊거나 의문사를 당합니다. 그런 시절이에요.

박정희도 그렇게는 안 했어요. "데모하는 새끼들 고생 좀 시켜." 그래서 운동권 학생들을 다 전방에 보내 뺑뺑이를 돌리기는 했죠. 1971년 교련 반대 데모 때부터 강제징집이 본격화되었죠. 박정희 군사독재 정권은 신성한 국방의 의무를 악용했습니다. 그런데 전두환 정권의 녹화사업은 훨씬 악랄했던 겁니다.

녹화사업은 애초에 보안사에서 입안했고, 보안사 공작 예산의 70퍼센트가 여기에 들어갔습니다. 그런데 프락치를 강요했던 친구들이 하나둘 죽어 나가니까 결국 중단되었어요. 그 당시 김두황, 이윤성, 한희철, 정성희, 한영현, 최온순 같은 젊은이들이 의문의 죽음을 맞았고, 국회에서도 큰 문제가 되었기 때문에 녹화사업이 중단된 겁니다.

'정의'로운 정권의 사건, 사고

전두환 시대의 또 하나 특징은 사고가 엄청나게 많았다는 겁니다. 대통령부터 흉악한 사고를 치고 집권해서 그런지 임기 내내 사고가 많았어요.

세계 역사상 최악으로 기록된 총기 난사 사건도 전두환 시절에 일어났습니다. 기네스북에도 올라갔죠. 1982년 4월 경남 의령에서 발생한 사건인데 우범곤 순경이 카빈총을 난사해 마을 주민들 56명을 죽였습니다.

우 순경이 동거하던 여자와 싸우고 홧김에 저질렀는데 그 발단이 참 어처구니없습니다. 우 순경은 돈이 없어 결혼을 못하는 처지라 평소 사람들이 자신을 무시한다고 생각했어요. 그러다 집에서 낮잠을 자는데 가슴에 앉은 파리를 동거녀가 찰싹 때렸고, 그게 부부싸움으로 발전하면서 그동안 가슴에 맺혀 있던 피해의식이 폭발했습니다. 우 순경은 술을 먹고 파출소로 가서 총을 탈취했어요. 그리고 몇 시간에 걸쳐 마을을 돌아다니며 주민들을 사살했습니다. 마지막에 수류탄으로 자폭했죠.

그 사건이 일어나고 꼭 열흘 후에 단군 이래 최대의 금융사기 사건이 터졌습니다. 장영자 사건인데요. 한마디로 미모의 여인이 비자금을 세탁한 사건입니다. 그 배경에 권력자가 있었습니다. 전두환의 처삼촌, 즉 이순자의 삼촌인 이규광이란 사람이 있는데, 이 양반이 장영자의 형부였어요. 좀 복잡합니다만 이게 엄청난 '빽'입니다. 이규광은 헌병감 출신으로 정보에 굉장히 밝은 예비역 장성이에요. 장영자의 남편 이철희는 중앙정보부 차장 출신입니다. 부부가 건설회사들을 상대로 사채를 놓았는데, 약속어음을 담보로 현금을 빌려줬어요. 예컨대 현금 1억을 빌려주고 담보로 3억짜리 약속어음을 받는 거죠. 장영자 부부는 담보로 잡아두기로 하고 받은 약속어음, 즉 견질어음을 어음시장에 돌렸습니다. 그렇게 풀린 돈이 7천억 원입니다. 당시 지하경제의 30퍼센트였다죠. 이렇게 금융 질서를 뒤흔들었죠. 장영자는 자신이 잡혀 들어오기 전까지 몇 년 동안은 부도난 적이 없지 않느냐? 다 회수해서 돌려 막았는데 잡아 가둬서 부도가 나버린 거다, 자신은 권력 내부 갈등의 희생양이다, 그렇게 이야기를 했죠.

이 사건이 굉장히 중요한 전기가 됩니다. 5·16이건 5·17이건 간에 군이 정권을 잡으면 언제나 "부정부패를 척결하자"고 내세웠죠. 그런데 오히려 군 출신들이 더했어요. 5·16 직후에는 이른바 4대의혹사건이 일어나더니 전두환 때는 단군 이래 최대의 부정부패 사건이 터진 겁니다.

육사 17기 대령급 인사들은 이를 심각하게 받아들였습니다. 육사 17기는 전두환의 6년 후배로 청와대 수석 비서관 자리에 있던 실세들입니다. 이들은 결국 이순자를 겨냥합니다. 장영자의 뒷배경이 이순자의 작은 아버지잖아요. 전두환이 처가를 옹호하느냐 후배들을 따르느냐 하는 갈등 속에서 결국 쓰리 허로 대표되는 17기 대령 출신들이 옷을 벗고 권력에서 물러나죠. 그래서 막강한 '육사' 위에 더 센 '여사'가 있다는 우스갯소리까지 나왔어요.

그다음에 KAL 007기가 소련 영공에 들어갔다 격추되는 사건도 있었고, 아웅산 사건이라는 전대미문의 테러도 발생했어요. 아웅산 사건은 전두환이 버마를 방문했다가 발생한 사건인데요. 전두환이 왜 버마에 갔습니까? 버마는 오래전부터 군부 통치를 받는 군사독재 국가였죠. 당시 버마는 쿠데타로 정권을 잡은 네윈이 최고지도자의 자리를 후계자에게 물려

큰손 장영자
이순자와 사돈관계였던 장영자, 이철희 부부는 6천 400억 원대 어음사기 사건으로 1980년대 금융질서를 흔들었다. 사진은 1994년 두 번째 어음사기 사건으로 검찰에 출두할 때 모습.

주고 막후에서 상왕 노릇을 하던 시절이었어요. 전두환이 그걸 배우러 간 겁니다.

버마는 남북한 동시 수교국이었는데 북한이 사전에 특수부대를 침투시켰습니다. 아웅산 묘지는 우리로 치면 국립현충원과 독립기념관을 합쳐놓은 곳이에요. 그런 곳에다 북한 공작조가 폭탄을 설치하고 기다렸어요. 그런데 버마 대사이던 이계철 씨가 이마가 벗겨졌거든요. 한국 요인들은 도열해 있고, 이계철 대사가 조금 늦게 도착해 차에서 내렸는데 멀리서 그를 본 북한의 공작조가 전두환인 줄 착각하고 스위치를 눌렀어요. 부총리를 비롯한 대통령 비서실장, 장차관급

인사 등 정부 주요 각료와 기자, 경호원 해서 전부 17명이 사망하는 초대형 테러 사건이 터진 겁니다.

이런 사건들이 연달아 터지니 나라 분위기가 어수선할 밖에요. 그런 상황에서도 5공 정권은 정의, 정화, 해방, 새 시대 같은 용어들을 아무렇지 않게 사용했습니다.

사회와 국가에 감사하는 새 시대, 새 언론

우리가 꼭 짚어봐야 할 부분이 1980년대 언론 문제입니다. 한국 언론은 1970년대 유신 시대에 이미 완전히 장악되었다고 봐야 할 것 같아요. 1960년대까지는 언론이 정권과 치고받고 싸웠어요. 1970년대 들어서도 유신 초기까지는 저항했죠. 그러다 1975년 인혁당 사건 터지고 베트남이 공산화되던 무렵에 〈동아일보〉 백지 광고 사태가 있었어요. 거기서 결국 〈동아일보〉가 굴복합니다.

〈조선일보〉도 32명의 기자들을 해직시켰는데 〈동아일보〉는 무려 160여 명이나 잘랐어요. 〈동아일보〉, 동아방송은 말깨나 하고 글깨나 쓰던 젊은 기자들이 다 잘린 겁니다. 그럼 어떻게 됩니까? 인적 자원이 고갈되었죠. 이 차이가 1980년대 들어오면서 어떻게 됐습니까? 〈조선일보〉가 급부상하기 시작했어요. 〈조선일보〉는 언제나 2등 신문이었어요. 일제강점기부터 〈동아일보〉한테 밀린다는 콤플렉스가 있었습니다. 그런데 1980년대 초반에 따라잡았습니다. 그 원인 중 하나로 〈동아일보〉의 인적 자원이 고갈되었다는 점을 들 수 있지요. 또 다른 주요한 원인은 〈조선일보〉가 신군부와 확실하게 유착되었다는 겁니다. 〈조선일보〉가 굉장히 세게 전두환을 찬양하고 나섰거든요.

또 하나는 언론 통폐합 과정에서 〈중앙일보〉가 동양방송 TBC를 빼앗겼잖아요. 지금의 KBS2이죠. 〈동아일보〉도 동아방송을 뺏겼습니다. 그래서 〈동아일보〉나 〈중앙일보〉는 굉장히 큰 타격을 받은 반면 〈조선일보〉는 타격이 없었어요. 신군부와 〈조선일보〉는 여러 면에서 죽이 잘 맞았습니다.

전두환이 보안사령관이던 시절에 지금 코리아나 호텔 뒤의 보안사 안가를 〈조선일보〉가 굉장히 비싼 값에 사줬습니다. 그때 전두환이 한 수 빚졌어요. 그 때문인지 1980년대 초반 〈조선일보〉가 특혜를 많이 받았습니다. 당시 권력의 실세로 '쓰리 허'가 지목되었는데, 그중 한 사람인 허문도는 〈조선일보〉 도쿄 특파원 출신으로, 전두환의 비서실장이 되면서 언론 정책에서 최고의 실세로 군림했습니다. 그런 여러 요인이 합쳐져 〈조선일보〉가 대약진을 했고요.

언론사 사주들이 권력과 유착도 했지만 다른 한편으로는 많이 당한 부분도 있습니다. 언론 통폐합으로 군소 언론 사주들은 아예 신문사를 뺏겼죠. 중앙일간지로는 〈신아일보〉가 폐간되었고, 지방지의 경우도 대체로 일도일사주의에 입각하여 통폐합이 되었습니다. 보안사에서 잡아다 협박해 강제로 뺏었습니다. 백지 내놓고 포기 각서 쓸 때까지 풀어주지 않았죠. 동시에 〈창작과 비평〉, 〈월간 중앙〉, 〈뿌리깊은 나무〉, 〈씨올의 소리〉 같은 비판적인 언론들도 다 폐간시켰습니다.

1980년 신군부가 집권하고 이른바 '언론 통폐합'을 실시하면서 기자들을 대량 해직시켰습니다. 무려 1천여 명이나 해직되었어요. 그런데 웃긴 게, 보안사에서 해직시키라고 보낸 명단은 300명 정도입니다. 그중에서도 살짝 몇 명은 구제하고 200여 명을 해직시켰는데 실제 해직된 기자는 1천 명에 가까운 겁니다. 어떻게 된 걸까요? 이 기회에 사주 마음에 안 드는 놈들을 모두 잘라버린 겁니다.

　권력이 마음에 안 드는 언론인들의 목을 마구 쳤지만, 또 한편에서는 언론인들을 발탁하여 국회의원도 시키고 장관도 시키고 고위 공무원이나 국영기업, 단체의 간부 자리에 앉혔습니다. 유신정권 때부터 본격화되었는데, 언론인들의 적극적인 충성을 끌어내는 수단이었죠. 박정희 때도 언론인 출신들이 문공부 장관을 계속했지만, 전두환 시절에는 정말 발가벗고 나섰다고 해야 할 것 같습니다.

　5공 때 문공부 장관을 지낸 이진희라는 사람이 있습니다. 유신 때 언론계에서 정계로 뛰어들었고, 장관 하기 전에는 〈경향신문〉·MBC 사장, 유정회 국회의원까지 지냈는데, 장관 취임사에서 "언론인은 국가관이 투철해야 하며 체제의 수호자가 되어야 한다"는 고약한 얘기를 한 사람이죠. 이 자가 1983년 관훈클럽에서는 이런 말을 한 적이 있어요.

　"……지금부터 10년 전 내가 어떤 신문의 정치부장으로 받았던 월급이 6만 원이었다. 지금 신문사 부장의 월급이 100만 원인 것을 보면 그동안 물가 상승에 비해 언론인의 처우는 많이 향상되었고 언론기업은 발전했다. 이제는 따라서 언론도 그 사회와 국가에 대해 감사할 줄 알고 스스로 무섭게 책임을 느껴야 할 것이다."

　이게 무슨 얘기입니까? 나라에서 기자 월급을 올려줬으니 국가와 사회에 감사하고 책임을 느껴야 한다는 말 아닙니까.

　5공 권력이 언론을 확실하게 정리한 다음에 한 짓이 무엇입니까? 기자들 월급을 대폭 인상시켜준 겁니다. 살아남은 기자들은 어떻게 됐어요? 정말 좋아졌죠. 1천 명을 잘라냈으니 어떻게 됩니까? 승진 기회 생겼죠, 월급 팍 뛰었죠. '새 시대'의 단맛을 제대로 보는 겁니다.

〈조선일보〉 부상의 핵심, 허문도
5공 언론 청문회 당시 증인 선서를 하고 있는 허문도(왼쪽 두 번째). 〈조선일보〉 도쿄 특파원·외신부 차장, 주일대사관 공보관을 거친 그는 전두환이 중앙정보부장을 하던 시절 비서실장으로 발탁돼 언론통폐합을 주도했다.

그 뒤로 우리나라 신문 사회면에서 연탄 이야기가 사라졌습니다. 버스 요금 이야기도 사라집니다. 기자들이 최소한 택시를 타거나 자가용을 굴리기 시작했거든요. 자가용을 가장 먼저 이용한 업종 종사자가 기자들입니다. 1980년대에 기자 월급이 대한민국에서 최고가 되었어요. 기존에 받던 월급보다 몇 배나 뛰었거든요. 독일 같은 곳에서는 기자 월급을 일부러 사회 중간층보다 약간 아래에 맞춘답니다. 밑바닥 계층의 경제 현실, 그들의 삶을 들여다볼 수 있는 눈높이를 가져야 한다는 거죠. 기자는 사회적 지위가 있으니 상위 계층의 삶도 충분히 알 수 있겠죠.

이와 비슷하게 대폭 올려준 것이 바로 대학교수들이죠. 교수나 언론인들이 전두환 정권 시기에 물질적으로도 사회의 상층부로 자리 잡게 되는 겁니다.

한국 사회가 그렇게 바뀌어갔습니다. 전두환이 사회를 장악하면서 자기 입맛에 맞는 체제로 바꾸는 거죠. 이 무렵에 유행한 노래가 정수라의 〈아! 대한민국〉입니다. "원하는 것은 무엇이든 얻을 수 있고, 뜻하는 것은 무엇이건 될 수가 있어." 이 노래에 악동들이 후렴을 붙였죠. "원하는 것은 무엇이든 얻을 수 있고~~ 돈 있으면 돈 있으면, 뜻하는 것은 무엇이건 될 수가 있어~~ 빽 있으면 빽 있으면."

광주항쟁이 장엄하게 패배하고 난 이후 전두환 신군부 정권이 들어선 대한민국의 사회, 정치, 경제, 문화 등이 바뀌어갔습니다.

이렇게 전두환이 '새 시대'라는 것을 만들어가는 동안 다른 한편에서는 대중이 물밑에서 광주의 패배를 딛고 다시 일어나기 시작하죠. 그 과정에 대해 살펴보도록 하겠습니다.

전두환,
한판 붙자!

광주를 겪고 국내 민주화운동이 참 많이 달라졌습니다. 1970년대에도 민주화운동이 있었고 똑같은 사람들이 했지만 운동에 임하는 자세가 굉장히 달라졌어요.

1980년 광주를 겪은 뒤 1981년 졸업정원제가 시행되면서 각 대학의 입학정원이 크게 늘었습니다. 여기서 중요한 변화가 무엇이냐 하면 학생들의 숫자가 늘어난 것도 있지만, 광주에서 1980년 5월을 겪은 친구들이 대학에 들어왔다는 점입니다. 이 친구들은 눈빛부터 달랐어요. 저는 다행히(!) 군대에 끌려가서 학교에 없었습니다만, 나중에 학교에 남아 있던 동기들한테 들어보니까 정말 선배 노릇 해먹기 힘들었다고 해요. "당신들이 광주를 봤느냐?" "광주에서 사람들이 어떻게 죽었는데……" 정말 젊음으로는 감당할 수 없는 일들이 터진 것 아닙니까? 그런 고통을 술로도 풀었겠지만 운동에도 얼마나 큰 변화가 일어났겠어요? 광주에서 시민군으로 총을 잡았던 고등학생들, 자기 친구를 잃은 사람들이 대학에 들어오면서 운동판은 엄청난 변화의 소용돌이에 휩싸입니다.

눈빛이 다른 신입생들

살인마 전두환과 어떻게 싸워야 하느냐. 우리가 순진하게 미국을 믿었다. 우리가 조직도, 이론도 없이 맨주먹으로 싸우니까 지는 거 아닌가? 우리의 상황 인식과 현실을 분석하는 이론도 바뀌고, 투쟁 양상도 훨씬 치열해지고, 운동에 임하는 각오도 완전히 달라졌습니다. 1980년대 초반에는 이론을 공부하자는 열기가 고조되면서 별의별 이론이 다 들어왔습니다.

사실 1970년대까지는 진보적인 책을 읽으려야 읽을 수가 없었어요. 1974년, 1975년, 1976년 무렵에는 학생운동권에서 읽었다는 책이 기껏해야 〈창비〉에 있는 논문들이고, 철학 서적이라고는 이규호의 『사람됨의 철학』 같은 거였어요. 이규호가 누굽니까? 학살자 전두환 밑에서 대통령 비서실장이 된 사람이잖아요. 읽을 만한 책이 오죽 없었으면 그런 사람 책을 읽었겠습니까? 1970년대에는 사회과학이나 인문과학 서적들이 몇 권 없었고 우리나라 필자들은 더더욱 찾아보기 어려웠어요. 〈창비〉에 실린 단편적인 논문들이나 리영희 선생님, 박현채 선생님 책을 제외하면 우리 필자가 쓴 글은 거의 없다고 해도 과언이 아니었습니다. 1975년 〈동아일보〉, 〈조선일보〉에서 떨려난 해직기자들이 출판사를 차리면서 사회과학 서적들이 조금씩 나오기 시작한 겁니다. 거기에 미국 유학한 분들이 배워 온 종속이론 같은 것과 네오마르크스시즘, 마르쿠제의 비판이론 정도가 1970년대 대표적인 사회과학 이론서였죠. 마스터라고 해서 원서를 해적판으로 찍어 돌려

봤지요. 그리고 일어 문법 조금 공부한 뒤에 한자는 우리말로 읽고 조사와 어미만 일본어로 읽는 엉터리 방식으로 간신히 일본책을 읽던 시절을 보냈습니다.

그러다 1980년 광주를 겪고 나더니 이론 분야에서 굉장한 급진화가 시작됩니다. 정말 죽는 놈도 있는데 사회주의 서적 좀 보는 게 대수냐, 뭔 짓을 못하겠느냐는 심정이었죠. 종속이론이나 네오마르크스시즘 계열의 책을 보다가 드디어 마르크스 원전이 돌기 시작합니다. 그러다 성에 안 차니까 레닌을 읽었어요. 레닌을 읽다가 스탈린으로 넘어갔고, 또 유럽 상황은 우리하고 다르다, 중국을 보자, 해서 마오쩌둥 전략들을 읽었습니다. 처음에는 영어 원전 복사본이었는데, 우리말로 거칠게 번역해서 타자를 친 것이 돌고, 그러다가 후발 사회과학 출판사들이 과감하게 원전을 내기 시작했지요. 급기야 1985년쯤 되니까 이북 방송이나 김일성 저작 같은 것들을 접하기 시작했죠.

한국 사회에서 이론적인 금기의 벽들이 사라지기 시작했습니다. 아마도 전두환 정권을 무너뜨릴 수만 있다면 악마와도 손잡을 수 있다는 심정이 아니었을까요? 돌이켜보면 그런 생각이 듭니다.

1980년대에 미국을 재발견하는데, 미국에 대해서는 이따 다시 말씀드리고요. 그러면서 이북을 다시 보게 됩니다. 미국을 통해 우리 역사를 다시 보고, 분단을 다시 보고, 그 이전의 일제강점기를 다시 보고, 더 나아가 우리와 통일을 이루어야 할 대상으로서 이북을 다시 보게된 거예요. 전에는 이북은 무조건 때려잡고, 쳐부수고, 무찔러야 할 대상이었잖아요. 그 무렵 이북을 한국 역사에서 민족사의 정통성을 가진 집단으로 보는 시각도 나타나기 시작했습니다. 학생운동에 분명히 그런 파벌이 있었어요. 이북의 김일성 주석을 수반으로 하는 집단을 조선혁명의 주체다, 영도체다 해서 떠받들던 세력이었죠. 그 정도는 아니더라도 이북을 우리 역사에서 독립운동의 한 맥을 계승한 집단으로 보는 시각도 있었고, 적어도 반공 이데올로기에서 벗어나 이북을 새롭게 봐야 한다는 입장도 있었습니다. 더 나아가 남북의 정통성 경쟁에서 한쪽만 잘났다고 해봐야 무슨 통일이 되겠느냐. 정통성으로 남이냐, 북이냐를 가리지 말고 남과 북이 대등하게 만나 통일을 이루어야 한다고 주장하는 사람들도 있었습니다. 어쨌든 이북에 대해 다양한 견해가 나오면서 폭넓은 스펙트럼이 만들어졌습니다.

1980년대 운동판은 전과 달리 사람이 많아집니다. 1970년대까지만 해도 데모하는 사람들끼리 전국적으로 알고 지냈다 해도 과언이 아닐 만큼 판이 좁았죠. 그런데 광주를 겪고 나서 재야 운동을 하는 사람들의 숫자가 어마어마하게 불어납니다. 광주 직후에는 저항이 활발하지 못했어요. 저쪽에서 광주를 전후로 민주인사들을 싹쓸이한데다 너무 무지막지하게 폭력을 휘둘러서 잠깐 주춤했죠. 그러다 1981년 봄 개학을 하면서 서서히 저항이 시작되었습니다. 서울대를 비롯해 다른 여러 대학에서 데모가 일어났어요. 그리고 2년, 3년쯤 지나면서 전국 어느 대학이나 데모 없는 곳이 없을 정도로 본격화되었습니다.

서서히 살아나는 민주화운동의 기운

1980년대 민주화운동의 전기가 되는 사건 중 하나가 1983년 5월 김영삼 씨의 단식입니다. 김영삼 씨가 지금은 좀 이상해졌습니다만, 그 시절에는 분명 자기 역할을 했던 부분이 있어요. 특히 1983년 단식은 당시 사회 분위기에서 굉장히 중요한 역할을 했습니다.

김대중 씨가 신군부로부터 사형선고를 받고 갇혀 있다 미국의 압력으로 풀려나 추방되다시피 한 상황에서 김영삼 씨가 홀로 남아 단식을 시작했어요. 정권이 언론을 험악하게 통제해 김영삼이 단식한다는 기사가 어디에도 나지 않았죠. 그래도 아예 언급하지 않을 수 없어서 기사가 나기는 했는데 당시 〈조선일보〉에 실린 기사를 보면 처음에는 너무나 애매하게 "정치 현안"이라고 하다가 단식이 보도되기 직전에 가서는 "어느 재야인사의 식사 문제를 놓고 정부 여당이 연석회의를 가졌다"는 표현이 나옵니다. 이런 기사를 보고 웬만한 사람들은 아, 김영삼이 밥을 굶고 있구나 알았던 거죠.

김영삼 씨가 20여 일 단식을 했습니다. 일국의 야당 지도자가 단식을 하는데 정말 치졸한 일이 많았어요. 안기부 요원이 김영삼 씨가 단식하는 병실 앞에서 불고기를 구워 연기를 피운 적도 있답니다.

말이 나온 김에 이야기하자면, 단식하는 사람한테 가장 취약이 뭔지 아세요? 자장면 냄새입니다. 그 냄새가 사람을 죽입니다. 명동성당에서 단식 농성을 많이 하잖아요. 예전에는 성당 내부에서 했지만 2000년 이후로는 명동성당이 보수화되는 분위기라 입구에서 많이 하게 됐죠. 길 건너편에 중국집이 있습니다. 그 중국집에서 점심시간만 되면 풍기는 자장면 냄새가 정말 사람을 미치게 만듭니다. 단식 끝나면 저거 한 그릇 꼭 먹어야겠다고 다짐하는 거죠. 하여튼 웃지 못할 일들이 있었어요.

김영삼 씨가 광주항쟁 3주년이 되는 날짜에 맞추어 단식을 시작했는데 그게 상당한 파급력을 가졌습니다. 그러면서 재야 운동권이 다시 살아났어요. 당시 학생운동 진영도 뿔뿔이 흩어져서 '뭔가 해야 하는데, 해야 하는데……' 하면서도 엄두가 나지 않는, 그런 패배감에

단식 중인 김영삼
1983년 5월, 가택 연금 중이던 김영삼은 광주민주화운동 3주년을 맞아 무기한 단식투쟁에 돌입한다. 이에 미국에 있던 김대중이 지지성명을 발표하는 등 23일 간의 단식투쟁은 민주화세력 결집에 상당한 파급효과를 발휘했다.

젖어 있었어요. 한번 된통 당하면 다시 회복하는 데 시간이 걸리죠.

그러다가 1983년 9월 재야의 반합법단체인 민청련이 결성됩니다. 무슨 군사작전을 벌이듯 거짓 정보까지 흘려가면서 간신히 창립 선언을 했습니다. 김근태 전 의원이 창립 의장으로 선출되었어요. 민청련 창립이 전기가 되어 그 후 '노동자복지협의회' 같은 반합법 공개 운동 단체들이 우후죽순처럼 생겨났고, 나중에 1985년 3월에는 재야 운동 단체들이 연합해 '민주통일민중운동연합(민통련)'이 출범하는 흐름으로 이어집니다. 재야가 하나의 진영으로 서기 시작했죠.

민청련을 시작으로 재야가 활동을 재개하니까 전두환 정권은 이른바 유화조치라는 것을 실시합니다. 데모하다 구속된 학생들을 풀어주고 제적생들도 복학시킵니다. 사실 전두환 정권 들어서면서는 데모 주동하다 징역을 살아도 1년 정도였어요. 박정희의 긴급조치 시절에는 2년, 3년은 기본이고 최고 사형까지 가능했는데 전두환 정권에서는 형량이 가벼워졌죠. 그러다 "형량이 가벼워서 애들이 데모를 많이 한다. 형량을 높여라" 하는 강경론이 나왔습니다.

제가 국정원 과거사위를 하는 동안 안기부에서 형량에 대해 어떤 방침을 내리고, 그 문제를 서울형사지법 수석부장판사 형사지법원장이 어떤 식으로 시행했는지 조사했습니다. 안기부가 데모 주동자들을 무조건 3년 이상 중형에 처하라는 방침을 내리니까 1심에서 징역 1년을 받은 사람이 항소심에서는 3년으로 늘어나더라고요. 그런데 형량을 늘려도 데모는 계속되고, 감옥은 구속 학생들로 넘쳐나고, 정부의 강경조치에 대한 비난만 거세지니까 안기부가 다시 방침을 바꾸어 학생들을 풀어주게 됩니다. 1983년 말 안기부가 작성한 보고서를 보면 사법부가 형량을 높여 정권의 인기만 떨어진다고 해서 다시 형량을 낮추었어요. 전두환이 사면조치를 내려 구속되었던 학생들이 석방되고 제적생들의 복교도 허용합니다. 선심은 전두환이 쓰고, 판사들만 바보가 되어버린 거죠. 이것이 1983년 12월에 내려진 유화조치예요. 학교 내에 상주하던 전투경찰들도 철수했습니다.

유화조치의 일환으로 활동이 금지되었던 정치인들도 해금되고, 그들을 중심으로 1984년 5월 정치권 내에 '민주화추진협의회(민추협)'가 만들어졌습니다. 상도동 측에서는 김영삼 씨가 공동의장을 맡고 동교동 측은 김대중 씨가 미국에 망명 중이라 김상현 씨가 공동의장 대행을 맡았습니다. 1984년부터는 본격적으로 학생회가 만들어지죠. 그전까지는 학도호국단이어서 학생회장이 아니라 학생장이라고 불렀어요. 1985년부터는 각 대학마다 학생회가 정식 활동을 시작합니다.

열심히 공부해서 세상을 바꾸자!

1980년대는 우리가 정말 공부를 열심히 한 시절입니다. 너무 열심히 공부해서 탈이었죠. 혁명에 대한 열정이랄까? 운동에 대한 열정과 책임감이 지나치다 보니 좀 많이 경직된 분위기였어요. 연애도 하면 안 되고, 화장도 하면 안 되고, 좋은 옷 입어도 안 되고, 맥주도 마시면 안 되었죠. 그런 게 다 부르주아식 사치였어요. 청교도보다 훨씬 더한 도덕률을 요구하던 시기였습니다. 그래서 굉장히 팍팍했고 다들 날이 서 있었어요.

사회과학 논쟁도 많았습니다. 당시에는 마르크스-레닌주의 이론이 학생운동권 내에 널리 퍼져 있었어요. 이론에 입각해 현실을 분석하고, 토대는 어떻고 상부구조는 어떻고, 또 사회구성체를 분석해 어떤 혁명을 향해 나아가야 하는지, 우리 혁명의 성격이 무엇인지, 혁명의 주체는 누구이고 누가 동맹세력으로 혁명에 참여할지에 대해 논쟁했죠. 노동자는 어떻고, 농민은 어떻고, 도시빈민은 어떻고, 중소 부르주아지는 어떻고, 뭐 이런 계급 분석을 하면서 사회 성격을 어떻게 규정할 것인가를 두고 치열한 논쟁을 벌였습니다.

약어도 많이 썼어요. NDR(민족민주혁명론), PDR(민중민주혁명론), CDR(시민민주혁명론) 등등. 경찰이 알아들으면 안 된다는 거죠. 가령 'SM'은 학생운동(Student Movement)의 약자고, 'ST'는 투쟁(Struggle)의 약자입니다. 용어를 모르면 대화가 안 될 정도였어요. 군대 갔다 오면 무슨 말인지 물어보다가 그것도 모르냐고 면박을 당하던 그런 시절입니다.

중요한 이야기는 필담으로 했습니다. 필담이 끝나면 종이를 태웠어요. 태울 상황이 아니면 씹어 먹기도 했고요. 염소도 아닌데 종이 많이 먹었습니다. 그 시절은 도청에 대한 공포가 늘 있었어요. 1980년대가 지나도 공포는 계속 이어지잖아요. 1988년이었나요? MBC에서 대형 방송사고가 터졌죠. 어느 청년이 9시 뉴스 생방송 스튜디오에 침입해 "내 귀에 도청 장치가 되어 있습니다" 하고 외쳤습니다. 운동권이 아닌 일반인도 공포를 느낄 만큼 도청이 만연했습니다.

그 시절 '사회구성체 논쟁'을 하긴 했는데 무지무지하게 어려웠습니다. 당시 논쟁의 중심에 있던 책들이 요즘 다시 출판되기도 하는데 지금 봐도 무슨 말인지 모르겠어요. 쓰는 사람도 몰랐을 겁니다. 그렇게 지지리도 어려웠는데, 그 시절에는 사명감 갖고 밑줄 치면서 열심히 읽었어요. 뭔가 돌파구를 찾기 위해서 '책 속에 길이 있다'는 신념으로 열심히, 열심히 공부했습니다.

지금 돌이켜 생각해보면 비효율의 극치였죠. 왜냐? 아무도 가르쳐주는 사람이 없었습니다. 저희 또래는 물론이고 선배 후배 모두 자습한 세대입니다. 제대로 된 선생님한테 배우지 못하고 선후배와 동료들끼리 모여서 자습했습니다. 그러니 해명되지 않는 것 천지이고, 잘못 이해한 것도 많죠. 선생님이 딱딱 정리해줬으면 간단하게 넘어갈 문제들을 헤매면서 공부했습니다. 그런 세대가 지금 위로는 50대 중반쯤이고 밑으로는 40대까지 해당될 겁니다. 이젠 사회에서 중견이 되었습니다만 그 시절에는 그렇게 열악하게 공부했습니다.

그 시대의 학술 연구에 대해 조금만 더 이야기하죠. 지금 우리가 '현대사 특강'을 하지만 현대사 분야에 대한 공부도 1980년대부터 겨우 시작됐습니다. 그전까지는 공부하고 싶어도 할 수가 없었어요. 현대사를 공부하겠다고 하면 선생님들이 "뭐 공부할 게 있다고 현대사를 공부해?" 야단을 치십니다.

제자가 새로운 분야에 도전하겠다면 기특하다고 해야 할 것 아닙니까? 칭찬해야 하지 않습니까? 격려해줘야죠. 그런데 1980년대에 현대사를 공부하겠다고 하면 "야, 어쩌려고 그러냐? 하지 마라. 다친다" 그러세요. "일제강점기까지는 해도 괜찮지만 해방 이후는 절대로 하지 마라. 그거 하다 다 죽었다. 절대 건드려서는 안 된다." 그리고 덧붙입니다. "역사적 평가는 관에 못을 박고 30년은 지나야 할 수 있다. 아직은 현대사를 건드릴 때가 아니다." 이렇게 '묻지 마, 다쳐'로 상징되는 상황에서 계속 질문하면 어떻게 됩니까? '말 많으면 공산당'이 되는 세상이죠. 진짜 다치는 겁니다. 1970년대까지는 그렇게 몰아붙여서 정말 아무도 공부할 엄두를 못 냈죠.

그런데 1980년대가 되니까 '죽는 놈도 있는데……' 하면서 공부하기 시작했습니다. 제가 나이는 얼마 안 먹었지만 현대사 분야에서는 원로 사학자입니다. 그 시절에 선배가 없었어요. 우리가 어떻게 공부했는지, 얼마나 비효율적으로 공부했는지 지금 돌이켜보면 참 기가 막힙니다. 그때는 인터넷 같은 거 없잖아요. 정말이지 〈사상계〉, 〈신동아〉 목차 뒤져가면서 관련 기사 찾아 베끼고 복사하며 공부했습니다. 제가 제대하고 복학했던 1983년 무렵의 얘기입니다. 그즈음 브루스 커밍스의 『한국전쟁의 기원』 같은 책이 미국에서 나와 한국 현대사에 대한 새로운 인식들을 틔어주고 '미국은 우리에게 무엇인가' 생각하게 만들었습니다.

우리는 현대사 공부를 광주의 충격 속에서 새롭게 시작한 겁니다. 현대사 연구가 시작된 지 이제 겨우 20년밖에 안 되는 셈이죠.

드디어 대기업 남성 사업장에도 파업이

노동운동도 새롭게 고양되기 시작했습니다. 처음에는 많이 헤맸죠. 1970년대에 간신히 명맥을 잇던 민주노조가 '새 시대'를 맞이해 모두 깨졌습니다. 민주노조 지도자들 중에 삼청교육대로 끌려간 사람도 수십 명 되었습니다. 지리멸렬해졌죠.

그러다가 해고 노동자들이 모여 '노동자복지협의회'라는 단체를 만들고, 조금씩 조금씩 살아나는가 싶더니 드디어 1985년 4월 대우자동차에서 파업이 일어났습니다. 파업이 일어난 날을 지금도 기억합니다. 대우자동차가 파업했다고 대학원에서 축하 술을 마시러 갔거든요. 도대체 그게 무슨 소리냐? 대한민국에서 해방 이후 최초로, 한국전쟁 이후 처음으로 대기업 남성 사업장에서 드디어 파업이 일어났다는 겁니다. 경축할 만한 일이었어요.

1970년대까지 어땠습니까? 파업은 전부 중소기업의 여성 사업장에서 일어났지요. 동일방직, YH, 반도상사, 한일합섬, 남양나이론, 청계피복, 해태 등 주요 파업 현장이 중소 규모의 여성 사업장이었습니다. '왜 여공들만 노동운동을 할까?' 이게 굉장히 중요한 숙제였습니다. 연구 논문이 지금도 많아요.

지금 생각해보면 질문이 잘못된 것 같아요. "왜 여성들만 노동운동을 할까?"가 아니라 "왜 남성들은 노동운동을 안 했을까?" 묻는 게 맞다고 생각합니다. 왜 안 했을까요? 지금 여기도 여성이 훨씬 많네요. 왜 남성들은 파업을 안 했을까요?

저는 대한민국 남자들이 군대 갔다 와서 '사람'이 되었기 때문에 노조나 파업 같은 찌질한 짓을 안 했다고 생각합니다. 우리 군대의 존재 이유가 그거 아니겠습니까? 한국전쟁이 발발했을 때 한국군이 10만 명이었어요. 전쟁 기간 3년 동안에도 대략 20만 명 선을 넘지 않았습니다. 전쟁이 끝날 무렵부터 늘어나 1955년에 60만 대군이 되었죠. 휴전 중인데 왜 60만이나 되는 대군을 유지해야 합니까? 바로 '사람'을 만들려고 그런 게 아닐까요. 남자들을 사회가 요구하는 인간형으로 만들기 위해 어마어마한 규모의 군대를 유지했던 것 같습니다.

그 무렵 위장취업이라는 표현을 자주 접하게 됩니다. 학생들이 현장으로 많이 갔어요. '투신'이라고도 했죠. 학생들의 현장 투신이 노동자의 복지에 현실적으로 얼마나 도움이 되었는지는 평가가 다를 겁니다. 저는 현장에 가지 않았습니다만, 나중에 이야기를 들어보니 100여 명 수준의 조그만 사업장에도 '학출'이 서너 명씩 들어가 있었답니다. '학출'이란 학생 출신이란 의미죠. 그만큼 전국의 현장에 몇천 명이나 되는 위장취업자들이 바글바글했습니다. 안기부에서는 블랙리스트를 만들었습니다. 옛날에 파업했던 노동자나 노조 지도자, 위장 취업했던 학출의 리스트를 공장에 돌려 재취업을 막았지요.

프락치와 고문의 시대

1980년대는 참 흉악한 시절이었습니다. 그 흉악했던 시절과 관련해 두 가지만 말씀드리겠습니다.

하나는 프락치 문제입니다. 우리 주변에 프락치가 있다는 인식부터가 참으로 가슴 아픈 거죠. 제가 대학 다닐 때 같은 학년의 5분의 1 정도는 한 번쯤 프락치라고 의심받지 않았나 싶어요. 몇 명인지 세어보지는 않았지만 자고 일어나면 서로 "아무개가 이상하지 않냐?"는 이야기를 나누곤 했습니다. 그만큼 주변에 프락치가 많았어요. 아니, 프락치가 많았다기보다는 프락치가 잠입해 있다는 공포가 널리, 깊숙이 퍼져 있었습니다.

제 박사 논문이 프락치와 관련한 겁니다. 우리 역사상 프락치로 인한 최악의 공포 상황을 다루었는데요. 지금의 연변 조선족 자치주 일대인 간도의 항일무장투쟁세력 내부에서 1930년대 전반에 벌어진 '민생단 사건'이 주제였습니다.

저도 1980년 5월 가짜 학생을 잡아 취조한 적이 있습니다. 그날 우연히 학생회 사무실에 있었는데 학생들이 어떤 사람을 프락치라고 잡아왔어요. 이 친구가 순순히 자백했으면 금방 풀려났을 텐데 계속 자신이 중앙정보부원이라고 우기는 거예요. 그렇게 세게 나가면 학생들이 겁을 먹고 풀어줄 줄 알았던 거죠. 두어 시간 실랑이를 하며 사실대로 이야기하라고 다그쳤더니 그제야 가짜 학생이라고 고백해요. 경찰에 넘기겠다고 했을 때는 태연하더니, 집에다 연락한다고 하니까 사색이 됐어요. 가족들이 서울 법대생으로 안다는 거예요. 그래서 설렁탕 한 그릇 먹여서 보낸 적이 있어요.

1980년대 들어서는 프락치 문제가 더 심각해졌습니다. 1980년대에는 녹화사업도 진행되면서 사람들이 죽어 나갔어요. 학생들도 독이 올랐습니다. 싸우면서 닮아간다고, 남달리 사명감이 투철한 친구들이 있었어요. 실제로 패기도 하고 그랬죠. 먼 옛날 이야기가 아니라 실제로 제 친구들 이야기입니다.

가령 유시민 군 같은 경우는 항소이유서로 유명해졌지 않습니까? 이 친구가 제적당했다가 복학했는데 금방 프락치 사건이 터졌어요. 사실 유시민은 그날 학교에 없었는데 복학생협의회 의장이라서 덤터기를 썼습니다. 실제로 팬 놈은 딴 친구였어요. 좀 욱하는 기질이 있던 친구인데 백골단과 싸우려면 체력을 길러야 한다며 과 사무실에다 권투 글로브 등을 가져다 놓고 후배들하고 연습도 하던 친구예요. 그 친구가 몇 대 팬 것은 사실입니다. 잘못이죠. 그런데 전혀 상관없는 유시민이 학생운동사상 최초로 폭력범으로 몰렸습니다. 그전까지는 긴급조치, 국가보안법, 집시법 등 뭔가 있어 보이는 법으로 처벌을 받다가 폭력배로 구속이 된 거죠.

대학 다닐 때 유시민이 참 착했어요. 제가 농담으로 그럽니다. '항소이유서'는 착한 유시민이 독한 마음 먹고 착한 척하느라 쓴 글이라고요. 실제로 정권에서 운동권 학생들을 폭력범으로 몰려고 할 때였어요. 유시민이 항소이유서에 부모님의 고생에 보답하기 위해 법관의 꿈을 키워온 촌뜨기 모범생이 어떻게 폭력범으로 몰리게 되었는가를 담담하게 썼습니다. 그는 "사랑하는 선배들이 '신성한 법정'에서 죄수가 되어 나오는 것을 보고 나서는, 자신이 법복 입고 높다란 자리에 앉아 있는 모습을 꽤나 심각한 고민 끝에 머릿속에서 지워버렸노라"고 했지요.

1990년대에도 프락치 사건은 끊이지 않았어요. 한양대에서는 잘못해서 사람이 죽었죠. 그런 심각한 일들이 몇 차례 발생했어요. 우리 운동사에서 정말 가슴 아픈 일입니다.

또 하나 흉악한 문제는 바로 고문입니다. 전두환 정권은 말도 못하게 고문을 많이 했어요. 박종철 군도 결국 고문 때문에 죽었지만 이전에도 이루 말할 수가 없었죠. 1970년대에도 고문이 자행되었지만 1980년대 들어서는 일상화되었습니다. 중앙정보부나 보안사만이 아니라 일선의 하부 기관에서도 간첩을 만들어냈죠. 1970년대에는 간첩

사건이 인혁당이나 학원간첩단 사건처럼 정권 차원의 대형 사건이었는데 1970년 후반, 1980년대 초에는 동네 보안대에서도 납북 어부를 잡아다 간첩을 만들었어요. 간첩 사건은 제가 지난번 특강에서 자세히 말씀드렸기 때문에 여기서는 생략하겠습니다. 어쨌든 정말 말도 안 되는 일이 벌어졌고 사법부에서는 그것을 용인했습니다.

제가 요즘 〈한겨레〉에 우리나라 사법부에 대해 연재하고 있는데, 우리가 그 시대 판사들한테 물어야 할 죄가 뭡니까? 여기 송씨 일가 조작간첩사건의 송기수 선생님도 와 계십니다만, 당시 법정에서 고문 피해를 이야기해도 판사들이 못 들은 척합니다. 고문해서 기소한 것을 사법부에서 무죄를 때려줘야 잘못된 고문 관행에 제동이 걸릴 텐데, 그런 거 없었습니다. 고문을 호소하는데 바짓가랑이 걷어보라는 말 한마디 하는 판사가 없었어요. 저는 아무리 세상이 바뀌어도 그때의 판사들에게 이건 물어야 하지 않나 생각합니다. 바짓가랑이 걷어보라고 하지 않는 죄.

고문을 당하면요, 굴복할 수밖에 없죠. 어떻게 견딥니까? 고문당한 분들은 기억하기도 싫어해요. 그 패배감, 굴욕감이란 말도 못합니다. 그걸 처음으로 법정에서 이야기한 사람이 김근태였습니다. 법정이 울음바다가 되었죠. 그 당시 과정이 『남영동』이라는 책에 나와 있는데요. 제일 힘들었던 것이 뭐냐면, 형사가 실컷 고문하다 집에 전화해서 딸내미 감기를 걱정하는 그런 상황이죠. 정말 극과 극 아닙니까? 가장 비인간적인 전기고문, 물고문까지 아무렇지도 않게 해치우던 놈이 집에 전화해 딸내미 감기약 먹었냐고 걱정하는 모습. 고문에 절어 의식이 혼미한데도 그걸 들었을 때의 좌절감이나 허탈함은 이루 말할 수가 없죠. 어쨌든 김근태가 법정에서 고문을 호소했는데 어떻게 되었습니까? 좌익 빨갱이들이 없는 일까지 만들어서 선전한다고 떠들어댔죠.

심지어 고문의 양상이 어떻게 변했습니까? 1986년 6월 부천서에서 벌어진 권인숙 씨 성고문 사건 기억하십니까? 성고문당한 것을 젊은 여성이 수치심을 무릅쓰고 폭로했습니다. 그랬더니 뭐라고 했습니까? 성을 혁명의 도구로 삼는다고 검찰에서 그랬죠. 이 사건은 부천서에서 일어났기 때문에 인천지검에서 조사했습니다. 처음에 인천지검 검사들이 조사해보니까 말도 안 되는 사건이라 관계기관 대책회의를 열었습니다. 거기서 안기부가 지침을 내렸어요. 성고문의 '성' 자도 넣어서는 안 된다고 말입니다. 이게 한국 검찰 역사상 가장 욕을 본 사건일 겁니다. 검사장은 도망가버렸죠. 절대로 그렇게 발표 못하겠다고 했어요. 그럼 직책을 걸고 싸워야지 거짓 발표는 부하에게 미루고 자기는 못하겠다고 나자빠져 버렸습니다. 담당 검사는 술 먹고 검찰총장 차 앞에 드러눕고 울고불고 난리를 쳤습니다. 그러면 뭐합니까? 결국 검찰은 권인숙이 있지도 않은 사건을 조작했다고 발표했죠.

고문하면 어떻게 됩니까? 재미를 보죠. 말도 안 되는 사건을 진짜처럼 자백을 받는 겁니다. 그런데 우리 헌법에는 자백만이 유효한 증거일 때는 그걸 증거로 삼을 수 없다고 되어 있습니다. 그러면 어떻게 하느냐? 2명만 잡아가면 됩니다. 두 사람한테 자백을 받아내 둘둘 엮어버리면 서로 유죄의 증거가 되니 사건 끝입니다. 그렇게 해서 간첩을 무지막지하게 만들어내죠. 1980년대에 함량 미달의 간첩을 제일 많이 양산했습니다. 공안기관들이 고삐가 풀릴 만큼 무지막지하게 만들어냈어요. 정권이 그렇게 조장했습니다.

전두환과 레이건
1981년 1월 대통령에 취임한 레이건은 전두환을 첫 외국 정상 손님으로 맞는다. 5.18에 이어 이 일
을 계기로 비로소 한국 사람들은 미국이 단순히 민주주의의 수호 국가가 아니라는 사실을 깨닫기 시
작한다.

반미의 무풍지대가 반미의 열풍지대로

우리나라는 1970년대까지 반미의 무풍지대였습니다. 미국이 전 세계
적으로 욕을 먹는다는 사실조차 몰랐어요. 미국 대통령이 어느 나라
를 방문했는데 반미 데모가 일어났다면 도대체 영문을 모르는 거죠.
1980년대 이전까지 우리나라 사람들은 그런 생각을 거의 해본 적이
없어요. 1950년대, 1960년대에는 그래도 신문에 미군 범죄 관련 기사
가 실렸습니다. 그런데 1970년대 신문을 찾아보세요. 미군 범죄 이야
기가 단 한 마디도 안 나옵니다. 미국은 고마운 나라로 묘사되죠. 사

실 그때 한미 관계가 긴장 관계로 들어섰는데도 1970년대 언론은 쉽게 통제되었습니다.

광주항쟁 시간에도 말씀드렸습니다만, 미국 항공모함이 나타났다는 소문에 광주 시민들은 "야, 미국에서 항공모함을 보냈다. 우리는 이제 살았다" 생각했죠. 하지만 미국이 항공모함을 왜 보냈습니까? 전두환을 지원하려고 보낸 거죠.

전두환이 취임할 때 주한미군 사령관이 이상한 이야기를 했습니다. 〈뉴욕타임스〉 기자가 질문했죠. "전두환은 학살자인데 국민들의 지지를 받을 거라고 생각하는가?" 그랬더니 사령관이 답했어요. "한국인들은 들쥐 떼와 같아서 누가 지도자가 되든 따를 것이다." 쥐도 여러 종류가 있잖아요. 사령관이 이야기한 쥐는 '레밍'이라는 놈인데, 왜 서양 동화에 『마술피리』라고 있잖아요? 피리 소리에 홀려 따라가다 절벽 아래 바다로 줄줄이 떨어져 죽는 들쥐 떼가 바로 레밍입니다. 한국인들은 레밍과 같아서 지도자가 독재자든 학살자든 상관없다, 문제없을 것이다, 그저 위에서 시키는 대로 따라갈 것이다. 그런 뉘앙스로 이야기한 것이 알려져 우리가 분노한 적이 있습니다.

전두환이 취임한 그해 말 미국에서 레이건이 당선되었습니다. 레이건이 취임식을 한 날짜가 1981년 1월 20일인데 일주일 후 전두환이 미국을 방문합니다. 레이건이 취임하고 처음으로 초청한 외국 대통령이죠. 레이건이 학살자 전두환과 정답게 포옹하는 사진을 보고 많은 사람이 '미국은 민주주의를 신봉하는 나라다'라는 생각을 접지 않을 수 없었습니다.

카터 대통령은 밤낮 인권을 내세웠지만 레이건은 미국의 이익을 위해서라면 제3세계 독재 정권들과도 연대할 수 있다는 그 유명한 '커

크패트릭 독트린'을 표방합니다. 반공을 내세우기만 하면 어떤 독재라도 눈감아주겠다는 거죠. 카터의 인권 외교는 촌놈들이 하는 짓이라고 깔아뭉갰습니다. 미국이 전두환 정권을 지원한다는 사실을 우리가 아프게 깨닫게 시작합니다. 그러면서 미국을 다시 보게 되죠.

'미국은 우리에게 누구인가?'라는 문제 제기를 통해 역사를 거슬러 올라가면서 분단의 책임이라든가, 해방 이후에도 친일파가 권력을 잡은 원인 등을 재발견합니다. 그리고 지금 미국은 어떤 존재냐? 광주에 대한 미국의 입장이 무엇이냐는 질문까지 제기하죠.

신군부가 광주를 진압하기 위해 전방에서 군대를 빼냈잖아요. 그런데 부대 이동을 포함한 한국군의 작전지휘권이 누구한테 있습니까? 미군이거든요. 결국 미군이 승인하지 않으면 이동할 수 없다. 그런 문제들에 대해 우리가 당연한 의문을 가지게 되는 거죠.

1980년 12월 광주 미국 문화원에서 처음으로 방화 사건이 터졌습니다. 불이 아주 크게 났어요. 정부 당국은 어떻게 처리했느냐? 사건의 진상을 알면서도 전기누전이라고 발표했습니다. 알려지면 좋지 않은 거죠. 광주에서 처음 반미의 불꽃이 타올랐어요. 1982년 부산 미국 문화원에서도 불이 났습니다. 이번엔 백주대낮이었고 사람이 죽었습니다. 펑하고 순식간에 불길이 솟구치면서 불행하게도 공부하러 왔던 학생이 한 명 죽었어요. 광주의 경우는 한밤중에 일어나서 숨길 수 있었는데, 부산은 대낮인데다 사람이 죽어서 숨길 수도 없었습니다. 미국에 대한 반감이 점점 더 강해지기 시작했습니다. 1985년에는 서울 미문화원 점거농성이 있었습니다. 미국 문화원이 주요 타깃이었는데요, 원래 문화원이 일반인들에게 개방된 곳이니까 경계가 허술할 수밖에 없죠. 그런데 1985년까지만 해도 대학생들은 '반미'를 내세우려는 것이 아니었어요. 운동권 내부 성향은 반미였겠지만, 국민들이 자신들을 반미로 보는 것을 부담스러워했죠. 그래서 미국 문화원을 점령하기는 했어도 공식적으로는 미국에 항의하러 간 것도 아니고, 왜 광주 진압군의 이동을 승인했는지 물어보러 간 거였어요. 어쨌든 학생들은 '반미'라는 인상을 주지 않으려 노력했습니다. 부산 미국 문화원 방화 사건이 터졌을 때 어느 신문에선가 아주 유명한 표현을 썼어요. "친미는 헌법보다 위에 있다." 이런 정서가 있었기 때문에 운동권들도 미국 문제는 굉장히 조심스럽게 접근했습니다.

그러다 1986년 학생운동에서 이른바 NL 진영이 탄생합니다. 자주 문제, 통일 문제, 그리고 반미를 전면에 내세운 NL이 등장하면서 반미 문제가 한국 사회에 초미의 과제로 대두되었습니다.

100명이
100만 명으로

자, 이제 6월 항쟁 이야기를 하죠. 1980년 8월 전두환이 제11대 대통령 자리에 오릅니다. 그리고 1981년 3월 3일 제5공화국 헌법에 의해 제12대 대통령에 취임합니다. 1980년 8월은 유신헌법에 따라 대통령에 오른 것인데, 이미 12·12 이후 실권을 장악했으니 1987년 12월까지 전두환은 총 8년간 집권한 셈입니다.

1981년에는 국회의원 선거도 있었는데 그게 제11대 국회입니다. 여당은 민정당이었고 야당으로는 민한당과 국민당이 있었죠. 아까 말씀드린 대로 안기부에서 만든 야당들입니다. 이제 1985년에 제12대 총선을 치르는데 미국의 압력과 민주화 요구로 정치인들을 더 이상 묶어두기가 어렵게 되었지요. 그래서 양김을 비롯해 10여 명을 남겨두고 대부분 해금했습니다. 이렇게 해금된 정치인들은 목소리를 높였습니다. 민주주의에 대해, 광주 문제에 대해 강력하게 문제 제기를 하기 시작했습니다.

제12대 총선은 양김씨가 주도했습니다. 선거 며칠 전에 김대중 씨가 귀국하죠. 당시 김대중 씨의 귀국이 초미의 관심사였어요. 몇 달 전 필리핀 민주주의의 상징인 아키노 상원의원이 오랜 망명 생활을 끝내고 귀국하다 비행기 트랙에서 총을 맞고 죽은 일이 발생했습니다. 김대중도 죽을지 모른다는 거죠. 우리나라에 애국심 철철 넘치는 군인이 많았거든요. "김대중이 대통령 되면 수류탄 까 들고 돌진한다"는 군인이 많았습니다. 지금도 그렇잖아요. 노무현 대통령이 서거한 이후 김대중 대통령이 진짜 세게 몇 마디 하니까 누가 인터넷에 이렇게 썼어요. "전두환이 다 잘했는데 한 가지 잘못한 것이 김대중을 그때 죽이지 않은 거다." 아직도 우리나라에 이런 사람이 많습니다.

김대중이 죽을지 모른다고 해서 귀국 비행기에 미국 국회의원도 여러 명 탑승했습니다. 비행기에서 내릴 때 미국 국회의원들이 먼저 내렸죠. 또 한국 시민들이 김포공항 연도에 30만 명이나 모였습니다.

김대중이 귀국한 것이 2월 8일입니다. 선거가 2월 12일로 겨우 나흘 정도 남았는데 완전히 돌풍이 불었습니다. 2·12 총선에서 신민당이 대약진을 하고 민한당은 형편없이 찌그러졌어요. 결국 민한당으로 당선되었던 의원들이 죄다 탈당해 신민당으로 옮겨 갔어요. 민한당은 사실상 해체되었습니다. 양김의 막강한 흡입력이 증명된 셈이죠.

"대통령을 내 손으로!"

양김은 여전히 정치금지법에 묶인 신세였지만 제12대 총선을 통해 정치의 핵심으로 등장했습니다. 1985년부터 개헌을 주장합니다. 직선제 개헌이죠. "대통령을 내 손으로." 이는 어떤 명분으로도 막을 수 없는 구호였습니다. 1956년 선거 때의 "못살겠다, 갈아보자"처럼 국민들의 마음을 사로잡는 구호였어요. 개헌을 요구하는 물결이 번져나갑니다. 재야와 정치권이, 영남과 호남이 하나가 되었어요. 이 상황에서 전두환은 단임제를 내세웠습니다. 직선제 개헌 요구에 대해 단임제로 상황을 돌파하려고 하니 대결 구도가 팽팽해졌어요.

야당이 개헌을 추진하면서 장외 투쟁을 벌이는데 이때 '개헌추진운동본부'를 출범시키고 각 지역별로 현판식을 가졌습니다. '개헌추진운동본부 인천본부', '대구본부' 하는 식이었는데 양김씨가 가거나, 그러지 못하면 국회의원 몇십 명이 내려가 집회를 주최했어요. 여기에 학생들이 적극적으로 결합하는 겁니다. 결국 현판식을 하면 몇만 명이 모이는 상황이 되었습니다.

현판식 때문에 정권 차원에서 긴장이 이만저만이 아니었는데, 또 하나의 큰 이슈가 86아시안게임과 88서울올림픽이었습니다. 전두환 정권이 국제적인 이미지 개선을 위해 1980년대 초 올림픽 유치를 신청했죠. 뜻밖에도 서울로 결정이 난 거에요. 결선에서 나고야하고 붙었는데 안기부가 발 벗고 뛰었고, 정주영 씨는 민간에서 유치전을 벌였어요. 1988년 올림픽이 서울에서 개최되는 걸로 결정이 났습니다. 1986년 아시안 게임도 서울로 유치가 되었어요.

서울에서 그렇게 큰 행사는 처음이었죠. 아시안 게임이 시작되니까 텔레비전 생중계다 뭐다 난리법석을 떨었습니다. 전두환 때는 텔레비전에서 스포츠 중계를 많이 했어요. 지금보다 훨씬 더 많아서 아마 전체 방송 프로그램의 30 내지 40퍼센트가 스포츠였을 겁니다.

국민들이 아시안 게임에서 벌어지는 다채로운 경기들을 보면서 여름 내내 2~3주 동안 넋을 잃었죠. 우리나라 선수들이 성적도 굉장히 좋아서 다들 열광했어요. 그렇게 아시안 게임이 끝나고 다시 '개헌추진운동본부'를 가동하려는데 전두환 정권이 사전에 치밀하게 준비해 놓은 대대적인 운동권 탄압 프로그램을 가동합니다.

정권의 선제공격, 평화의 댐과 건국대 사태

사실 1986년 내내 개헌에 대한 열망이 거세게 불타올랐고 아시안 게임 직전인 5월 3일 인천에서 대규모 시위가 벌어지기도 했어요. 인천 5·3사태라고 아주 격렬하게 붙었다가 여름에 들어서면서 아시안 게임을 맞아 잠시 소강상태가 되었습니다. 아시안 게임이 끝나고 가을부터 다시 개헌 열기를 일으키려는데 전두환 측이 선제공격을 한 거죠.

이 상태로는 88올림픽을 못 치른다, 운동권을 싹쓸이해서 깨끗하게 정리하고 88올림픽을 세계적인 잔치로 치르자. 아마 그런 계획이었던 모양입니다. 그 시절에는 신문을 펼치면 거의 매일 '무슨 당 사건', '무슨 동맹 적발', '일망타진' 등등이 머리기사였어요. 조직 도표 나오고, 증거품 사진 죽 나오고. 그렇게 대형 사건들이 줄줄이 이어졌습니다.

바로 그 무렵이었죠. 여러분, 혹시 '평화의 댐' 기억나십니까? 지금 통 털리신 분들 여기 안 계세요? 평화의 댐, 정말 지금도 기억에 생생합니다. 어떻게 토목공학이나 자연과학을 하는 분들이 그런 말도 안 되는 장난을 쳤을까요. 큰 유리 상자에 서울시 모형을 만들어놓고 주전자에 물 담아 콸콸콸 붓습니다. 이런 걸 9시 뉴스에 내보내는 거예요. 보고 있으면 어, 어, 어 하는 소리가 절로 나옵니다. 서울 시내에 남산타워하고 63빌딩만 남을 때까지 물을 계속 붓거든요. 모자라면 주전자를 바꿔 또 붓습니다. 자, 물 폭탄 터지면 이렇게 된다는 거죠.

1천 288명을 구속한 건국대 사건
집회에 참여하기 위해 건국대에 모인 26개 대학 학생들을 사흘 간 가둬놓고, 헬기를 투입해 진압 연행했다. 1천 447명을 연행하여 그 중 1천 288명을 구속한 단군 이래 최대 형사 사건이었다. (보도사진연감)

그 물은 옆으로 안 퍼지고 위로만 쌓이나 봅니다. 정말 단순합니다. 서울시 면적에다 몇백억 톤의 물을 곱하면 그 높이가 된다는 거예요.

그런 분위기에서 건국대 사태가 벌어졌죠. 건국대 사태는 단군 이래 최대의 형사 사건입니다. 1970년대까지는 민청학련사건으로 1천 200여 명이 '연행'된 것이 가장 큰 규모였는데 건국대 사태는 1천 288명이 '구속'되었습니다. 질적으로 다르죠.

원래 집회를 하면 몇 번 으싸으싸 하고 해산하잖아요. 그런데 건국대에서 학생들이 집회를 끝내고 가려는데 경찰이 포위해버렸습니다.

입구를 봉쇄하고 못 나가게 하니까 학생들이 어떻게 집에 가겠어요? 경찰이 잡아가니까 다들 학교 안에 남았죠. 이게 점거농성이 됩니다. 그렇게 이틀쯤 지나니까 공산 폭도가 건국대를 점거하고 농성을 벌인다고 대서특필이 되었어요. 영화 〈오래된 정원〉을 보면 이때 상황이 자세히 나오죠. 그렇게 3박 4일인가 가두어놓고 그다음에 헬리콥터를 투입해 2009년 평택 쌍용자동차 노동자들을 진압하듯이 잡아들였습니다. 헬리콥터를 투입해서 진압한 게 건국대 사건이 처음이죠. 그렇게 1천 288명을 잡아 구속했어요. 1학년도 많이 구속되고, 운동권이 정말 씨가 말랐습니다.

제가 대학원 다니다 1986년 말 어떤 일을 계기로 뒤늦게 민청련에 가입했습니다. 처음 배치된 곳이 민청련 기관지 〈민중신문〉이었어요. 격주간인데, 어느 신문사나 마찬가지로 편집회의를 하면 편집장이 기자들을 쪼잖아요. "야, 뭐 없어?" "기사거리 될 만한 것 없어?" 그런데 진짜로 그때는 아무것도 없었어요. 명색이 운동권 신문인데 1면에 대문짝만 하게 투쟁 기사를 실어야 할 게 아닙니까. 격주간 신문이니까, "우리가 2주간 이렇게 싸웠다, 2주간 이런 싸움이 있었다"고 실어야 하는데 아무것도 없어요. 그렇다고 소설을 쓸 수는 없잖아요. 건대 사태로 천 명 넘게 구속되고 신문에 만날 조직 사건이 터지면서 다 지하로 들어갔습니다. 편집회의를 하다 편집장이 한숨을 푹 쉬면서 "야, 실내에 100명만 모여도 1면 톱으로 써줄 텐데" 그랬어요. 그 정도로 운동권 분위기가 위축되었어요. 그렇게 맥없는 편집회의가 끝난 바로 다음 날인가 박종철이 죽었습니다.

100명이 100만 명으로

박종철이 죽고 6월 항쟁까지 딱 5개월이 걸렸어요. 100만 인파가 전국의 거리를 가득 메우기 다섯 달 전의 상황이 이렇게 열악했습니다. 1979년 박정희가 죽기 직전의 상황과 비슷한 것 같아요. 박정희 죽기 몇 달 전인 1979년 1학기에도 서울의 주요 대학에서 데모가 거의 없었거든요.

역사에서 가장 암울하고 어두운 시기가 언제냐? 그것은 변화가 멀지 않은 시기일 거라고 생각합니다. 해 뜨기 전이 가장 추운 것처럼요. 그 당시에 참 암울했죠. 박종철이 죽었을 때 참 암담했고 굉장히 슬펐습니다. 1985년 김근태 사건, 1986년 부천서 사건이 터졌을 때도 고문 문제에 대해 떠들어댔는데 대중이 외면을 했다고 할까요? 우리가 기대했던 만큼 대중이 호응하지는 않았습니다. 지금 용산 문제에 대해 대중도 다 알 겁니다. 마음 아파할 겁니다. 그러나 같이 싸우지 못하잖아요.

그런데 1987년 박종철이 죽고 나서 대중이 움직이기 시작했습니다. 긴가민가하던 대중이 움직이면서 우리가 새 역사를 만들어가기 시작했어요. 대중이 움직이기가 쉽지 않습니다. 쉽지 않지만 한 번 움직이기 시작하면 걷잡을 수 없는 힘이 있다고 생각합니다.

6월 항쟁은 지금으로부터 딱 22년 전에 있었던 사건입니다. 바로 우리가 살고 있는 오늘을 만든 가장 가까운 사건이라고 할까요? 큰 변화의 계기가 된 사건입니다. 현재를 살아가면서, 현재와 가장 가까운 시절을 이야기하기란 쉽지 않습니다. 1987년 6월은 5·18 광주와 함께 한국 현대사에서 가장 중요하다고 할 수 있는데 이 부분이 역사로서 아직 정리가 미흡합니다.

6월 항쟁 이후 몇 개월은 우리가 굉장히 중요한 선택을 했던 시기이기도 합니다. 또한 더 이뤘어야 했는데, 정말 완벽하게 끝내야 했던 것을 끝내지 못한 채 절반의 성취와 절반의 실패를 이룬 시기이기도 합니다. 그 절반의 성취가 향후 민주정권 10년에 해당한다면, 지금 우리가 겪는 민주주의의 역진은 우리가 안고 있던 한계, 즉 6월 항쟁에서 이루지 못한 그 한계로 인한 절반의 실패가 아닐까 싶습니다. 지금 이 역주행의 근원이랄까요.

그때 왜 역주행을 용납하지 않는 확실한 진전을 이루지 못했을까요? 6월 항쟁으로 직선제 개헌이 이루어졌고, 흔히 우리가 얘기하는 '87년 체제'가 성립했습니다. 지금 이 순간 우리가 살고 있는 정치체제는 바로 이때 만들어진 것입니다. 광주에서의 처절하지만 장엄했던 패배가 이렇게 살아난 것이죠. 그러나 참으로 아쉽게도 완전히 살아나지 못했습니다. 그때도 아쉬웠지만, 지금 돌이켜보니 참으로 안타까운 그때 그 순간이었습니다. 6월 항쟁에서 우리가 이룩한 것은 무엇이고 이루지 못한 것은 무엇이었는지, 이 부분에 대해서는 다음 시간에 알아보겠습니다.

노태우·김영삼의
물탄 민주화

민주주의의 전진과 후퇴

6월 항쟁,
거리가 교실이던 순간

지금 김대중 대통령이 생사의 기로에서 투병 중입니다. 우리가 오늘 돌아볼 1987년은 한국 사회가 오랜 정치 억압과 맞서 싸워 드디어 대통령 직선제를 쟁취하던 시기죠. 1987년 이후 전개되는 한국 현대사에서 김대중 대통령은 누가 뭐래도 주역이었던 분입니다. 그때로부터 벌써 20년이 흘렀어요. 노무현 대통령의 죽음을 광주 세대의 죽음이라고 명명한다면, 김대중 대통령은 어떻습니까? 대통령 후보만 26년을 했고 대통령직을 5년 역임했습니다. 물리적인 시간만으로도 한 세대를 대표하는 분이라고 할 만합니다. 그분이 돌아가시면 정말 우리는 한 시대를 마감하는 겁니다. 지금 이 순간, 우리가 그런 역사를 경험하고 있습니다.

시민들 집회 참여의 문턱을 넘다

지난 시간에 6월 항쟁 이야기를 끝맺지 못했습니다. 6월 항쟁이 발발하는 시점까지 이야기했는데, 그 계기가 박종철 군의 죽음이었죠. 박종철이 고문을 받다 죽었어요. 고문에 대해서는 그 전에도 많은 논란이 있었습니다. "김근태가 고문을 받았다", "부천경찰서에서 몹쓸 짓이 벌어졌다" 하는 이야기들이 나왔지만 많은 사람이 긴가민가했습니다. 그런데 진짜 사람이 죽었잖아요. 사람이 죽고 나니까, '어이쿠, 이게 진짜였구나. 안기부 같은 정보기관에서 고문을 한다더니 진짜였구나' 국민들이 그렇게 떠돌던 소문을 진실로 받아들인 거죠.

게다가 박종철은 데모를 열심히 하던 학생이 아니란 말이에요. 대학 1, 2학년 때 데모를 좀 하다가 3학년 올라가면서 그만두었습니다. 아버님이 부산시청 말단 공무원이어서 집안을 일으켜보겠다고, 앞으로 열심히 공부하기로 마음먹은 학생입니다. 본인의 활동 때문도 아니고 선배가 어디에 숨었는지 대라고, 피의자도 아니고 참고인으로 데려가 그렇게 고문을 한 거예요. 그러니 '어떻게 고문을 했으면 사람이 다 죽었을까?' 사람들이 그런 생각을 하게 된 겁니다.

전두환 같은 자가 권좌에 앉아 있던 1980년대에 운동을 안 한다는 건 참 힘든 일이었지만, 운동을 하기도 그리 쉬운 일은 아니었습니다. 더구나 직접 길거리에 나가서 데모를 한다는 건 보통 용기가 필요한 게 아니에요. 요즘도 진압경찰들을 보면 무섭지만 그때는 훨씬 더 살벌했습니다. 그때 백골단이라고 있었어요. 요즘 그걸 본떠 부활시킨 게 경찰기동대죠. 그 백골단 애들이 달려들면 정말 살벌했습니다.

데모하는 쪽은 어때요? 사람이 많이 모여야 좋지 않습니까. 가령 요즘은 인터넷에 떳떳하게 올리잖아요. "몇 월 며칠 몇 시에 어디서 시위를 합니다. 시민 여러분, 나와주십시오." 그때도 이랬으면 얼마나 좋았겠습니까? 근데 그게 불가능했어요. 숨어서 소곤소곤, "언제 데모 있으니까 을지로3가로 나와라." 잔뜩 긴장해서 을지로3가로 가면 중간에 장소가 바뀝니다. "을지로3가가 아니고 종로3가로 와." 핸드 폰도 없었지만 어떻게 알음알음 전달이 돼서 바뀌고 그랬죠. 일반 시 민들은 참여하고 싶어도 할 수가 없었습니다. 그런 시절이었어요.

6월 항쟁을 준비하는 과정을 보면 참여의 문턱이 확 낮아집니다. 6월 10일 이전부터 그랬어요. 2월 7일인가요, 박종철 군의 전국 추도 회가 개최되었죠. 그때는 데모를 하면 '택'이라고, 일종의 전술을 짭 니다. 영어의 Tactic(전술)을 줄인 약어인데, 택을 짜서 데모를 어떻게 어떻게 한다, 뭐 그런 의미의 용어죠. 하지만 시민들이 참여하는 데모 에 복잡한 택을 짜서는 안 되잖아요. 택을 모르면 참여하기 어렵거든 요. 그래서 강도를 낮추는 겁니다. 거의 없다시피 하죠.

당시 추도회 주최측에서 시민들에게 협조를 구했습니다. "아침 10시 에 사이렌이 울리면 묵념을 해주십시오. 교회와 절, 성당에서는 10시 에 일제히 종을 쳐주십시오. 까만 리본을 달아주십시오."

시민들 입장에서는 어때요? 길거리로 뛰쳐나가서 "으쌰으쌰, 전두 환 물러가라" 하면서 돌을 던지거나, 화염병을 던지거나, 마스크 쓰고 각목을 휘두르는 시위는 아무나 못하잖아요. 그런데 가슴에 까만 리 본을 달고 아침 10시에 길을 가다 멈춰 서서 묵념하는 일은 누구나 할 수 있죠. 길 가다 '동작 그만' 하고 서 있는 거야 그 시절에 매일 국기 게양식, 국기 하강식 했고 매달 민방위훈련을 했으니 얼마나 익숙했 습니까? 또 길 가다 멈춰 서 있다거나 까만 리본 달았다고 그 정도로 사람을 잡아가지는 못할 것 아닙니까. 전두환 정권이 아무리 흉악하 다 한들 죽은 사람을 추모한다고 잡아가진 않을 듯싶었거든요. 길거 리에서 왜 묵념하느냐고 전경이나 경찰이 뭐라고 하면 떳떳하게 "아

시위 학생과 전경은 친구였다
1987년 6월 18일 서울 신세계백화점 앞 분수대에 빠진 전투경찰을 시위 학생들이 도와주고 있다. 전경과 그의 오른손을 잡아 일으키는 시위 학생은 대학 동기생으로 밝혀졌다. (민주화운동기념사업회)

니, 죽은 사람 추모도 못해, 이놈들아!" 이야기할 수 있다는 거죠. 그래서 사람들이 까만 리본을 달고 10시에 묵념을 했습니다. 해보니까 나 혼자가 아니고 주위의 많은 사람이 하는 거예요. 신경림 선생의 시에 못난 놈들은 서로 얼굴만 봐도 흥겹다고 했잖아요. 나 혼자가 아니고 많은 사람이 함께하니까 '야, 나랑 생각이 같은 사람이 많구나' 느끼면서 서로 힘을 얻었죠. 그런 힘들이 쌓여 6월 10일 우리가 큰 대중집회를 실행하게 됩니다.

왜 하필 6월 10일이었을까요? 바로 일제강점기에 있었던 6·10만세운동 때문입니다. 순종 황제의 인산(因山) 날이 6월 10일인데, 조선공산당이 이날을 맞아 대대적인 시위를 준비했었죠. 지금은 6·10 하면 1987년 6월 항쟁을 떠올리지만 그때는 1926년에 터진 6·10만세운 동을 연상한 겁니다. 6월 10일을 디데이로 정한 두 번째 이유가 또 있 습니다. 그날이 무슨 날이냐 하면, 전두환이 만든 민정당의 대통령 후 보 지명대회가 있는 날입니다. 전두환이 1987년 4월 13일 호헌조치를 발표해 직선제 개헌 요구를 거부하고 다음 대통령 선거도 체육관에서 치르겠다고 했잖아요. 수순대로 노태우를 민정당 대통령 후보로 지명 했죠. 그 행사가 1987년 6월 10일 잠실체육관에서 열렸습니다. 그래 서 같은 날, 직선제를 요구하는 6·10 대회를 개최한 것이죠.

그날 6·10 대회에 엄청나게 많은 사람이 모였습니다. 그동안 박종 철 군 고문치사 사건과 4·13 호헌조치 등 정부의 반민주 행태에 대해 시민들의 반발이 엄청나게 커진 상태였고요. 데모를 준비하는 쪽에서 도 여러 가지 꾀를 냈습니다. 6·10 대회를 전국 동시다발로 개최하기 로 한 거죠. 그전에는 큰 집회는 서울에서 한다고 해서 전국 전경들을 다 불러 모았습니다. 하지만 6·10 대회는 전국 주요 도시에서 동시에 개최한다고 했습니다. 서울에서도 종로나 광화문 한군데에 모이지 않 고 국민운동본부가 몇 개 구씩을 묶어 동대문, 영등포, 신촌, 청량리 등 지역의 부심 여러 곳에서 집회를 열었어요. 그러니 지방에서 전경 을 빼지도 못하고, 전경의 힘도 분산된 겁니다.

여러분, 작년 촛불집회 때는 어땠어요? 거의 서울 중심으로 집회를 열었잖아요. 그래서 서울 시민이 많이 모였지만 전국의 전경들도 모 두 서울로 집결했습니다. 1987년에는 전국에서 동시다발로 집회를 열 었습니다. 교통도 안 좋고, KTX도 없고, 인터넷도 없어서 사실상 지 방분권이 더 잘되어 있었던 셈이죠. 각 지역에서 자기들끼리 모여 자 기 동네에서 잘 싸웠습니다.

그날 저도 참 놀랐는데, 신세계 앞에서는 전경들이 시민들한테 무장해제까지 당했어요. 일부 전경은 두들겨 맞기도 했죠. 조금 전까지 전경들하고 막 싸우던 시민들이 흥분해서 때리니까 다른 시민들이 몸으로 막으면서 "때리지 마, 때리지 마" 그랬습니다. 전경들이 옷 벗고 분수대로 뛰어들고 그랬어요. 참 색다른 경험이었습니다.

6월 항쟁의 힘이 된 명동성당 농성

그날 시위대가 하루 종일 색다른 경험을 하면서 서울 시내를 휘젓고 다녔습니다. 시내가 온통 최루탄 가스로 뒤덮였고 길바닥에 부서진 보도블록이나 돌이 널렸어요. 그렇게 밤 10시, 11시쯤이 되니까 시위에 참여했던 사람들이 "오늘 데모 참 열심히 잘했다" 만족하면서 대부분 해산하고 집으로 돌아갔습니다.

그런데 일군의 학생과 시민들이 돌아가지 않았습니다. 그냥 이대로 집에 가면 안 될 것 같아서, 아무 계획도 없이 즉흥적으로 "뭐 하자" 제안하면 그렇게 될 듯한 분위기였는데 진짜 누군가 "명동성당으로 가자"고 한 말에 천여 명의 청년 학생들이 명동성당으로 들어간 거예요. 정말 아무 계획 없이 시작된 농성인데, 다음 날 아침까지 남아 있던 300~400명이 명동성당에서 닷새 동안 버텼습니다. 아주 우연한 사건이었지만, 사실 6·10 대회가 그날 하루 데모 잘한 것에 그치지 않고 한 달 내내 6월 항쟁으로 이어지는 데 결정적인 요인으로 작용했습니다. 그런 의미에서 명동성당은 민주화의 성지였지요.

자, 말이 몇백 명이지 300~400명이나 되는 사람들이 모였는데 밥은 먹어야 할 것 아닙니까. 그런데 명동성당에 먼저 온 손님들이 있었습니다. 88올림픽을 앞두고 재개발을 한다는 명목으로 상계동에서 쫓겨난 도시 빈민들, 바로 상계동 철거민들이 명동성당에서 투쟁을 하고 있었어요. 그분들이 먼저 농성을 하고 있는데 젊은이들이 민주화 투쟁을 하다 들어온 겁니다. 쌀이 없으면 몰라도 있는데 밥을 안 해줄 수가 없잖아요. 그래서 철거민들이 청년 학생들에게 밥을 해줍니다. 제가 지금도 농반진반으로 하는 말이 있어요. 한국의 민주화운동은 빈민들 등쳐 먹으면서 했다고 말입니다. 정말 6월 항쟁의 불씨가 된 명동성당 농성은 빈민들한테 밥 얻어먹고 한 겁니다.

전 그렇게 생각해요. 이게 웃기는 비유일지 모르지만, 민주화운동이 잘되어서 민주화를 이룩했다면 그걸 갚아야 한다는 겁니다. 우리가 미리 빈민들과 무슨 계획을 짜서 한 것은 아니어도 바로 이게 진정한 연대 아닙니까? 밥 나누기. 더군다나 누구의 밥입니까? 빈민, 철거민, 집 없는 사람, 집에서 쫓겨나 길바닥에 나앉은 사람들이 해준 밥입니다. 이거 잊으면 벌받습니다.

이들에게 밥을 먹게 해준 사람들이 또 있죠. 명동성당 옆에 있는 계성여고 학생들이 성당에 들어온 언니 오빠들 먹을 밥이 없다니까 바구니에 자기들 도시락을 넣어서 전달해줬습니다. 밥이 계속 모자라니까 나중에는 도시락을 몇백 개까지 걷어서 갖다 주고 그랬죠. 그렇게 해서 버텼습니다.

야당과 재야인사들이 모여 5월 27일 결성한 '민주헌법쟁취국민운동본부'가 6·10집회를 주도했는데, 그날 밤 지도부가 상황실에 모여 이번 6·10 데모가 잘되었다고 자평을 했습니다. 그러다 일군의 학생들이 계획에도 없이 명동성당에 들어갔다니까 이거 어떡하느냐고 논의가 분분했어요. 제 기억으로는 원래 6월 10일 데모 이후의 다음 데모 날짜를 언제로 할지 정하지 못했던 것 같아요. 아마 명동성당 농성 때문에 6월 18일에 또 데모를 하게 된 게 아닌가 싶습니다. 어쨌든 명동성당에서 사람들이 농성을 하니까, 다음 날 시민과 학생들이 다시 모여 데모를 하게 된 거죠. 원래 6월 11일은 정말 아무런 계획도, 준비도 없었거든요. 그렇게 모이기 시작해서 6월 항쟁이 계속 이어집니다.

민청련 기관지인 〈민중신문〉에서 기자로 일하던 저는 하루하루가 신나면서도 다른 한편으론 무척 힘들었어요. 다른 친구들은 데모만 하면 그만이지만 우리는 데모 다 하고 들어가서 밤새워 기사를 써야 했거든요. 그때 저한테 작은 복사기가 있었는데요. 아침에 간신히 기사를 만들고 나면 인쇄소 뛰어갈 틈도 없어 집에서 복사기를 돌렸어요. 급할 때는 500장, 1천 장까지도 복사했죠. 이게 아주 고물이라서 종이 가운데 줄도 가고 그랬습니다. 결국 복사기는 6월 항쟁 때 과열되어 불에 탔어요. 순직했다고 봐야죠. 사실 매일매일 싸움의 연속이어서 유인물을 만들고 자시고 할 틈도 별로 없었죠.

하여튼 명동성당에서 버틴 것이 항쟁의 지렛대가 됐고, 6월 18일 다시 한 번 전국에서 동시다발 대회를 했는데 이게 또 굉장히 규모가 컸어요. 이렇게 6월 항쟁이 국민들의 호응을 얻은 원인은 무엇보다 구호가 단순했기 때문입니다. 다른 설명이 필요 없었어요. "호헌철폐 독재타도, 직선제로 민주쟁취" 딱 열여섯 자였습니다. 초등학교 반장도 애들이 직접 뽑잖아요. '직선제'라는 한 마디에 모든 게 담겼고, 국민들이 모인 겁니다.

우리 마음은 어땠냐 하면요. 이 싸움은 반드시 우리가 승리한다. 왜냐? 전두환 정권은 절대로 직선제를 하지 못한다고 생각했습니다. 진짜 그렇게 생각했어요. 국민들의 70퍼센트 이상이 직선제를 지지하니, 그런 상황에서 직선제를 실시하면 선거는 하나마나 아닙니까? 그게 우리 생각이었습니다. 너무 순진했다고나 할까요.

우리가 정작 걱정한 건 전두환이 이번에도 군을 동원하느냐 하는 거였어요. 광주에서 군을 동원했잖아요. 서울에서도 하느냐? 한다면 우리는 어떻게 싸울 것이냐? 서울 시민들도 광주 시민들처럼 끝까지 싸울까? 나는 그렇게 싸울 수 있을까? 그런 걱정은 많이 했어요. 또 미국이 이번에도 군 동원을 눈감아줄까? 아니면 이번엔 민주주의를 받아들일까? 뭐, 이런 궁리를 했지, 전두환, 노태우 집단이 직선제를 받아들이리라고는 거의 생각을 못했죠.

87년 6월의 상징, 이한열

6월 항쟁에서 이한열 군 이야기가 빠질 수가 없습니다. 6·10 대회 전날인 6월 9일 연대생 이한열 군이 교문 앞에서 머리에 최루탄을 맞았죠. 그 장면을 로이터 통신 정태원 기자가 정말 기가 막히게 찍었습니다. 머리에서 피를 흘리며 의식을 잃은 이한열을 동료 학생이 뒤에서 끌어안고 전경들을 응시하는 사진! 그 사진이 사람들한테 준 충격은 말도 못하게 컸습니다. 그 사진이 신문에 실렸어요. 1월에 박종철이 죽었을 때만 해도 언론이 완전히 통제됐는데 6개월 사이에 그만큼 바뀌었어요.

목수 출신의 최병수 화백이 그 사진을 모눈종이에 배열로 확대해 몇십미터짜리 걸개그림으로 그렸죠. 세계 예술사에 남는 걸개그림입니다. 6월 항쟁이 계속되는 동안 이한열은 하나의 상징이었습니다. 6월 18일 전국에서 개최된 집회의 명칭이 '최루탄 추방대회'였어요.

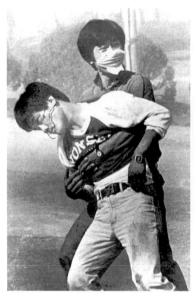

최루탄에 맞은 이한열 사진과 걸개 그림
6·10 대회 전날 교문 앞에서 시위를 하던 연대생 이한열이 최루탄에 맞아 의식을 잃었다. 그 장면을 찍은 사진이 사람들에게 준 충격은 엄청났다. 오른쪽은 목수 출신 화가 최병수가 이 사진을 확대해서 그린 걸개 그림 〈한열이를 살려내라〉.

최루탄 징글징글한 건 이루 말할 수가 없습니다. 최루탄을 독점적으로 생산했던 곳이 삼양화학이란 곳이고, 여기 사장이 한영자란 여성분이었어요. 1986년인가 1987년인가, 이 사람이 여성 기업인 소득 1위를 했을 정도로 최루탄을 엄청 쏴댔죠.

전두환이 직선제를 받아들였을 때 우리로서는 정말 뜻밖이었습니다. 6월 29일, 소위 6·29선언을 발표하면서 느닷없이 직선제를 수용하겠다고 하니까 뭐랄까, 맥이 탁 풀려버렸죠. 직선제는 절대 못 받는다고 생각했다가 갑자기 운동 방향을 잃어버린 거죠. 시내의 일부 다방에서는 '오늘은 기쁜 날'이라고 써 붙이고 커피도 공짜로 주고 그랬지만, 한 달 내내 길바닥에서 싸우던 입장에선 너무 허탈했어요. 〈민중신문〉 팀도 신문 만들다가 전화 받고 뉴스를 보고는 하던 일 집어치우고 수유리 가서 새벽까지 술을 마셨습니다. 누군가가 6·29선언을 '속이구 선언'이라고 불렀죠. 정말 그렇게 됐어요. 한국의 수구세력 입장에서 볼 때 6·29선언은 필사의 탈출이었죠. 아마도 친일파가 해방 직후의 위기상황을 돌파해낸 것, 2004년 탄핵 직후에 살아남은 것과 함께 수구세력의 '3대 대첩'이라고 불러야 할까 봐요. 직선제 수용 선언을 발표한 것은 노태우였지만 안을 낸 것은 전두환 쪽이었다고 그러죠. 나중에 둘이 6·29선언의 지적 소유권을 놓고 치고받고 싸웠잖아요. 양김을 갈라놓으면 승산이 있다, 그 틈새로 돌파하지 못하면 살아남을 수 없다. 저들은 그렇게 생각하고 정말 목숨을 걸고 돌파해낸 겁니다.

6·29선언이 있고 얼마 뒤에 이한열이 숨을 거두었습니다. 7월 5일이에요. 그리고 7월 9일 민주국민장으로 장례를 치렀는데 그 장례식이 또 기가 막혔습니다.

6월 항쟁 내내 이한열이 생사의 고비에서 오락가락했어요. 워낙 위중한 상태이고 회복이 어렵다고 해서 다들 마음의 준비를 하고 있었죠. 군사독재 정권 입장에서는 그런 상황이 시한폭탄이었던 거죠. 직선제를 수용하려면 빨리 해야지, 이한열이 먼저 죽기라도 하면 정말 걷잡을 수 없는 사태가 일어난다고 판단한 거죠. 그러면서 서둘러 6·29선언이 나왔습니다.

이한열은 6·29선언이 나오자마자 병세가 급격히 악화됐어요. 그런데 기가 막힌 게 요즘은 잘 납득이 안 가겠지만 그 시절에는 경찰 측에서 시신을 탈취해 가는 일이 종종 있었습니다. 말이 안 되지만 정말 그런 일이 벌어졌어요. 그래서 데모대한테 비상대기령이 내려졌습니다. 연세대에서 다 노숙하는 거죠. 7월이라 강의실 문을 다 열어놓고 라면 박스 깔고 신문지 덮고 자면서 지켰습니다. 몰골이 말이 아니죠.

결국 7월 5일 이한열이 세상을 떠났습니다. 장례식은 9일이기 때문에 학생들이 계속 학교에 남아 시신을 지켜야 했어요. 수백 명의 학생들이 그 여름에 학교에서 먹고 자며 머물렀던 겁니다. 여러분, 그런 경험 있으세요? 남의 장례식 가서 꾸벅꾸벅 조는…… 진짜로 9일 이한열 장례식 때 학생들 수백 명이 꾸벅꾸벅 졸았습니다. 저도 졸았고요. 장례식 전까지는 언제 전경이 쳐들어올지 모르니까 다들 긴장했다가 이제 장례식을 치르게 되니까 긴장이 풀린 거죠. 그래서 아침에 뜨거운 햇살을 받으며 아스팔트 바닥에 앉아 꾸벅꾸벅 졸았습니다.

김대중, 김영삼을 비롯해 많은 인사가 조사를 하는데 왜 이렇게 조사가 깁니까. 그거 귓전으로 흘리며 정신없이 조는데 문익환 목사님이 단숨에 잠을 깨웠습니다. 문익환 목사님은 그 전날인가 감옥에서 나오셨어요. 문 목사님이 딴 말씀 하지 않으셨어요. 단상에 올라오더니 갑자기 빽 소리를 질러요.

전태일 열사여!
김상진 열사여!
장준하 열사여!
김태훈 열사여!
황정하 열사여!
김의기 열사여!
김세진 열사여!

이재호 열사여!

이동수 열사여!

김경숙 열사여!

진성일 열사여!

강상철 열사여!

송광영 열사여!

박영진 열사여!

광주 이천여 영령이여!

○○○ 열사여!

김종태 열사여!

박혜정 열사여!

표정두 열사여!

황보영국 열사여!

박종만 열사여!

홍기일 열사여!

박종철 열사여!

○○○ 열사여!

김용권 열사여!

이한열 열사여!

전태일에서 시작해 '광주 이천여 영령'을 거쳐 이한열에 이르기까지 그 하나하나의 이름은 곧 한국 현대사가 직면했던 가슴 아픈 죽음이었습니다. 한 마디 군더더기 말 없이 이름을 부르는 것만으로 '초혼(招魂)'이 이루어진 것이죠. 이한열이 떠나던 날 그분들이 모두 그렇게 우리 곁에 온 겁니다. 더운 날씨에 피곤에 절어 꾸벅꾸벅 졸던 놈들마저 저 깊숙한 곳에서 터져 나오는 울음을 참을 수 없었어요. 잠에서 깨어 얼떨떨한 상태에서 10초 정도나 지났을까요? 그냥 눈물이 죽 흐르데요. 문 목사님이 순서 없이 가슴에서 터져 나오는 대로 불렀던 그 이름들. 그 이름들을 떠올리는 작업은 하나의 죽음에 또 하나의 죽음을 더해온 한국 현대사를 복원하는 작업이었습니다. 하나씩 하나씩 이름을 떠올리는 것만으로 그 자리에 모인 사람들은 통곡했습니다.

그리고 이한열 어머님께서 올라오셔서 절규했습니다. "전두환 살인마, 노태우 살인마"를 외치셨어요. 가슴에서 우러나온 말들이라 다 시가 되었습니다. "가자, 광주로! 한열아, 가자." 많은 사람이 울면서 영정을 따라 나서는데, 시청 앞 광장에 정말 어마어마하게 많은 사람이 모였습니다. 선두 대열이 시청 앞에 도착할 때 후미는 아직 연대를 출발하지 못할 정도였어요.

그렇게 많이 모였지만 사실 아무 계획도 없었죠. 주최 측도 장례식 준비만 했지 다른 계획은 엄두도 못 냈어요. 그래서 사람들이 우왕좌왕하다 누군가 "청와대 쪽으로 밀자" 그랬고 그 말에 인파가 움직이니까 경찰이 갑자기 페퍼포그를 쏴대기 시작했습니다. 시커먼 차에서 팍팍팍 쏘는 최루가스가 페퍼포그입니다. 순식간에 수십만 인파가 어디로 갔는지도 모르게 쫙 흩어져버렸어요. 저는 태평로에 있다가 무교동 쪽으로 도망갔습니다. 나중에 다시 나와 보니 태평로 길 위에 주인 잃은 신발들이 그득하더라고요. 정말 수백 개는 될 듯한 짝 잃은 신발들을 보면서 저 사람들은 다들 어떻게 집에 갔을까 그런 생각을 했습니다.

나중에 제가 역사를 돌이키면서 보니까 자꾸 그 신발 잃은 주인들이 생각났습니다. 대부분 한 짝씩 잃었을 텐데, 그 사람들이 집에 절뚝거리며 걸어갔을 것 아닙니까? 저는 1987년 이후 한국의 민주화가 그런 모양새로 걸었던 것 같아요. 뜨거운 아스팔트 위를 신발 한 짝 잃어버린 채 절뚝거리며 걸어가는 광경이 우리 민주화의 역사와 겹쳐지면서 마음이 씁쓸하고 안 좋았습니다. 그렇게 6월 항쟁을 겪고 나서 우리는 전혀 예상하지 못했던 새로운 상황에 직면했습니다.

7·8·9월 노동자 대투쟁과
두툼해진 월급 봉투

7월 9일 이한열의 장례를 치르고, 그해 여름은 참 더웠습니다. 그런데 진짜로 뜨거운 일이 벌어지기 시작했어요. 전국의 노동자들이 들고 일어난 겁니다. 얼마나 들고 일어났을까요? 1987년 7월, 8월, 9월 석 달 동안 발생한 노동쟁의가 무려 3천 458건입니다. 어느 정도인지 감이 잘 안 잡히시죠? 한국전쟁이 끝난 1953년부터 1987년 6월까지 34년 동안 국내에서 발생한 노동쟁의가 1년 평균 100여 건에 불과했습니다. 대략 3천 400여 건이죠. 7, 8, 9월 3개월 동안의 노동쟁의가 그 이전 34년 동안의 수치와 비슷했습니다. 석 달 동안 한 세대의 역사를 이룬 겁니다.

한국사 최대의 노동자 대폭발

1987년 7월부터 1989년까지 새로 만들어진 노조가 5천여 개입니다. 이전 시기에 국내에 존재했던 노조보다 훨씬 더 많은 노조가 그때 만들어졌어요. 1987년 석 달 동안만 해도 1천 100여 개의 노조가 생겨났어요. 노조 가입률을 높이고 조직률도 확 높였습니다. 그때 만들어진 노조들을 기반으로 나중에 '전노협'과 '민주노총'이 꾸려진 겁니다.

노동자들 몇십만 명이 몰려나왔어요. 어마어마한 일이 벌어진 거죠. 그 와중에 우스우면서도 가슴 찡한 이야기가 하나 있습니다. 7, 8, 9월 노동자 대투쟁 기간에 가장 격렬하게 시위를 벌인 곳이 바로 울산입니다. 울산에 공장이 많잖아요. 현대도 울산에 공장이 모여 있죠. 공장 하나에 종업원이 2~3만 명씩 되는 곳에서 치고 나오니까 어마어마한 겁니다. 지게차 앞세우고, 탱크보다도 힘세다는 중장비를 앞세우고 나왔어요. 그렇게 노동자들 몇만 명이 울산 공설운동장으로 모여들었습니다. 세계 노동운동사의 다시없는 장관이었죠. 수만 명의 노동자들이 작업복을 입고 한꺼번에 몰려나오는 광경을 생각해보십시오. 이런 게 코뮌 아닙니까?

그런데 일이 너무나 급작스럽게 벌어졌어요. 아무도 예상을 못했죠. 울산에도 노동운동하는 그룹들이 있었습니다. 학생운동 출신들이 위장해 들어가기도 하고, 현장에서 조합 만들겠다고 준비하던 노동자 그룹도 있었어요. 하지만 상황이 워낙 급작스럽게 진전되니까 아무 계획도 없이 "가자!" 하고 기계를 멈춘 채 몰려나간 겁니다. 무슨 선언문이나 유인물을 쓸 시간도, 조직을 갖추거나 할 틈도 없었어요.

노동자들이 몇만 명이나 모였으니 뭐라도 종이에 써야 하지 않느냐? 그래서 노동자들이 평소에 제일 많이 불만스러워하던 것을 구호로 쓰자고 의견을 모았습니다. 수많은 노동자가 모이는 자리에서 무슨 구호를 제일 앞에 내걸었을까요? 노동조합 결성? 임금 인상? 노동 해방? 파업의 자유? 그런 거 아니었습니다. 몇만 명의 울산 노동자들이 쓴 구호 1번은 '두발 자유화'였어요. 그럼 2번은 뭐였겠어요? 아, 두발 자유화 다음에는 당연히 '복장 자유화' 아닙니까? 몇만 명 대중이 폭발적으로 몰려나온 현장에서 외친 구호가 두발 자유화와 복장 자유화였다니, 정말 만화 같은 이야기 아닙니까?

당시 울산의 현대계열 기업의 운영시스템은 한마디로 군대 시스템이었어요. 군대도 전근대적인 군대입니다. 두발 자유화를 요구한다는 건, 두발을 단속하는 사람이 있다는 말이잖아요. 누가 했느냐? 회사 경비가 했습니다. 당시 현대의 경비는 아무나 못 섰어요. 보안대나 헌병대 중사나 상사 출신, 경찰의 경사 이상, 뭐 이런 사람들이 경비로 근무하면서 출근하는 직원들 두발 단속하고 조인트 까고 이러니까 두발·복장 자유화가 임금 인상보다 우선이었던 거예요. 저는 이 이야기를 듣고 가슴 찡하더라고요. 아, 노동자들이 이렇게 살았구나. 이게 우리 역사의 현실이구나.

사실 이걸 두고 말이 좀 많았습니다. 몇만 명이나 모여서 기껏 두발 자유화를 요구하니까 혁명적 노동운동과는 좀 거리가 멀잖아요. 동학농민봉기에 대해서도 학계에서 여러 의견이 많거든요. "농민들이 토지혁명을 외치지 않고 보국안민 같은 주장을 하니 이건 유교적 질서를 뒤엎자는 얘기가 아니라 그 안에서의 개량에 그친 것 아니냐?"고 주장하는 학자들도 있어요. 문자의 덫에 갇힌 해석이죠. 울산의 노동자들이 진짜로 머리 기르고 싶어서 그렇게 들고 일어난 건 아니잖아요. 두발 자유화시켜주면 "야, 신난다" 하고 모두 집으로 갔겠습니까? 화산이 분출될 때 처음부터 한꺼번에 터지나요? 큰 폭발이 있기 전에 그 에너지가 여기저기서 조금씩 솟구치죠.

노동자들이 자기 언어를 갖추기가 이렇게 힘이 드는 겁니다. 그때 노동자들이 모여서 무슨 노래를 불렀겠습니까? 아는 노래가 없으니까 유행가나 〈진짜 사나이〉 같은 군가를 불렀어요. "사나이로 태어나서 할 일도 많다만……." 군사정권이 국민들을 길들이려고 군사교육을 시킬 때 가르친 노래를 거기서 불렀던 겁니다. 이런 과정을 통해 노동자들이 자기 언어를 획득하기 시작합니다.

이렇게 주다가 회사가 망하는 거 아닐까?

우리 근대화의 역사를 보면 수십 년 동안 분배가 이루어지지 않고 억압만 받았어요. 이제 1987년 7, 8, 9월 대투쟁을 통해서 노동자들의 에너지가 분배 문제에 대해 치고 올라오게 됩니다.

예전에 현대중공업 골리앗 투쟁의 주역이었고 나중에 민주노총 위원장을 지낸 이갑용 씨가 우리 학교 옆에 살고 있는데요. 그분과 자주 만나서 옛날이야기를 들었습니다.*

1987년 각 지역에서 노동조합 만들면서 위원장 후보를 뽑잖아요? 딴 공약은 볼 필요 없었다는 거예요. 임금을 몇 퍼센트 올리느냐? 무조건 많이 올리겠다는 후보가 당선된다는 겁니다. 그리고 실제로 그만큼 올렸대요. 70퍼센트, 80퍼센트는 많은 축에도 못 낀답니다. 당시에는 월급이 통장으로 들어오는 것이 아니라 봉투로 받았잖아요. 월급이 인상되고 처음 봉투를 받았을 때 천 원짜리로 채운 줄 알았대요. 너무 두툼하니까. 처음에는 좋았지만 금방 겁이 덜컥 나더랍니

---

* 이갑용 위원장의 이야기는 그의 책 『길은 복잡하지 않다』(2009, 철수와 영희)에 잘 정리되어 있다.

다. 우리 회사 직원이 몇 명인데, 전 직원한테 이렇게 주다가 회사 망하는 거 아닌가. 진짜로 그런 생각이 들었대요. 결론은 어때요? 절대 망하지 않았죠? 연말에 보니까 망하지 않은 정도가 아니라 여전히 흑자, 그것도 엄청난 흑자를 계속 보고 있다 이거죠. 그래서 다음에 또 싸워서 올리고, 또 올리고 그랬습니다. 이거 굉장히 중요한 성과였어요.

이런 상황이 가능했던 것은 20년 동안 경제가 발전하는 과정에서 분배가 이루어지지 않은 부분이 있었고, 당시 세계적인 3저 호황으로 자본가들이 돈의 여유가 많았기 때문이었습니다. 그리고 또 하나 중요한 원인이 있습니다. 어떻게 지난 20년 동안 노동자들에게 분배를 하지 않을 수 있었느냐? 국가가 적극적으로 임금 인상을 가로막았기 때문입니다. 국가가 철저히 자본가 편을 들어줬거든요. 노동자들이 임금 인상을 요구하면 "저런 빨갱이 새끼들" 하면서 노동조합을 탄압하고 잡아가니까 쟁의다운 쟁의를 하지 못했어요.

1987년 6월 항쟁으로 어떻게 됐습니까? 국가가 국민의 힘에 밀려 후퇴했습니다. 그러니까 노동자와 자본가가 일대일로 붙는 상황이 벌어진 거죠. 노동자들이 세졌어요. 그래서 임금을 많이 올릴 수 있었습니다.

그렇게 올리고 났더니 나중에 어떻게 됩니까? 1990년대 이후의 이야기지만, 비정규직이 출현하죠. 여러분, '비정규직'이란 말이 우리 역사에 언제부터 나왔습니까? 20년도 채 안 되었습니다. 왜 그런 말이 나왔어요? 그전에는 정규직이니 비정규직이니 가릴 것 없이 임금이 바닥이었는데, 1987년 노동자 투쟁을 통해 노조가 생기면서 정규직 노동자들의 임금이 팍팍 뛰었단 말이에요. 그러면서 자본가들이 정규직이 할 일을 비정규직, 이름도 생소한 용역이니 도급이니 하청이니 파견이니 하는 다양한 형태의 비정규직에게 주기 시작한 겁니다. 이러면서 비정규직이 광범위하게 생겨나기 시작했습니다. 한편으로는 그 시기에 이주 노동자들이 들어오기 시작했어요. 이런 변화가 나타나게 됩니다. 우리가 민주화를 통해 노동자들의 임금을 많이 올렸지만 그 영향이 또 다른 방향으로 튄 겁니다.

1990년대 들어와서 3당 합당이라는 보수대연합을 통해 새로이 전열을 갖추게 된 국가가 다시 노동문제에 적극 나서기 시작합니다. 자본가들도 마냥 당하지는 않죠. 가령 노조 대의원들을 돈으로 구워삶는다든지 갖가지 방법을 동원해 임금 인상폭을 축소하려고 애썼죠. 그게 더 돈이 적게 드는 방법이니까요. 이외에도 사측이 적극적으로 노무관리에 들어가 강성 노조를 배제하고 이른바 '노사협조주의'랄까, 그런 분위기를 퍼뜨립니다.

한 10년 정도의 긴 호흡으로 보면 노동문제는 이런 식으로 흘러갔는데, 1987년의 폭발적이었던 노동자 대투쟁은 12월 직선제 대통령 선거가 국가적 이슈가 되면서 급속히 가라앉기 시작하죠. 사실 1971년 이후 16년 만에 처음으로 대통령 선거가 판을 벌이니까 큰 구경거리가 생기지 않았습니까? 노동문제에 대한 관심이 대통령 선거로 쏠리죠.

직선제에 만족한 중산층의 이탈

7, 8, 9월 노동자 대투쟁 이후 특징적인 흐름이 있어요. 운동 세력과 중산층 사이의 괴리가 가시적으로 드러나게 됩니다. 6월 항쟁이 성공

노동자들이 권리를 주장하다
1987년 7, 8, 9월 발생한 노동쟁의가 3천 458건이었다. 1987년 7월부터 1989년까지 새로 만들어진 노조가 5천여 개였다. 민주화운동의 성과로 비로소 노동자들이 억눌려 있던 자신들의 권리를 주장하기 시작했다. 사진은 1988년 연세대에서 열린 전국노동자대회 모습.

한 가장 중요한 이유가 뭡니까? 기층 민중, 노동자, 농민, 학생 등의 급진 변혁세력과 이른바 넥타이 부대라고 하는 중산층이 직선제라는 구호 아래 하나가 되었기 때문이죠. 직선제라는 구호에는 계급 문제 같은 게 빠졌거든요. 물론 넥타이 부대를 꼭 중산층이라고 불러야 할지는 의문입니다. 명동에 열심히 나온 넥타이 부대가 사실 사무금융 노동자들이잖아요. 1980년대의 급진적인 시각에서 생산직만 노동자로 여기던 방식으로 따지면 넥타이 매고 펜대 굴리면 중산층처럼 보였을지 모르죠. 그러나 6월 항쟁 직후 전교조의 등장이나, 사무직 노동운동이 활성화되는 것을 볼 때, 넥타이 부대의 성격에 대해서는 깊이 있는 검토가 필요하다고 생각합니다.

1987년 6월 항쟁으로 민주화가 진전되자 노동자들이 전면에 나섰습니다. 사실 이런 사례는 우리 역사에 많았습니다. 가령 3·1운동 직후 노동쟁의, 소작쟁의가 폭발했고, 해방된 뒤에도 역시 그러했습니다. 4·19 이후에도, 또 1987년 6월 항쟁 이후에도 노동자들이 대폭발을 한 거예요. 확 분출해버리니까 중산층이나 보수 야당에서 주춤했어요. 한편으로는 겁이 나는 거죠. 시키는 대로 열심히 일만 하던 노동자들이 갑자기 몇만 명이나 모여서 머리띠를 두르고 팔뚝질을 해대잖아요. 처음에는 그런가 보다 했는데 노동조합이 우후죽순처럼 만들어지면서 처음 보는 노래패도 등장하고, 노동자들이 질서정연하게 줄을 맞춰 서서 율동도 절도 있게 하고. 가사를 들어보면 자본가를 찢어 죽이자 어쩌자 하는 살벌한 노래들을 부르는 겁니다. 실제 운동보다는 노래가 훨씬 살벌하거든요. 아마도 지식인들이 운동에 많이 가담해서 그런 것 같아요.

1930년대 항일무장투쟁사를 보면 멋진 이야기가 많습니다. 김일성이 항일무장투쟁 시절의 노래에 대해 얘기하면서 "우리의 총알이 닿지 못하는 곳에서 우리의 노래가 적의 심장을 꿰뚫었습니다"라고 했어요. 멋있잖아요. 제가 박사 논문을 그 시기 만주에서 항일유격투쟁했던 것을 주제로 썼기 때문에 노래도 찾아서 들어봤어요. 그런데 듣다가 울컥 울음이 나올 것 같은 곡도 있었어요. 노래가 훌륭해서가 아니에요. 목숨을 걸고 적진으로 뛰어든 1930년대 여성 공작원들이 부르던 해방가가 있거든요. 뭐냐 하면 〈고드름〉입니다. "고드름, 고드름 수정 고드름······"입니다. 만화 같은 현실이죠. 1930년대 항일무장투쟁 전사들은 그런 노래를 부르면서 싸웠는데, 1980년대에는 지식인들이 운동을 많이 하다 보니까 오히려 살벌한 노래가 많았어요. 그런 노래들을 부르면서 팔뚝질을 하니까 한편으로 투쟁 의지도 다지고 힘이 되는 부분도 있지만, 다른 한편에서는 또 뭐예요. 보는 자본가들은 겁이 나죠. 보는 중산층도 겁나는 겁니다.

특히 독재 타도를 외친 보수 야당 측은 정말 겁이 났어요. 왜? 판이 깨질까 봐. 군인들이 어떻게 나올지 모른다는 거죠. 우리나라 군인들 중에 이상한 애국심이 각별한 사람이 많았거든요. 그분들의 각별한 나라 사랑이 이 나라의 각별한 걱정거리였죠. 판 자체가 아슬아슬했던 겁니다. 6월 항쟁의 힘으로 민주화가 되고 판이 벌어지면서 직선제까지는 갈 것 같았어요. 그런데 선거 결과가 어떻게 될지 장담하기 힘든 분위기였습니다.

그 속에서 중산층은 중산층대로 바라던 목표는 쟁취했잖아요. 직선제라는 목표였죠. 그리고 야당은 직선제라는 판에서 잘하면 자신들이 이길 듯하니까 정부와 어정쩡한 타협을 시작합니다. 그 결과물이 지금의 헌법입니다. 이른바 '87년 체제'.

이게 왜 타협이냐? 저도 잊어버리고 있었는데 이번에 확인해보고 킥킥 웃었어요. 뭐냐 하면 '국가원로자문회의'라는 게 아직도 우리 헌법에 있는데요. 이게 전두환이 상왕 노릇 하려고 만든 기구입니다. 사무총장이 장관급이고 차관급 2명에 직원이 몇십 명이나 되는 어마어마하게 큰 기구예요. 이걸 왜 만들었어요? 전두환이 혹 군대 동원할까 봐, 대통령 자리에서 안 물러날까 봐, 그래서 전두환을 달래느라고 야당이 타협하면서 만들어준 겁니다.

이외에도 군인이 죽었을 때 국가를 상대로 배상을 요구하지 못하게 하는 유신헌법의 잔재가 아직도 헌법에 남아 있습니다. 그래서 군인은 죽으면 개 값보다 못하다잖아요. 우리 현행 헌법에 그런 이상한 내용들이 지금도 있습니다.

노태우,
민주주의에 물먹이다

1987년 12월 16일, 드디어 국민이 직접 뽑는 대통령 선거가 실시됩니다. 그런데 이 선거가 진짜 웃깁니다. 우리는 직선제를 실시하면 반드시 이길 줄 알았어요. 문제는 양김이 둘 다 뛰겠다는 거예요. 나중에 선거에서 패하자 이런 이야기를 하는 사람도 있었어요. 우리 쪽에 열사만 있지 의사의 맥이 끊어졌다. 둘 중 누구 하나를 어떻게든 끌어다 앉혔어야 했는데······.

양김에게 누구든 양보하라고 했더니, 내가 나가면 반드시 이기는데 왜 양보하느냐는 거죠. 결과를 보면 어때요? 누구 한 사람이 양보했다면 나란히 5년씩 하면서 민주화도 훨씬 빨리 이루어졌겠죠. 서로 먼저 하려다가 밥상을 엎어버린 것 아닙니까? 직선제 만들었더니 죽쒀서 개 준 꼴이죠.

동상이몽, 87년 대선의 패배

왜 이렇게 됐느냐. 대선 당시 이런 이야기가 나왔어요. 주로 김대중 씨 쪽에서 나왔는데 '사자필승론(四者必勝論)'이라는 겁니다. 충청도는 김종필이 먹고 영남과 보수층을 김영삼과 노태우가 갈라 먹으면 자신은 호남이라는 확실한 지역 기반이 있으니 반드시 이긴다는 거예요. 김영삼은 뭐라고 이야기해요? 민주주의 표는 내가 먹고, 김대중은 사람들이 빨갱이라고 좀 불안해하니까 보수층 표도 이쪽으로 온다. 결국 내가 이긴다. 뭐, 서로 사자필승론을 주장하며 이러쿵저러쿵 싸웠어요.

운동진영도 갈라집니다. 단일화를 주장하는 파와 비판적 지지파로 나뉘었어요. 단일화 지지파에는 김영삼과 친한 사람이 많았어요. 다는 아니지만 큰 분위기는 그랬습니다. 비판적 지지파는 김대중 지지자들인데, 양김 중에 김대중이 좀 더 낫지 않느냐. 그래도 김대중이 민주화에 투철하지 않느냐? 좀 더 민중적이지 않느냐? 비판적 지지자들 중에는 호남 사람이 많았지요.

저는 서울이 고향이고 선대로 올라가면 강원도 쪽이라 지역감정하고는 무관한 사람인데 제가 그때 정말로 충격을 받았어요. 내가 믿고 따르던 선배들이 고향에 따라 싹 갈라지는 겁니다. 진짜 그랬어요. 가슴 아프고 환멸스럽기도 하고 그랬는데 그게 현실이었습니다. 독자 후보론도 있었지만, 결국 그렇게 갈라져서 어떻게 됐습니까? 힘 한번 못 써보고 졌습니다.

대선 직전에 또 하나 터진 게 KAL기 폭파사건입니다. 이 사건이 대선 투표일 보름쯤 전에 터졌고, 김현희를 비행기에 태워 압송한 것이

양김 단일화 실패
1987년 11월 대선후보 단일화 결렬로 서로 등을 돌린 김영삼과 김대중. 그들은 서로가 사자필승론을 자신했고, 그 결과 노태우의 대통령 당선으로 이어졌다. (서울신문)

선거 바로 전날이었어요. 선거 결과에도 굉장히 영향을 끼쳤겠죠. 당시 선거 전문가 말로는 200만 표 이상은 왔다 갔다 했답니다. 얼마나 정확한 판단인지 모르지만 어쨌든 1, 2위의 표 차이가 200만 표였어요. 그전까지는 박빙이어서 노태우가 장담을 못하다가 김현희 때문에 이겼다, 뭐 그런 이야기가 많았습니다. KAL기 폭파사건을 문제 삼기 이전에 양김이 분열하지만 않았다면 누가 나가든 우리가 이겼겠죠.

1956년과 1960년 대선에서는 야당 대통령 후보가 덜컥 돌아가시는 바람에 선거에서 졌고, 1987년 대선에서는 단일화가 안 되어서 이길 수밖에 없는 선거를 지고 말았습니다. 운동권 내부의 상처가 깊어지고, 그때 지역감정이 너무너무 커졌어요.

결국 노태우가 당선되어 1988년 초 대통령에 취임했습니다. 그런데 1988년이 우리 역사에서 아주 묘한 시기예요. 민주화가 어느 정도 진전되었지만, 민주화가 되면 어떻게 놀아야 하는지 서로 몰랐던 시기입니다.

1988년 들어서면서 '북한바로알기운동' 같은 움직임이 활발했어요. 저도 일선에서 북한바로알기운동에 관련된 일을 했지만, 사실 우리가 어디까지 이야기해야 하는지를 몰랐습니다. 안기부나 공안당국에서도 어디까지 허용해야 하는지 감을 잡지 못했어요. 금기란 것이 한편으로는 힘의 균형이거든요. 금기를 깰 때 확 깨야죠.

이러한 상황에서 우리가 88올림픽을 맞이합니다. 올림픽이 열리면 공산국가들도 몰려오잖아요. 사실 1988년 이전의 두 차례 올림픽은 모두 반쪽 대회로 치러졌거든요. 1980년 모스크바 올림픽에는 서방세계가, 1984년 LA올림픽에는 공산국가가 참여하지 않았습니다. 그래서 서울 올림픽에는 반드시 공산국가들이 참여하도록 했습니다. IOC나 세계체육회, 우리 정부 모두 그렇게 되도록 노력했어요. 그런데 공산권 사람들을 국가보안법 적용해서 잡아가면 안 되잖아요.

이렇게 민주화와 88올림픽 등을 경험하면서 드디어 언로가 열리기 시작했습니다. 우리끼리 이런 농담도 했어요. 북한바로알기운동을 하던 사람들끼리 모여서 밥을 먹다가 서로 묻습니다. "야, 너 오늘 무슨 이야기 했냐?" 토론회나 강연회 갔다 온 사람이 이북과 관련해 이런저런 이야기를 했다고 합니다. 또 어떤 사람은 글을 썼는데 이러저러하게 썼다고 합니다. 그럼 서로 놀라서 한마디씩들 해요. "야, 너 그런 이야기 써도 괜찮으냐?" "안기부는 요새 뭐 한데? 이런 놈 안 잡아가고." 이런 농담을 하면서 따져보니까 결국 우리가 못할 말이 아무것도 없다 싶어요. 광화문 네거리에서 "김일성 장군 만세"를 외치는 미친 짓만 안 했지, 이북과 관련해 금기로 되어 있던 부분들을 하나하나 치고 나가던 시절이 있었습니다.

1988년부터 통일운동이 새롭게 열리기 시작했습니다. 학생들은 남북청년학생회담을 하면서 4·19 직후에 나왔던 유명한 구호 "가자 북으로 오라 남으로, 만나자 판문점에서"를 근 30년 만에 되살려냈어요.
통일 열기가 장난이 아니었습니다. 월북 작가들의 문학작품이나 노래
도 이 무렵부터 해금되기 시작했죠.

사회 일각에서는 학생운동이 너무 급진화하는 거 아니냐, 북쪽하고
너무 가까워지는 거 아니냐는 우려도 있었습니다.

1988년은 그렇게 뜨거웠습니다. 1987년 6월민주항쟁을 도화선으
로 1988년에는 우리나라 전역이 화끈 달아올랐습니다. 정치사회적으
로도 여러 가지 큰 변화를 겪습니다. 우리가 바야흐로 민주화의 궤도
에 들어선 거죠. 하지만 민주화는 여전히 미흡했습니다. 민주화 과정
에서 좀 더 높은 목표를 달성하지 못했을 뿐더러, 과거 반민주 세력도
확실하게 정리하지 못했죠. 그런 한계를 안고 있습니다만, 그래도 이
시기 우리 민주화의 큰 걸음을 내딛기 시작했어요. 1987년, 1988년은
격동의 순간들과 함께 흘러갔습니다.

5공 청문회와 3당 합당

올림픽을 성공적으로 치른 다음에 이제 보수정권이 반격을 가하기 시
작합니다. 그 계기가 1989년 3월 문익환 목사의 방북입니다. 목사님
이 비밀리에 평양으로 가셨죠. 전부터 보수층에서 더는 두고 보기 힘
들다는 목소리가 나오기 시작했고, 정부 측에서도 조만간 민주화 세
력을 칠 거라는 이야기가 나오던 참에 문익환 목사가 방북했다는 성
명이 발표되자 그것이 하나의 전기가 됩니다. 바야흐로 공안정국이
시작된 거죠.

1988년에 또 다른 중요한 전기가 있죠. 바로 5공 비리와 광주학살

에 대한 국회청문회입니다. 우리가 대선에서는 비록 졌지만 사상 최초로 여소야대 국회가 되었어요. 호남과 경남, 충청까지 야당 지역이 되니까 군사정권 세력의 민정당이 의석 분포에서 밀렸습니다. 대통령이 추천한 대법원장 후보자도 국회에서 임명 동의가 안 될 정도였어요. 당시 노태우가 충청권의 지지를 얻으려고 김종필 씨의 고등학교 후배를 대법원장으로 추천했는데 김종필이 고민하다 야당으로서 존재를 확실히 드러내며 캐스팅 보트를 쥐려고 부결시켜버렸어요. 그래서 갑자기 대법원장이 되신 분이 이일규 대법원 판사입니다. 이일규 대법원 판사는 대법원 판사로 정년퇴임했다가 대법원장이 되었죠. 대법원장 정년이 5년 더 길거든요. 한 직장에서 두 번 정년퇴임한 진기록을 갖고 있는 분입니다. 이분이 민주화 분위기 속에서 대법원장이 될 수 있었던 것은 바로 지금 여기 계신 송기수 선생님네 송씨 일가 조작간첩사건에 대해 무죄를 선고한 덕분이죠. 민주화의 바람은 사법부에까지 미쳤던 겁니다.

그렇게 여소야대 국회의 힘으로 청문회를 밀어붙였습니다. 무슨 청문회냐? 5공 비리와 광주학살에 대한 청문회였습니다. 5공 비리 가운데 1980년대 언론통폐합과 일해재단 문제, 전두환이 돈 받아먹은 이야기 등 여러 가지 문제를 다루었습니다.

5공 청문회가 한창일 때 길거리에 나갔더니 사람들의 눈빛이 달랐어요. 지금도 과거사 진상을 규명한다고 이것저것 하고 있습니다만 이미 세월이 흘러 몇십 년 전의 일이 되어버렸잖아요. 그런데 5공 청문회는 거의 동시대의 이야기입니다. 1988년에 광주학살이나 5공 비리를 이야기한다는 것은 무엇입니까? 불과 몇 년 전 사건일 뿐만 아니라 공소시효가 살아 있는 문제들을 이야기하는 거죠. 굉장히 중요한 차이입니다.

지금은 어때요? 저도 3년 동안 과거사위 하면서 정말 군대 두 번 가는 심정으로 죽어라 했습니다. 그걸 하면서 나름 보람도 있었지만 마음 아프고 창피했던 것이, 억울한 사람들을 고문하고 간첩으로 조작했던 놈들을 단 한 명도 감옥에 보내지 못한 거예요. 굳이 감옥에 보내자고 그러는 건 아니지만, 힘이 있는데 안 보내는 것과 없어서 못 보내는 건 굉장히 다르지 않습니까?

1988년 청문회에서 다룬 문제들은 과거사가 아닙니다. 사실 우리가 다루는 모든 과거사 문제는 자기 시대에는 펄펄 뛰는 현재 진행형의 역사였어요. 그 시대의 가장 중요한 문제였죠. 1945년 해방 후에 친일파 청산보다 더 중요한 문제가 어디에 있습니까? 한국전쟁 때 민간인 학살보다 더 중요한 문제가 어디에 있습니까? 군사정권 시절에 인혁당 사건이나 조작간첩사건보다 더 중요한 문제가 어디에 있습니까? 그런데 그 사건들을 다 어떻게 했습니까? 먼지 쌓이게, 빛바래게 해놓고 세월 다 흐른 다음에 지금 깔짝깔짝 진상규명을 하는 시늉만 하죠. 물론 안 하느니보다 백번 낫습니다만 과거사를 규명하는 입장에서는 가슴 아픈 부분이 많습니다. 이런 작업을 시작하기도 전에 돌아가신 분도 무지무지하게 많죠.

하여튼 1988년 우리 역사에서 처음으로 과거사를 조사하는 시늉을 했어요. 그때 노무현이 스타가 됐죠. 청문회에서 정말 논리적이었을 뿐만 아니라 태도가 거침이 없었어요. 가령 풍산금속 회장 같은 사람에게는 노동자 입장에서 빈틈없이 파고들었어요. 많은 사람이 저게 도대체 누구냐 하고 지켜보았죠. 청문회 스타가 노무현만은 아니지만 그가 제일 돋보였었죠.

3당 합당, 민자당의 탄생
1990년 1월 22일, 전격적인 3당 합당이 발표된다. 이는 영남 지역이 가지고 있던 '야성'을 보수화시키고, 한국의 정치 지형을 전면적으로 바꾸어 놓는다.

그런데 청문회에서 5공과 광주학살 문제를 풀어나가다가 어떻게 됐습니까? 하다가 말았죠. 어떻게 된 걸까요? 야 3당이 야합을 했습니다. "야, 더 이상 과거 파지 말자. 파다가 판 깨질지도 모른다." 노태우도 "좋은 것 줄 테니까 적당히 하자" 그랬어요. 노태우 입장에서도 전두환을 제거하는 게 좋잖아요. 버티고 앉아 상왕 노릇을 하는 전두환을 쳐버릴 수 있거든요. 그래서 전두환을 백담사에다 처박고 "아, 이제 됐잖아. 그만 하자" 그랬습니다.

여러분, 기억나십니까? 청문회 마지막 날 백담사에 있던 전두환을 불러다 국회에서 청문회를 했는데 어떻게 됐어요? 우물우물하다 끝냈지 않습니까? 그래놓고 회기가 끝났다고, 그게 1989년 12월 31일이어서 해가 바뀌니까 회기가 끝났다고 국회 문을 닫았죠. 그렇게 전두환이 유유히 퇴장을 했습니다.

그날 노무현이 의석에 한참 앉아 있다가 벌떡 일어나 자기 명패를 텅 빈 증인석에다 집어 던졌어요. 아마도 자기 자신에게 던진 것이거니와 과거 청산을 하다가 야합을 해버린 야당 지도부에 대한 분노의 표시였겠죠. 청문회에서도 잘했지만 저는 그때 노무현한테 반했습니다. 미국에 있던 때여서 며칠 뒤에야 비디오로 그 광경을 보았는데도 가슴이 터질 것 같았거든요. 노무현이 명패를 집어 던지지 않았으면 제가 우리집 텔레비전을 집어 던졌을 거예요. 그런 심정이었습니다.

노태우는 어차피 자신이 여소야대 국면에서 제대로 통치권을 행사하기 어렵다는 사실을 알았기 때문에 누군가하고 손을 잡아야 했습니다. 한편으로는 물밑에서 김대중하고 접촉하고 김영삼하고도 접촉했어요. 결국 어떻게 되었습니까? 해가 바뀌고 20여 일 후에 3당이 합당을 했습니다. 노태우가 김영삼, 김종필과 함께 나타나서 "우리 같이 살기로 했다우" 하면서 두 사람 손을 번쩍 들었죠. 정말 기분이 우울했습니다. 국회는 어떻게 됐습니까? 지금 한나라당이 170여 석인데 3당 합당에 따른 의석수가 218석인가 그랬습니다. 정당 3개가 합치니까 국회에서 의석수가 70퍼센트를 훌쩍 넘어버렸습니다.

3당이 합해서 만든 당 이름이 뭡니까? 하필 '민주자유당'입니다. 어디서 많이 듣던 것 같지 않습니까? 일본에 뭐가 있어요? 자유민주당이 있습니다. 자민당이라고 하죠. 우리는 민자당을 만들었습니다. '민자의 전성시대'. 일본의 자민당은 1955년부터 쭉 해먹지 않습니까? 민자당도 자민당처럼 50년, 100년 갈 거다라는 생각이 있었겠죠. 왜 안 그렇겠어요? 호남 하나 남겨놓고 PK와 TK와 충청이 모두 합쳤는데. 그걸 유지 못하면 바보죠. 50년 동안 정권 교체는 꿈도 꾸지 마라. 그렇게 큰소리친 거였습니다.

그처럼 암담한 상황을 만들어냈습니다. 그런 상황을 만들기 위해 뭘 했습니까? 과거 청산 문제를 물 건너로 보내버렸죠. 그렇게 보수대연합이 실현되었습니다.

현실사회주의의 몰락, 변혁세력의 좌절

1989년 한국에서 공안정국이 시작되고 석 달쯤 지나 중국에서 천안문 사태가 일어났습니다. 사회주의 국가에서 시위가 발생하니까 사람들이 놀라서 다 관심 있게 지켜봤죠. 천안문 광장에서 학생들이 데모를 하는데 중국 당국이 한동안 놔뒀어요. 사회주의 국가는 뭔가 다르구나, 그렇게 생각하고 있는데 어떻게 됐어요? 당이 용인하는 선을 넘었다 싶으니까 하루아침에 탱크를 몰고 와서 싹 깔아뭉개지 않았습니까? 얼마가 죽었는지 지금까지도 확실히 모르지요. 추측하기로 3천여 명이 죽었다는데 그건 좀 과장된 것 같지만 아직까지 진상은 밝혀지지 않았습니다.

　1989년 천안문 사건이 일어났고 그다음에 어떻게 됐습니까? 세계사 차원에서뿐만 아니라 우리 현대사에도 아주 중요한 사건이 발생했습니다. 가을이 되면서 동구권이 흔들흔들하더니 어! 하고 무너지기 시작했습니다. 동구 전공자의 표현을 빌리면 혁명은 혁명인데 무슨 혁명이냐? 언플러그드 레볼루션(Unplugged revolution)이다. 갑자기 전기 플러그를 빼버렸다는 말이죠. 무슨 징후를 보이면서 무너진 것이 아니라 갑자기 플러그를 뽑아서 딱 서버리는 겁니다. 그런 식으로 무너졌습니다.

　동구권의 붕괴가 한국 운동권에도 굉장히 큰 영향을 미칩니다. 솔직히 이야기해서 그 당시 1980년대 운동권 중에는 사회주의를 대안으로 생각하던 사람이 굉장히 많았어요. 현실 운동 진영, 특히 학생운동, 청년운동, 노동운동 진영이 굉장히 급진화되었거든요. 민주화를 이야기하는 사람들 중에는 자유민주주의나 직선제를 목표로 삼는 사람도 있었지만, 이를 넘어 사회주의적 이상사회의 건설을 꿈꾸는 사람도 많았어요. 좀 쉽게 이야기하면 옛날 일제강점기부터 나오던 비유가 있는데요. 민족주의자와 사회주의자가 서울역에서 함께 기차표를 사는데 민족주의자는 대전까지 가자고 하고 사회주의자는 부산까지 가자는 겁니다. 어쨌든 대전까지는 함께 갈 수 있죠.

그런데 사회주의를 지향하던 사람들이 동구의 사태로 목표를 잃어버렸어요. 사회주의의 전망을 갖고, 이북에 대해서도 그런 기대를 했던 사람들이 목표를 잃은 거예요. 냉철하게 보자면 현실사회주의의 실험이 실패한 것 아닙니까? 사회주의의 이상이 무너졌다고까지는 할 수 없을지도 모르지요. "저런 건 애초에 사회주의가 아니었어. 저건 국가 파쇼였어" 이야기할 수도 있겠죠. 그러나 현실 세계에서 사회주의 실험이 실패한 것은 분명합니다. 그게 운동 진영에 굉장히 큰 영향을 미쳤어요. 일부에서는 우리가 꿈을 잘못 꾼 게 아닌가 하고 돌아선 사람도 있고, 아닐 거야 하면서 계속 매달린 사람도 있습니다. 어찌 되었든 운동진영이 흔들흔들했습니다.

한국은 그런 면에서 세계의 대중운동하고 엇박자였던 시기가 참 많았죠. 1945년 해방 이후에 남북 분단, 한국전쟁, 군사독재 등으로 위낙 심하게 당했고 그런 상황에서도 대중운동이 조금씩 조금씩 살아나다 1980년 광주를 거치면서 확 번졌어요. 정말 몇 년 사이에 사회주의의 이상이랄까 그런 것들이 들불처럼 번졌습니다. 심지어 북을 이상

사회로 보고 북이 남쪽의 변혁운동을 지도해야 한다고 생각하는 사람들도 실제 있었고요. 그런 사람들이 일대 사상적 혼란에 빠집니다. 이 시기가 1989년, 1990년, 1991년입니다.

저는 다행인지 그 시기에 한국에 없었습니다. 나중에 미국에서 공부를 마치고 돌아와서 물어보니 사람들이 받은 상처가 너무 깊은 것 같았어요. 누구는 "서른, 잔치는 끝났다" 했고, 누구는 "난파선에서 쥐들이 빠져나가듯이 빠져나갔다"고 했지요. 그중에는 난파선의 돛대를 꼿꼿하게 잡고 같이 물속으로 들어간 사람도 있었겠죠. 이래저래 전망을 가지고 뛰었던 사람들입니다. 어떤 면에서 1980년대를 가장 치열하게 살았던 사람들인지도 모릅니다. 그 사람들이 다 마음속 깊이 화상을 입었죠. 지금 뉴라이트의 핵심들은 오히려 늦게까지 이북을 붙들고 있던 사람들 아닙니까? 제일 늦게까지 이북을 붙들고 있다가 갑자기 돌아섰죠. 갑자기 획 돌면 어지럽습니다.

학생운동이 지던 짐을 시민사회가 나눠 지다

사회주의가 붕괴하면서 1980년대의 급진적 운동이 마지막으로 타오른 것이 1991년입니다. 아마도 우리나라의 386세대를 끊으라고 하면 91학번까지 포함시켜야 할 겁니다. 지금도 운동진영에 91학번이 제일 많아요. 상처를 제일 많이 받은 세대입니다. 91학번이 대학에 들어가자마자 3월 말 강경대 학생이 경찰에게 쇠파이프로 뒷머리를 맞고 죽었죠. 데모하다 경찰에 쫓겨 학교로 도망쳤는데 그걸 쫓아가 뒤에서 쳐서 죽였어요.

저는 그때 미국에 있었지만 정말 견디기 힘든 시기였습니다. 인터넷이 보급되기 전이라 신문을 구독했어요. 한국 신문을 미국 현지에서 다시 찍어 우편으로 발송하기 때문에 하루 늦게 옵니다. 그런데 신문을 펼치기가 겁났어요. 오늘은 또 누가 죽었을까? 정말 자고 일어나면 사람이 하나씩 분신을 하고 그랬습니다. 스물한 살, 스물두 살의 그 학생들을…… 뭐라고 표현해야 할까요? 자신들이 꿈꾸던 시대가 무너지는 걸 보면서 이루 말하기 힘든 깊은 절망감에 몸을 던졌죠. 이 한 몸 던져서 이 끔찍한 죽음의 행진이 멈출 수 있다면…… 그런 생각으로 사람들이 자신을 내던지지 않았나 생각합니다. 정말 불행한 시절이었죠.

1987년 6월 항쟁 때는 정말 신났거든요. 신나게 세상을 바꿔볼 것 같았는데 1987년 선거에서 지고 1989년에 와장창 무너지는 동구를 보면서 애써 "우리가 뭐 동구권 보고 운동했냐?" 자위해보지만, 그래도 힘이 쭉쭉 빠져나가죠. 그러면서 1991년에 사람이 죽어 나가기 시작했습니다.

그 와중에 김지하 씨가 대형 사고를 쳤습니다. 생명사상에 빠져들었는데 뭐 그러다 보니 나중에 본인도 오버했다, 그때는 귀신 울음소리가 들릴 지경이었다, 정상이 아니었다고 했지만 하필 〈조선일보〉에 「죽음의 굿판을 걷어치워라」 같은 글을 썼습니다. 그 글에 학생들이 또 상처를 받았죠.

그리고 유서 대필 사건이 일어났어요. 정말 말도 안 되는 가슴 아픈 사건입니다. 김기설이라는 청년은 저도 안면이 있는 사람 같습니다. 친하지는 않지만 민청련 활동을 했기 때문에 얼굴은 본 친구예요. 제가 그때 미국에 있어서 확실하지는 않습니다. 가명을 많이 쓰던 시절이라 그 친구가 아닐까 짐작하는 거죠. 그때 정말 황당한 일이 일어

鄭총리 집단暴行 당해

어제 저녁 外大生 3백여명 합세

계란 던지며 주먹·발길질

정원식 밀가루 투척 사건
1991년 강경대가 전경의 쇠파이프에 맞고 사망한 사건 이후 정국은 요동을 쳤다. 하지만 "노태우 군사 정권 종식! 민자당 해체!"를 외치던 학생운동 진영의 마지막 불꽃을 결정적으로 꺼뜨린 것은 바로 이 사진이었다.

낳습니다. 공안당국이 그 친구가 자살하면서 남긴 유서를 강기훈이라는 이가 대신 써줬다고 우기기 시작한 거예요. 말이 안 되는 이야기 아닙니까? 그 말도 안 되는 이야기가 먹혀들었습니다. 〈조선일보〉, 〈동아일보〉, 검찰, 안기부가 입을 모아서 운동권이 그런 데다, 죽음을 부추기는 어둠의 세력이 있다, 그렇게 떠들어댔어요. 젊은이들은 또 상처받았죠. 박홍 신부가 나와서 푸닥거리를 해대고…….

그러다가 서울대 교수, 문교부 장관 출신인 국무총리 정원식이 외대에 갔죠. 외대생들이 밀가루와 계란으로 환영식을 해줬어요. 정원식이 하얗게 밀가루와 계란을 뒤집어쓴 모습이 신문에 크게 났고, 보수 신문들은 학생들을 패륜아로 몰아붙였죠. 스승도 몰라본다고……. 아니 문교부 장관 시절 1천 500여 명의 전교조 교사를 해직시켰던 정원식이 외대생들에게 무슨 스승입니까? 참 허망했습니다. 사람을 쇠파이프로 때려죽인 건 그냥 넘어가고, 밀가루 좀 끼얹었다고 천하의 패륜으로 몰려 감옥에 가고…….

그러면서 1991년 싸움이 깨졌습니다. 정말 가슴 아픈 일입니다.

왜 그랬을까? 곰곰이 여러 가지로 생각해봤어요. 심지어 학생들만 죽어서 그랬던 게 아닌가? 차라리 어른들이 몸을 던졌어야 했던 시기가 아닌가? 뭐 별별 생각이 듭니다만, 하여튼 졌습니다.

그게 학생운동이 선두에 서서 운동을 이끈 마지막이 아니었나 싶어요. 그다음에는 학생운동이 힘을 못 썼죠. 학생운동의 퇴조라고 할 수도 있겠습니다만 그렇게만 설명하기 힘든 부분이 있어요. 그때까지 한국 역사가 어떻습니까? 최장집 선생님 식으로 설명하자면 과대 성장한 국가와 과소 성장한 시민사회의 대결이었죠.

자, 일본 강점기를 거치며 경찰과 군대가 제국주의 근대국가의 양식으로 확장했지만 시민사회는 제대로 형성조차 안 되었죠. 그러다 해방되어 미군정이 들어오고 전쟁까지 난 상황에서 시민사회는 역량을 키울 틈도 없었습니다. 조직된 세력이 없었어요. 해방 후에 조금 싹을 틔울 계기를 맞았지만 5년 만에 전쟁이 터지면서 도로 쑥대밭이 돼버렸죠. 우리에게 시민사회라고 할 만한 게 있었습니까? 겨우 학생 조직뿐이었잖아요.

4·19혁명 때도 학생들이 주도했고, 1970년대에는 재야가 있었지만 학생들이 다 끌고 나왔습니다. 1980년대 6월 항쟁은 누가 했습니까? 국민운동본부가 있었지만 실제 동원력은 학생들에게 있었어요. 당시 재야에서 집회 날짜를 잡을 때 대학생들이 연대 테이블에 나와 "그날은 안 돼요" 하면 그날 못했어요. 그 정도였습니다. 현실적인 동원력은 대학생들에게 있었어요.

한편으로 국가조직에서 제일 큰 조직은 무엇입니까? 군대죠? 여러분, 군을 우습게 보면 안 됩니다. 우리는 군을 보통 무식하다고 생각하는데요, 절대 무식하지 않아요. 그들은 단순할 뿐입니다. 단순과 무식은 달라요.

6·25 이후 우리 사회에서 가장 교육을 많이 받은 집단이 누구입니까? 군입니다. 물자도 가장 풍부했어요. 행정학, 조직학, 경영학도 다 군대에서 시작되었습니다. 삼성 같은 재벌기업들이 자체 직원연수원을 만들기 시작한 것이 1970년대 중후반부터인데 군은 어때요? 1950년대부터 보병학교, 행정학교, 육군대학, 국방대학원 등등 각종 교육기관이 있었잖아요. 우리나라 기술자들이 어디 출신입니까? 군 출신이죠. 군 화학병으로, 운전병으로, 보일러병으로 제대해 평생 먹고살았어요. 1970년대 대우건설, 현대건설에서 조사한 걸 보면 어때요? "어디서 이런 기술을 배웠습니까?" "군대에서 화학병 했습니다." "군대에서 기계병 했어요." "운전도 군대에서 배워 나왔어요." 그런 식이었습니다. 국가가 시민사회를 압도했는데, 국가기구 내에서는 군이 압도했습니다.

한국 사회에서 군에 대응하는 조직은 학생뿐이었어요. 그러니까 학생과 군의 격돌이 기본 구도가 되었던 셈입니다. 그러다 1987년 6월 항쟁으로 군부정권이 퇴진하면서 군이 물러나고, 1991년을 거치면서 학생운동도 뒤로 물러납니다.

많은 사람이 1990년대 이후에 학생운동이 약화되었다고 평가하는데, 현상적으로 맞는 얘기입니다만 그 원인은 조금 더 깊이 있게 분석해볼 필요가 있다고 생각합니다. 어떤 의미에서는 학생운동이 짊어져야 했던 과도한 짐을 시민사회의 각 영역이 조직화되면서 나눠 지게 되었다고 할 수 있죠.

1980년대까지만 해도 학생운동이 이론적으로도 가장 선진적이었어요. 대학 언론 중에서 〈연세춘추〉 같은 신문이나 〈연세〉 같은 교지들이 굉장히 중요한 이론적인 논쟁의 장이 되기도 했고요. 1980년대를 거치면서 운동이 질적, 양적으로 발전하고 학원 바깥에서도 활동 역량이 축적되고 재생산될 수 있게 되었죠. 1983년 민청련의 결성은 학생운동 출신들 중에서 전업활동가가 되겠다는 사람들이 청년운동 이라는 새로운 영역을 개척한 것이라고 할 수 있습니다. 이후 노동운 동은 물론이고 교사, 사무직 등이 조직화되었습니다. 이때만 해도 교 사나 사무직은 지금과 달리 노동자로 분류되지 않고 중산층으로 보는 게 일반적이었죠.

1989년 동구 붕괴 이후 노동 현장을 지향하던 학생운동 출신들이 제각각 살길을 찾으면서 사회 각계각층의 삶의 현장에 나름대로 뿌리 를 내리게 됩니다. 1980년대에는 인권이나 환경 같은 것을 주변적, 부 르주아적 가치로 보았는데 이제 1990년대에 들어오면서 새로운 활동 의 중심으로 등장합니다. 민주화를 거치면서 우리 사회의 각계각층에 서 상당한 수준의 조직화가 이루어지죠. 전씨, 민씨, 한씨 3대 가문이 등장하고요. 전대협, 전교조, 전민련, 전노협, 전철협 등이 나오고 민 주노총, 민주노동당, 민교협, 민가협, 민예총, 민언련 등이 나오고 〈한 겨레신문〉이 만들어지고 한총련, 한청협, 한과청 등이 나왔죠. 거기다 가 참여연대, 경실련, 환경운동연합 같은 대형 시민단체들도 생겨났 잖아요. 이런 단체와 조직이 제 역할들을 해주니까 학생운동의 필요 성이 줄어들 수밖에 없습니다. 학생이 보수화되어 그런 면도 있지만 전체 역할 분담이라는 측면에서 한국 사회가 성장했기 때문에 나타나 는 자연스러운 효과이기도 했던 겁니다.

민주화를 거치면서 세상이 많이 좋아졌잖아요. 여전히 문제가 많지 만 전경들이 학교에 죽치고 있고, 데모하던 선배가 짭새들에게 허리 가 꺾인 채 개처럼 끌려가고, 도서관 난간에 매달려 데모하다가 떨어져 죽는 걸 눈앞에서 보아야 했던 때하고는 비교할 수 없잖아요. 사실 1980년대에 데모 열심히 했던 이유 중에 하나가 우리 다음 세대들은 이런 꼴 안 보고 살아야 한다는 것 아닙니까? 당시 우리를 너무 쉽게 데모로 내몰았던 눈앞의 현실이 상당 부분은 개선되었죠. 그 자리를 새로운 문제들이 메웠지만 말입니다.

잘 가다 길을 잃은 문민정부

1991년이 지나고 1992년 대통령 선거를 앞두게 되었습니다. 당시 김영삼 씨가 3당 합당 이후 좀 어려운 상황에 처했죠. 왜냐? 3당 합당이란 게 한 지붕 세 가족 아닙니까? 그중에서 민정계가 제일 안방을 차지했는데, 한마디로 안방을 내주기 싫다 이거였죠. 김영삼 씨가 안방을 차지하면 자기네가 문간방 신세가 될 듯싶으니까 견제할 수밖에 없었습니다. 그래서 박철언과 김영삼의 대립이 심화됩니다. 그런 이야기까지 시시콜콜하게 하기는 어렵고, 다만 김영삼 씨가 막무가내로 밀고 나갔는데 그게 먹혔습니다. 민자당이 1992년 총선에서 의석을 70석이나 잃었을 때 이 기회를 틈타 민정계가 김영삼을 인책사임시키려고 했는데 오히려 김영삼이 이긴 선거라고 선언해버렸어요. 언론도 말문이 막혔는데 민정계야 오죽했겠습니까? 이런 게 김영삼의 필살기였죠.

고스톱으로 말하자면 김영삼 씨가 일종의 '쇼당'을 걸었다고나 할까요? "나한테 대권 줄래? 아니면 내가 나가서 김대중한테 대권을 줄까? 내가 판을 깨고 나가서 김대중한테 '당신이 대통령 하쇼' 하면 김대중이 대통령 되는 거다." 이렇게 되니까 민정계에서는 어쩔 도리가 없죠. 그 대신에 민정계가 요구한 것이 내각제 합의었어요. 내각책임제로 가자. 돌아가면서 해먹자는 거죠. 그러면 김종필도 '돌림 총재'로 한 번은 하지 않겠습니까?

그런데 내각제를 하면 어때요? 김영삼은 평생 대통령 꿈을 꿔온 사람입니다. 그나마 헌법이 바뀌어 5년밖에 못해서 억울해 죽겠는데, 내각제를 하면 잘해야 2년 정도 하다가 물려줘야 하잖아요. 그러니까 "싫어, 싫어" 하고 팅기죠. 민정계는 김영삼이 내각제 합의를 깼다고 "대권 너한테 줄 수 없어" 할 처지가 아니었어요. 결국 김영삼이 대통령 후보가 되고 당선이 된 겁니다.

저는 미국에 있었습니다만, 한국에서 받아 보는 〈말〉이나 〈길〉 등 잡지를 보면 정말 전라도 분들의 좌절은 이루 말할 길이 없었어요. 지금도 기억에 남는 인터뷰 기사들이 있습니다. 술집 아가씨들이 팁으로 받은 돈을 모아서 김대중 당선되라고 몇십만 원씩 보냈는데 또 떨어졌죠. 아가씨들이 "이제 우린 어떻게 살아요?" 하고 눈물 흘리며 하소연 하는 인터뷰와 전라도 사람들끼리 자조적으로 "별수 있냐? 애 많이 낳자" 말하는 쓸쓸한 기사도 읽었습니다. 대선 패배 이후에 김대중 씨는 정계 은퇴를 선언하고, 정주영 씨도 대통령 선거에 떨어져 정계에서 은퇴했습니다.

"놀랐제?" 김영삼의 화끈한 개혁 드라이브

자, 이제 김영삼이 대통령에 취임했어요. 김영삼 정부를 '문민정부'라고 불렀죠. 노태우 때는 6공화국이라고 했지만, 우리는 5공에 물 탄 거라고 해서 5·5공화국이라고도 했습니다. 노태우의 별명이 '물 태우'였던 것도 그래요. 사람이 전두환에 비해 무르다고 해서 그렇게 부르기도 했지만 군사정권에 물 탔다는 의미도 있죠. 6공화국은 내각의 절반이 5공 때 장관을 지낸 사람들이었고 선거자금도 전두환한테 받았어요. 그러니 도대체 뭐가 다르냐, 본질은 똑같은데 좀 말랑말랑해진 것 아니냐, 그렇게 평가했습니다.

그러다 김영삼의 문민정부가 되니까 많이 헷갈렸어요. 지금도 좀 헷갈리는 문제죠. 문민정부 시절에 민주화가 된 것인지 아닌지 헷갈립니다. 제가 언젠가 한국의 민주화는 〈개그콘서트〉의 '같기도' 형 민주화라고 말씀드렸죠. 대한민국이 민주화된 것도 아니고, 안 된 것도 아니라고 할 수 있어요. 그런 측면에서 김영삼 정권은 전두환, 노태우에 비하면 엄청 민주화되었지만, 우리가 생각하는 민주화의 기준에 따르면 또 아니라고 할 수 있는 겁니다.

김영삼이 취임하고 나서 우리가 어떻게 봐야 할지 알쏭달쏭했는데 정말 재미있는 현상이 나타났어요. 김영삼의 인기가 하늘로 치솟은 겁니다. 『YS는 못 말려』라는 유머집이 30만 부나 나갔어요. 김영삼을 소재로 비슷한 유머집들 10여 종이 쏟아져 나왔는데 대부분 1만 부, 2만 부씩 팔렸습니다. 한창 때는 지지도가 90퍼센트를 넘어 서태지보다 더 높았죠. 그건 무슨 이야기냐? 김대중을 찍은 사람도 다 김영삼을 지지했다는 겁니다. 문민정부 초기에 그랬어요.

이 양반이 깜짝쇼를 많이 했습니다. 대표적으로 군대 사조직인 '하나회'를 하루아침에 날려버린 일이 있었죠. 1993년 3월 8일 육군참모총장 김진영과 기무사령관 서완수를 한꺼번에 잘라버립니다. 그날 수

하나회 숙청 D-5일

김영삼은 1993년 3월 8일, 전두환, 노태우의 군부 내 직계 사조직 하나회를 전격적으로 숙청함으로써 군의 정치 개입을 차단한다. 위 사진은 그 5일 전인 3월 3일 국방부 업무보고 후 기념촬영 모습. 김진영 육군참모총장, 구창회 3군사령관, 서완수 기무사령관, 안병호 수방사령관 등 하나회 핵심들이 예편되거나 한직으로 밀려났다.

석비서관회의에 들어가 비서관들에게 한 첫마디가 뭐였어요? "놀랐제?"였습니다. 이런 식으로 깜짝쇼를 해서 사람들을 기분 좋게 놀라게 했던 겁니다.

우리는 김영삼 씨를 전두환, 노태우하고 야합한 놈으로 치부했어요. 어떻게 광주학살의 주범하고 야합하느냐? 그렇게 부정적으로 생각했는데 김영삼이 제법 개혁을 잘하는 거예요. 처음에 하나회 날리고, 그다음에 공직자 재산을 공개하고, 금융실명제도 했죠.

특히 금융실명제를 실시하니까 어떻게 됩니까? 그때까지 우리나라에서 현금이 제일 많은 사람이 누구예요? 정주영일까요? 아닙니다. 정주영보다 몇십 배나 더 많은 현금을 가진 사람이 있었어요. 바로

'홍길동'입니다. 은행에서 차명계좌를 만들 때 가장 많이 쓰는 이름
이 홍길동이죠. 통장하고 도장만 있으면 아무나 차명 계좌를 만들 수
있었거든요. 그걸 하루아침에 바꿨습니다. 현금을 숨기지 못하게 만
든 겁니다. 물론 그래도 다 숨겼지만 어쨌든 공식적으로는 제도가 바
뀌었습니다.

사실 금융실명제는 전두환 시절에도 한 번 하려고 했어요. 언제냐
하면 이철희, 장영자 사건 났을 때입니다. 그때 전두환이 금융실명제
를 하려니까 옆에서 이럽니다. "각하, 이거 하면 나라 망합니다." "왜
망하느냐?" "이거 하면 정권 창출이 안 됩니다." "왜 안 돼?" "각하,
금융실명제를 시행하면 정치자금을 못 받습니다." 그래서 전두환이
하려다 말았는데 김영삼이 했습니다.

그런 부분에서는 확실했어요. 이외에도 안기부의 역할 축소 같은
부분을 비롯해 모든 사람이 바라던 대로 긍정적인 변화를 만들어냈습
니다.

서른넷 소통령 김현철의 등장과 멈춰선 개혁

그런데 딱 거기까지였습니다. 역시 철학이랄까, 원칙의 부재가 곧 여
러 가지 한계로 드러났습니다. 그 사례가 정권 초기 이회창 씨와의 관
계였어요. 이회창 씨는 문민정부가 출범하면서 감사원장에 임명되었
다가 1년도 안 돼 국무총리가 되었는데, 4개월 만에 잘렸죠.

이회창은 1980년대에 실력도 있고 성품도 곧아서 이미지가 좋았습
니다. 박철언의 회고록을 보면 전두환 정권이 워낙 인기가 없어서 당
시 44세의 고등법원 부장판사이던 이회창을 대법원 판사에 앉혔죠.

그때 대법원 판사로 있으면서 소수의견이지만 인권을 옹호하는 판결을 많이 했어요. 요즘 민변의 중견 변호사들이 사법시험 준비할 때 그가 쓴 소수의견을 보면서 많은 위안을 받았다고 들었습니다. 그 시절 기준으로는 좋은 역할을 많이 했습니다.

김영삼 정부가 사실은 이회창 씨를 대법원장을 시켜야 맞는데 그러기는 부담스러우니까 감사원장에 앉힌 겁니다. 이회창 씨는 감사원장 때도 대쪽으로 명성이 꽤 높았죠. 그러다 상황이 안 좋아지면서 국무총리에 앉혔어요. 총리를 시킨 것까지는 좋았는데, 이회창 씨가 얼굴마담에 그치는 기존의 총리 역할을 거부했습니다.

원래 우리나라 헌법은 초안을 만들 때 내각책임제였어요. 그걸 이승만이 몽니를 부리는 바람에 갑자기 대통령중심제로 고쳤습니다. 갑작스럽게 바꾸다 보니 헌법에 내각책임제의 요소가 여전히 많이 남게 되어서 총리의 권한이 굉장히 셉니다. 미국 같은 대통령중심제 국가는 아예 총리가 없지요. 우리나라는 총리가 있고, 헌법상의 권한도 상당했지만 실제로는 거의 허수아비였어요. 대독 총리라고 하죠. 대통령 축사나 기념사를 대독하는 사람. 그걸 제일 잘한 사람이 박정희 시절의 최규하예요.

이회창 씨는 헌법에 나온 총리의 권한을 그대로 행사하겠다고 했어요. 대독 총리는 안 하겠다는 거죠. "우선 안보장관회의부터 총리한테 보고하시오" 그랬어요. 헌법에 총리의 권한으로 되어 있는 항목이거든요. 그걸 행사했더니 청와대에서 바로 날려버렸습니다. 이회창을 총리 자리에 앉힌 지 127일 만인 1994년 4월의 일입니다. 김영삼 정권이 출범하고 1년 조금 지난 뒤인데, 김영삼 정권은 거기서부터 삐거덕거리기 시작했습니다. 그것이 나중에 곪아 터진 게 아들 문제였죠.

김영삼이 늘 하던 이야기가 있어요. "정치인이 머리는 빌릴 수 있다. 그런데 건강은 빌릴 수 없다." 김영삼이 만날 조깅하고 수영했습니다. 정치인이 건강을 빌릴 수 없다는 말은 맞습니다. 머리는 빌릴 수 있다는 말도 맞습니다. 그런데 김영삼 씨를 보면서 제가 깨달은 건데요. 어떤 놈 머리를 빌릴까 잘 판단할 수 있을 정도의 자기 머리는 있어야죠. 빌린 머리가 하필이면 아들의 머리였잖아요. 김현철이 국정의 중심으로 등장하면서 김영삼 정권은 결정적으로 망하기 시작했습니다.

김현철 씨가 제 또래입니다. 그 당시 서른네 살짜리 대학원생이 대한민국의 소통령이 되었어요. 안기부 보고서, 청와대 비서실장 보고서까지 다 김현철의 책상으로 올라가고, 김현철이 인사를 다 했습니다. 뭐, 이러니까 세상이 엉망진창이 됐죠.

김영삼이라는 분은 지나놓고 보니까 굉장히 권위적이고 즉흥적이며 감정적입니다. 민주투사를 자처했지만 그가 왜 민주주의의 편에 섰느냐, 집권에 유리하기 때문이었어요. 결코 민주주의를 자신의 내재적인 가치로 추구했던 것은 아니었습니다.

가치로서 민주주의를 추구한 사람은 우리나라에 거의 없다고 보아도 됩니다. 다들 민주주의를 도구로, 수단으로 삼았죠. 김영삼은 특히 심했습니다. 박정희하고 싸우면서 성장했지만 역시 박정희 식의 1인 지배체제를 선택했어요. 어떤 점에서는 김대중 역시 그런 부분을 극복 못했죠. 이른바 가신 정치라고 하잖아요. '가신'이란 게 뭡니까? 봉건시대에 영주가 자기 집에서 부리던 측근이 가신 아닙니까? 상도 동계나 동교동계는 박정희와 전두환 같은 군사독재 시대를 겪었기 때문에 나온, 그 시대가 낳은 부작용이었죠. 민주화운동 진영조차 권위주의의 지배를 피할 수 없었습니다.

김영삼 시대에 나타난 중요한 변화는 민중진영과 시민진영의 분리입니다. 1987년 6월 항쟁 때는 민중진영과 시민진영이 모두 한 덩어리가 되었잖아요. 그래서 한 달 내내 항쟁을 밀고 나갈 힘이 있었는데, 이제 이들이 나뉘었어요. 심지어 광주학살의 주역과 손을 잡고 "집권을 위해서라면 한 살림을 차리겠다"는 사람들까지 나오죠. 그렇게 해서 정권을 잡았잖아요.

민중진영에서는 1987년 6월 항쟁과 7, 8, 9월 노동자 투쟁을 거치면서 대기업 노동조합하고 전노협이 만들어졌어요. 전노협은 민주노총으로 확대되고, 전교조는 1천 500명이 해직을 당하면서도 꿋꿋하게 싸웠습니다.

이런 식의 급진운동이 생겨나면서 중산층은 불안해집니다. 중산층은 군사독재를 지지하지는 않지만 그렇다고 노동운동에 대해 잘한다고 박수칠 마음은 없는 사람들이에요. 이들을 대변하면서 민중운동과 거리를 두는 운동진영이 형성되는데 맨 처음 나온 것이 경실련입니다. 경실련이 적극적으로 시민운동이라는 새로운 영역을 열기 시작했습니다. 이들은 "열심히 싸울수록 시민들로부터 지탄받을 뿐인 노동자들의 구태의연한 투쟁 전술"을 자근자근 씹어댔지요. "이제 우리 사회도 민주화되었다. 투쟁 일변도의 무모하고 무식한 운동 대신 정책과 전문성에 기반을 두고 우리 사회의 구체적인 발전을 도모해야 한다"고 주장했습니다. 〈조선일보〉 같은 수구 언론에서는 열광했지요. 경실련 등 초기의 시민운동이 노동운동과 같은 우리 사회의 근본적인 변혁을 추구하는 급진운동을 신랄하게 비판했으니까요. 계급성이 거세된 시민운동의 권력 감시나 비판은 기득권 세력의 입장에서 그다지 위험하지 않았던 겁니다. 오히려 중산층 입장의 시민운동이 노동운동을 까대는 편이 훨씬 더 반가웠죠. 저도 시민운동단체에 몸 담고 있습니다만, 이런 입장은 참 위험한 것이었습니다. 그 당시 이 입장을 강하게 밀고 나갔던 사람들은 계속 시민운동에 남아 있기보다 그 경력을 바탕으로 김영삼 정권이나 이명박 정권의 요직에 진출하거나, 서경석 목사처럼 뉴라이트가 돼버렸잖아요.

하종강 선생이 언젠가 하신 말씀인데, "계급투쟁으로서의 노동운동은 여전히 우리 사회에 필요하다, 시민운동과 차별성을 갖는 노동운동이 지금 이 시대에도 여전히 중요하다"고 했거든요. 저는 일을 하면 할수록 그 말을 절감하게 됩니다. 시민운동을 하는 사람들이 가슴에 새겨야 할 말이죠. 시민운동이 민중운동과의 차별성을 전제하고 민중운동이 하지 못하는, 또는 할 수 없는 영역의 일을 개발하고 민중운동이 포괄할 수 없는 중산층 등을 깨어 있는 시민으로 각성시키고 참여하도록 하는 일은 대단히 중요합니다. 단, 서로 존중해야 하지요.

북핵 위기가 기회로, 남북정상회담을 목전에 두다

김영삼 대통령의 취임사 중에 아주 중요한 구절이 있습니다. "어느 동맹국도 민족보다 더 나을 수는 없습니다. 어떤 이념이나 사상도 민족보다 더 큰 행복을 가져다주지 못합니다." 이런 소리를 김대중이나 노무현이 했다면 어떻게 되겠습니까? 빨갱이 놈이라며 아주 난리가 났겠죠? 그래도 김영삼이니까 그런 말을 할 수 있었던 겁니다.

문민정부 시절 남북 관계의 출발이 좋았습니다. 당시 이인모 선생이라고 비전향 장기수가 있었어요. 김일성의 삼촌이 일제 때 풍산군 파발리의 주재소를 습격한 뒤 일장 연설을 했는데 이분이 어릴 때 그 연설을 직접 들었대요. 게다가 김일성이 조직한 조국광복회와 간접적으로 연결되어 있는 분이었고요. 북쪽에서는 비전향 장기수 문제에 관심이 많았지만 특히 이분에 대한 관심은 각별했습니다. 김영삼이 대통령에 취임하자마자 그분을 북으로 송환했습니다. 이렇게 처음 출발은 좋았는데, 점차 개혁이 좌절되면서 김영삼이 흔들리기 시작합니다.

1990년 초반에 북핵 위기가 시작됩니다. 북핵 문제는 좀 더 거슬러 올라가야 하는데요. 1980년대에 북한에 핵이 있었습니까? 없었죠. 남한에는 있었습니다. 얼마나 있었어요? 지금 북한에 핵무기가 세 발 있다, 다섯 발 있다, 그러죠. 당시 남한에는 적을 때 600발, 많을 때는 1천 200발 정도의 미군 핵무기가 있었습니다.

그 핵무기들이 북한을 겨냥한 것은 아니죠. 소련을 겨냥했습니다. 우리는 그걸 핵우산이라고 했지만 사실은 어때요? 미국에 핵기지를 제공했기 때문에 오히려 우리 남한이 소련 핵무기의 공격 목표가 되었습니다. 그런데 소련이 무너지고 동서 냉전이 끝나면서 아버지 부시가 한반도에서 핵무기를 빼기 시작했죠.

그런 상황에서 북한의 핵개발 의혹이 제기됩니다. 핵무기는 효과 대비 비용이 참 저렴하죠. 한 방 갖춰놓으면, 이걸로 내가 누굴 치지는 못하더라도 누가 날 칠 때 같이 죽겠다고 하는 겁니다. 북한 입장에서는 동구가 무너지고 경제난까지 겹치는 상황에서 군사비 부담이 점점 커지잖아요. 비싼 첨단 무기를 계속 구비해서 쓸 수가 없단 말이에요. 그래서 핵에 자꾸 집착하게 됩니다.

카터와 김일성 회담
1994년 지미 카터 전 미국 대통령이 김일성과 만나 핵동결 약속을 받고 함께 서해갑문을 둘러보고 있다. 북한 폭격 직전까지 몰고 갔던 1차 북핵 위기를 대화 국면으로 바꾼 역사적 만남이었다.

입장을 바꿔놓고 생각해봅시다. 가령 소련과 동구권이 아니라 미국을 비롯한 서방이 무너졌다고 생각해보세요. 이쪽은 우리나라만 남았다고 가정하면 소련을 등에 업은 이북과 대치하는 상황이 얼마나 두렵겠습니까? 이북은 굉장히 움츠러들었어요. 동구가 갑자기 무너져버렸는데 이북이라고 안 무너진다는 보장이 있습니까? 그래서 잔뜩 움츠러든 상태인데 미국이 자꾸 핵무기 운운하니까 NPT도 탈퇴하고, 미국과 외교적으로 대결 국면을 벌이다가 1994년 전쟁 직전 상황까지 갔습니다.

그때가 부시가 아닌 클린턴 대통령 시절이었어요. 미국 역사에서 보면 공화당이 매파인 것 같지만 실제 전쟁은 민주당이 더 많이 시작했습니다. 참 아이러니인데, 클린턴 행정부가 북한의 영변 핵기지를 폭격하려고 만반의 준비를 마친 상황에서 카터 전 대통령을 마지막 카드로 보냈습니다. 협상이 결렬되면 카터가 탄 비행기가 북한 영공을 벗어나는 순간 바로 북폭을 한다는 시나리오가 준비되어 있었다고 해요.

이북도 독하게 나왔어요. 서울 불바다 발언도 이때 했습니다. 남북 회담을 하면서 북쪽 대표가 "우리는 가만히 있을 줄 알아? 여기서 서울이 멀지 않습니다" 그랬어요. 국가를 대표하는 회담에서 할 이야기가 아니죠. 아마 작전이었던 것 같아요. 이북이 늘 하는 말이 있어요. "우리는 전쟁을 원하지 않지만 피하지도 않는다." "그래, 칠 테면 쳐봐. 우리도 수십 년간 전쟁을 준비해왔다."

이북이 버티는 힘이 무엇입니까? 이북이 미국하고 싸워서 이기겠습니까? "지는 건 알지만 나를 건드리면 너도 다리 하나 뗄 각오를 해라. 평생 기어 다닐 각오가 되어 있으면 날 건드려봐." 이런 입장인데 어떤 놈이 건드리겠습니까? 약한 나라가 큰 나라하고 싸울 때 깡 없으면 어떻게 싸우겠습니까? 그거 하나로 버티는 거죠.

또 하나, 농반진반으로 한반도 최대의 전쟁 억지력이 뭔지 아세요? 여러분은 서울의 교통체증을 고마워해야 합니다. 서울의 교통체증이 한반도 최대의 전쟁 억지력이에요. 미국이 아무리 시뮬레이션을 돌려봐도 전쟁이 발발했을 때 서울에 있는 미국인들을 안전하게 소개(疏開)할 방법이 없어요. 개전하자마자 미국인 몇만 명이 사망한다는 시나리오가 나오는 거죠. 서울에 미국인이 몇만 명 있잖아요. 그래서 미국도 이북을 함부로 못 치는 겁니다.

그럼에도 1994년에 전쟁 직전까지 갔죠. 김일성이 카터에게 말합니다. "우리는 핵무기를 절대화하는 것이 아니다. 이러이러한 조건이 보장되면 핵을 해제할 수 있다." 뭡니까? 쉽게 이야기해서 이북 핵을 미국이 비싸게 사주면 됩니다. 핵을 사주고 그 대신 앞으로 친하게 지내자. 김일성이 요구한 건 그거였어요. 카터도 들어보니까 말이 되거든요. 거래가 충분히 되겠다는 거예요. 그래서 카터가 클린턴한테 "대화로 풀 수 있는 문제 같다" 그랬습니다.

말단들끼리가 아니라 전현직 최고지도자급에서 이야기하니까 확 풀려버리지 않았습니까. 그래? 그러면 전쟁 스톱. 그렇게 되었습니다. 그리고 카터와 김일성이 합의하길, 내친김에 남북정상회담도 하자. 어차피 한반도 문제를 풀려면 한국과 미국 모두 패키지로 풀어야하지 않냐 해서 남북정상회담까지 합의가 되었습니다.

전쟁 일보 직전의 상황에서 평화적인 대화로 극적인 전환을 이루는 동안 김영삼 정부는 계속 왔다 갔다 했습니다. 정책이 열일곱 번인가 열여덟 번인가 바뀌었다고 그래요. 왜 일관성이 없느냐 했는데, 가만히 보니까 일관성이 있더라고요. 자기 존재를 인정해달라는 것이 김영삼 정부의 일관된 목표였어요. 그래서 미국과 이북이 싸울 듯싶으면 말리고, 친해질 듯싶으면 이북 나쁜 놈이라고 투정을 부리면서 계속 왔다 갔다 한 겁니다. 인정투쟁이라고나 할까요?

왜 조문 대신 전군 비상을 걸었을까?

하늘이 무심하다는 건 이런 경우를 두고 하는 말이겠죠. 남북정상회담을 3주 정도 남겨놓은 시점인 1994년 7월 9일 김일성 주석이 갑자기 세상을 떠났습니다. 당시 김영삼이 진짜 제대로 된 머리를 빌렸다면 상황을 잘 넘겼을 겁니다. 하지만 최악의 반응을 보였죠.

김일성이 죽었어요. 그것도 남북정상회담 날짜까지 받아놨는데 말이에요. 당연히 김정일에게 조의를 표했어야죠. 김영삼 입장에서도 어차피 앞으로 정상회담을 할 거라면 김정일과 해야 하지 않습니까? 국가로 치면 전임 국가주석에 대한 예의이고 개인으로 치면 그 아버지의 장례잖아요. 조문부터 해야 하는데 김영삼은 전군에 비상을 걸었습니다.

제가 보기에는 옛날에 만들어놓은 매뉴얼대로 한 것 같아요. 아마도 실미도 부대가 조직되면서 만든 매뉴얼이 아닐까 싶어요. 가령 실미도 부대가 북파되어 김일성을 죽이고 나면 그다음에 어떻게 되겠어요? 이북이 보복을 할 테니 국지전이든 뭐든 전쟁이 터지겠죠. 그래서 김일성이 죽으면 무조건 전군 비상사태를 거는 거죠. 김일성이 그렇게 죽었다면 당연히 비상이겠죠. 하지만 자연사하지 않았습니까? 더군다나 정상회담까지 하기로 한 상황이었잖아요. 또 김일성이 죽은 뒤에 북한 체제가 요동치고 혼란이 오면 경계해야겠지만 이북의 후계 구도는 이미 정해진 상황이거든요.

남쪽 정보기관은 북쪽의 후계 구도가 어떻게 될지 뻔히 알잖아요? 안 봐도 비디오 아닙니까? 세상의 어떤 나라가 후계자 자리를 3년이나 비워놨다가 삼년상을 치른 다음 그 자리에 앉겠어요? 김일성이 죽은 다음에 북에는 더 이상 주석이 없습니다. 이북 입장에서 주석은 오로지 김일성 한 사람뿐이죠. 그래서 국방위원장이라는 대체 자리를 만들어 놓을 만큼 이북의 후계 구도는 탄탄합니다. 이미 수십 년 전부터 구축해놨어요.

많은 사람이 이북의 세습 구도를 비판하지요. 저도 세습 구도에 대해 매우 불편한 마음을 갖고 있고요. 그런데 세습 문제를 손가락질만 하고 있는 것은 지적으로 아주 게으른 태도라고 생각합니다. 소련이나 중국이나 많은 공산국가가 후계 구도 때문에 곤욕을 치렀잖아요. 이북은 굉장히 오랫동안 나름대로 후계자 문제에 대비해왔습니다. 그 과정에서 근 20년 동안 김일성과 김정일이 권력을 공유했습니다. 부자 간의 공동 통치, 이거 역사상 유례가 없는 일이거든요. 콩 반쪽은 나눠 먹어도 부자지간에도 권력은 나눠 먹을 수 없다고 하잖아요? 우리 역사에 사도세자의 비극 같은 일도 있었고요. 이북에선 어떻게 부자 간에 하루 이틀도 아니고 20년 동안 부자의 권력 통치가 가능했는지 참으로 연구 대상입니다.

어쨌든 북한의 후계 구도는 오래전에 결정이 난 상황이고, 언젠가 김정일과 정상회담을 해야 한다면 조문 프로그램을 가동해야 할 거 아닙니까? 우리 정부는 조문 대신 전군에 비상을 걸었습니다. 통일운동 하는 사람이나 정치인이 조문하겠다는 것도 잡아 가뒀습니다. 일부 대학가에도 분향소가 설치되었어요. 물론 한국 정서에 안 맞을지도 모르죠. 하지만 이왕에 분향소를 설치했으니 모른 척 우물우물 넘어갔으면 되는데 그 분향소마저 때려 부수었어요.

김일성 사망 당시에 보여준 김영삼 정권의 행태는 남북대화의 역사에서 가장 바보 같은, 아니 단순한 바보짓이 아니라 반역이라고 부르는 편이 나을 거예요. 우리 역사를 뒤로 돌린 것입니다. 김영삼은 먼저 대통령이 되었으면서도 계속 김대중에 대한 콤플렉스를 씻지 못했습니다. 자신이 하지 못한 남북정상회담을 김대중이 해버렸잖아요. 다른 것보다도 그 박탈감이 컸던 것 같아요.

제가 미국에서 공부할 때 워싱턴 대학교에 이북 사람들이 와서 연설을 한 적이 있어요. 북핵 문제가 계속 파도를 타고 있을 즈음 북한 대표단이 미국을 돌았습니다. 그 사람들이 농담을 해가면서 능수능란하게 말을 잘하더라고요. 다 끝나고 제가 질문했어요. "정상회담 안할 거냐? 남북관계 풀어야 하지 않느냐? 당신들 입장이 무엇이냐? 미국 땅에서 이럴 게 아니라, 어떻게 하면 남쪽과 대화를 하겠느냐?" 그랬더니 이 사람이 딱 굳어진 표정으로 정색하면서 한마디 합니다. "조선 속담에 '천하에 불망나니는 상가 앞에서 춤추는 놈'이라고 했습니다. 상가 앞에서 춤추는 놈하고는 상종할 수 없습니다." 정말 찬 바람이 불더라고요.

반면 미국은 클린턴이 조의를 표했습니다. 미국 보수층에서 뭐라니까 클린턴이 씩 웃으면서 한마디 했죠. "That's diplomacy(그런 게 외교야)."

우리는 박홍을 비롯한 보수파가 들고 일어나서 6·25 전범 어쩌고저쩌고 하면서, 김일성 조문하자는 놈들은 다 빨갱이라고 잡아들였어요. 그렇게 남북관계는 완전히 깨졌고, 1994년에 예정되었던 남북정상회담은 6년 뒤에야 이루어졌죠.

김영삼 대통령이 물러날 때 무슨 일이 있었습니까? IMF 위기가 터졌죠. 외환위기가 터졌어요. 김영삼이 당선되고 나서 처음 몇 달 동안 일하는 걸 보고 사람들이 다 좋아했어요. 대통령의 인기가 하늘을 찔렀습니다. 그러다 개혁이 좌절되면서 인기가 떨어지기 시작하고, 김현철 스캔들도 나고, 결국 국가 부도사태를 맞이하게 됩니다.

우리 손으로 대통령을 뽑게 되어서 좋아했는데 결국 신자유주의를 받아들이더니 어떻게 됐어요? 외환위기가 닥쳤죠.

개혁정책을 펼 때 김영삼은 김대중을 찍었던 사람들까지 포함해 전국민의 압도적인 지지를 받았죠. 그런데 개혁이 표류하면서 국민들의 절망이 깊어졌습니다. 부산에 갔더니 쓰레기통에 "이 손으로 찍었어" 하고 잘라버린 손가락이 잔뜩 버려져 있더라는 이야기가 돌더니, 몇 달 후에는 "내가 눈이 삐었지" 하고 파내버린 눈알이 가득하더라는 유머라기에는 섬뜩한 이야기가 돌았습니다. 전두환 시절에는 저놈만 몰아내면 뭔가 될 거다 하는 좀 단순하지만 희망이 가득했는데, 민주화운동을 했다는 김영삼이 대통령이 되었어도 세상이 이 모양이니까 어떻게 해야 하나 하는 절망이 깊어진 겁니다. 그 절망을 자양분으로 해서 죽었던 박정희가 되살아나게 되죠. 김영삼이 퇴임할 때 마지막으로 나온 쓸쓸한 농담이 있어요. "김영삼의 최대 업적은 남북한의 소득 격차를 획기적으로 줄인 것이다." 그렇게 쓸쓸하게 김영삼 시대가 마무리되었습니다.

여름에 진 인동초, 김대중

행동하는 양심의 마지막 불꽃

4

독재에 맞선
젊은 정치

오늘은 여러분께 "안녕하십니까?"라는 인사를 드리는 것이 적절하지 않은 듯합니다. 바로 오늘 2009년 8월 18일 오후 1시 43분 대한민국 민주화의, 그리고 역사의 거목이었던 김대중 전 대통령이 서거했습니다. 잃고 싶지 않은 두 분을 석 달 사이에 한꺼번에 잃었습니다. 너무나도 가슴 아픈 현대사의 한 장면이 아닐 수 없습니다. 노무현 대통령이 돌아가시고 추모 강연을 많이 다녔는데, 불과 몇 달 만에 또 김대중 대통령의 추모 강연을 하게 되리라고는 상상도 못했습니다. 오늘은 '여름에 진 인동초(忍冬草)'라는 제목으로 김대중 대통령 추모 특강을 하도록 하겠습니다.

김대중 대통령은 1924년 하의도에서 출생했습니다. 그 시절에 태어난 분들이 대부분 나이가 좀 왔다 갔다 합니다. 호적 문제도 있지만, 특히 일본의 강제 징용 때문에 더 그렇습니다. 전남 신안군 하의도는 바로 옆의 암태도와 더불어 1920년데 일제히에서 소작쟁의가 벌어졌던 대표적인 곳입니다. 김대중 대통령은 소작농의 아들로 태어났지요. 아마 하의도에서 보낸 어린 시절의 기억과 느낌이 삶의 전반에 영향을 미치지 않았을까 생각합니다.

김대중 대통령은 1944년 목포상고를 졸업했어요. 그 시절 목포상고는 전남 일대의 가난한 집 수재들이 많이 가던 학교였습니다. 목포상고를 졸업한 뒤 징병을 피하기 위해 해운회사에 들어갔습니다. 어차피 해운회사의 배는 해군들이 징발해 쓰고 있었기 때문에 해운회사에 다니면 군대에 끌려가지 않아도 되었죠.

김대중 빨갱이론의 씨앗

일제가 1945년 패망했는데, 아마도 그해에 한국인들이 가장 빠른 신분 상승을 경험했을 겁니다. 국립도서관에서 사환에 가까운 직위이던 사람이 국립도서관의 관리책임자가 되기도 했으니까요. 김대중 대통령도 해운회사에 들어간 지 1년여 만에 관리자가 되었고, 해운회사를 기반으로 언론사까지 경영했습니다. 그래서 일찍이 지역사회에서 두각을 나타냈고, 목포 출신 청년 실업인으로서 목포 건국준비위원회에도 참가했습니다.

그 무렵 김대중 대통령은 조선신민당에 가입했습니다. 조선신민당은 백남운 선생이 만든 정당으로, 이분은 1930년대에 한국 경제사를 유물사관에 입각해 정리한 경제학자입니다. 조선신민당은 원래 중국 연안에서 활동한 조선독립동맹, 일명 '연안파'가 북쪽으로 귀국해 조선신민당으로 개명한 거죠. 그 남쪽 파트너로서 백남운 선생이 남조선신민당을 만들고 지도자가 된 겁니다. 해방 직후 백남운 선생이 쓴

『조선 민족의 진로』라는 조그만 팸플릿은 아주 널리 읽혔습니다.

조선신민당은 지금으로 치자면 진보정당입니다. 그런데 김대중 씨가 입당한 후에 조선신민당, 조선인민당, 조선공산당, 이렇게 세 당이 합쳐 그 유명한 남조선노동당이 되었습니다. 그때는 이 남로당도 합법 정당이었어요. 청년 김대중이 뒤에 남로당에 흡수되는 남조선신민당에서 잠시 활동한건데, 이게 두고두고 "김대중은 빨갱이다"라는 말의 씨가 됩니다.

당시 건국준비위원회도 중도적인 색채였고 조선신민당도 중도에 가까운 진보적 민족주의자들을 끌어안기 위한 정당이었어요. 합당을 한 조선신민당, 조선인민당, 조선노동당 등 좌파 3당 중에서도 가장 중도적인 당이었어요. 김대중 대통령은 그 당에 오래 있지도 않았습니다. 이분이 결혼을 두 번 했는데 첫 번째 결혼한 차용애 여사의 친정집이 목포에서 한민당의 주요 지도 간부 집안이었습니다. 그런 인연으로 좌파 정당 생활을 정리했죠. 더군다나 본인이 기업체를 운영하니까 아무래도 맞지 않았겠죠. 그렇게 정리하고 나왔는데 나중까지 두고두고 꼬리표가 따라 붙은 겁니다.

사실 한국전쟁에서 인민군이 목포를 점령했을 때 김대중 씨는 공산계열에게 우익 반동으로 몰려서 거의 죽을 뻔했다가 구사일생으로 살아났습니다. 그런저런 경험으로 일찍 정치에 뜻을 둔 것 같아요.

김대중 씨는 서른 살 전후한 젊은 나이로 정치에 도전해서 제3대와 제4대 국회의원 선거에 나갔지만 두 번 다 떨어졌죠. 이분이 언제 처음으로 '배지'를 달았다고 해야 할까요? 우리가 흔히 하는 표현으로 국회의원에 당선된 것을 '배지를 달았다'고 하지 않습니까. 1960년 4·19가 일어나고 그해 제5대 국회의원 선거가 있었는데 거기서도 떨어졌어요. 다음 해인 1961년 보궐선거에서 당선이 됐습니다. 보궐선거 날짜가 5월 14일입니다. 바로 다음다음 날 5·16 군사쿠데타가 일어났잖아요. "야, 당선됐다. 만세!" 하자마자 끝난 거죠. 국회가 해산되어 국회에 가서 '선서' 조차 못했어요.

그래도 김대중 대통령이 6선 의원입니다. 하루 국회의원이지만 제5대 보궐선거에서 당선된 것까지 치면 5대, 6대, 7대, 8대, 12대, 13대 국회의원을 역임했어요. 9대, 10대, 11대 국회는 공백기고 12대에서 다시 국회에 진출했죠.

김대중과 박정희, 만약 그때 만났다면

참 인연이 희한한 게 김대중 씨가 1958년 제4대 국회의원 선거 때 강원도 인제에서 출마했거든요. 그때만 해도 지방색이나 연고주의가 약했기 때문에 정치인들이 지역을 이리저리 옮겨 가면서 출마했어요. 김대중 씨도 별 연고가 없는 강원도 인제에서 출마했는데 이때 자유당이 압박해 선거 등록을 무효화했어요. 청년 김대중이 분해서 군의 도움을 요청할 생각으로 5사단장을 찾아갔습니다. 강원도에서는 군의 힘이 세잖아요. 마침 사단장이 출장 중이어서 못 만났습니다. 그 사단장이 누구냐? 바로 박정희였습니다.

혹시 김대중과 박정희가 그때 만났다면 우리 역사가 좀 다른 길로 갈 수도 있었을까요? 그때 두 사람이 인연을 맺었다면 박정희가 민주공화당을 창당할 때 김대중을 불렀을지도 모르고, 아니면 나중에 정치를 하면서 그런 악연이 되지는 않을 수도 있었겠죠. 김대중 대통령도 어떤 자리에서 그렇게 회고한 적이 있습니다.

하여튼 국회의원에 당선되었다가 쿠데타로 무산된 다음에 이희호 여사하고 재혼했죠. 김대중 대통령의 세 아들 중 장남 홍일 씨와 차남 홍업 씨는 차씨 부인 소생이고, 막내 홍걸 씨는 이희호 여사의 소생입니다.

김대중 씨가 결혼한 때가 1962년이었는데, 군정 치하라서 굉장히 불안했어요. 결혼 전에도 한 번 잡혀갔다 왔고, 결혼식 올리자마자 6일 만인가 이주당(二主黨) 사건에 연루되어 또 잡혀갔습니다. 그래도 이희호 여사와 결혼한 뒤부터 생활이 많이 안정되었습니다.

두 분의 결혼은 당시에 상당히 화제가 되었습니다. 쉽게 이야기해서 김대중 대통령은 상고 출신으로 가방끈이 짧은 반면, 이희호 여사는 미국 유학까지 다녀온 신여성이었습니다. 그 연배에 미국 유학을 다녀온 여성은 많지 않죠. YWCA에서 총무이사로 활동하는 등 사회 활동도 많이 했습니다. 엘리트 여성과 고졸 출신 청년 정치인의 결혼이었어요. 이희호 여사 주변에선 죄다 반대했다고 합니다.

김대중 대통령이 제6대, 7대 국회에서 맹활약을 했습니다. 야당 대변인을 했는데, 아마 한국 야당사에서 가장 뛰어난 대변인으로 기억될 겁니다. 김대중이라는 이름 석 자가 정치부 기자들 사이에 알려지게 된 계기가 1964년 한일국교 무렵인데요. 정치판이 여러 가지 사안으로 엎치락뒤치락하면서 굉장히 복잡했습니다. 그중에도 정부에서 야당 국회의원인 김준연을 구속하려고 했는데, 국회의원을 구속하려면 구속결의안을 채택해야 하거든요. 여당이 강행하려고 드니까 김대중 씨가 야당 의원으로서 '합법적인 의사진행방해'에 나섰습니다. '필리버스터(filibuster)'라고 하죠? 지금은 국회법으로 금지했습니다만 그때는 허용되었어요. 국회 본회의장에서 마이크를 잡고 물 한 모

김대중, 이희호 결혼식
고졸 정치인 김대중과 미국 유학생 출신 이희호의 결혼은 당시에도 화제가 되었다. 결혼식을 올린
1962년 당시 김대중은 5·16 쿠데타로 국회의원 당선 사흘 만에 자격을 상실한 뒤 수사기관에 불려
다니는 와중이었다.

금 마시지 않은 채 5시간 20분을 떠들었습니다. 우리나라 의회사의
전설이죠. 원고도 없이 갑자기 뛰어나가서 5시간 20분 동안 의사진행
발언을 했답니다. 그것도 굉장히 재미있게 했다고 해요. 그래서 김대
중 하면 말 잘한다 하는 소문이 퍼진 겁니다. 여당에서는 1시간도 못
버틸 거라고 얕잡아 봤다가 된통 당했죠.

　김대중 씨는 뛰어난 정보력을 바탕으로 중앙정보부를 공격하는 연
설도 많이 했습니다. 그 시절 중앙정보부는 김형욱이 부장으로 있으
면서 온갖 악행을 저지를 때인데 그걸 날카롭게 비판한 분이 김대중
의원입니다.

1967년 제7대 국회의원 선거 때 재미있는 일화가 있어요. 박정희가 김대중을 낙선시키기 위해 목포에서 국무회의를 열었죠. 선거에서 김대중과 붙은 김병삼을 지원하기 위해서요. 백범 김구 선생이 안두희의 총에 맞아 돌아가셨을 당시 헌병이었던 김병삼은 수사 지휘를 위해 현장에 출동한 검사에게 총을 겨눠 그쪽 동네에서 출세한 사람이죠. 역사상 유례가 없는 지방 국무회의까지 열어가며 김대중을 낙선시키기 위해 노력했지만 김대중은 당당히 당선되었죠.

　　김대중은 대변인이던 시절을 빼면 야당에서 당직을 많이 못했어요. 일본하고 비슷한 시스템인데 조직을 관장하는 사무총장, 원내 활동을 관장하는 원내총무, 당의 정책을 입안하는 정책위의장이라는 체계가 오늘날까지 한국 정당들이 유지하고 있는 당 3역 체제입니다. 김대중 씨는 당 3역을 못 거쳤어요. 1968년 신민당 원내총무 자리를 놓고 경선을 벌였는데 김영삼 씨한테 졌죠. 그게 김대중과 김영삼이 벌인 첫 대결이었습니다.

40대 기수론의 최종 승자

1969년에 3선 개헌이 있었습니다. 박정희가 1961년 쿠데타를 일으키고 군정을 실시했다가 1963년 민정이양을 하고 대선에 출마했죠. 1963년 대통령 선거에서 윤보선과 붙었는데 박정희가 15만 표 차이로 간신히 이겼어요. 1967년 대선에서 다시 윤보선과 붙었을 때는 박정희가 큰 표 차이로 이겼습니다. 그 당시 대통령 중임제로 대통령을 두 번밖에 할 수 없었습니다. 대통령을 더 하고 싶었던 박정희가 1969년에 3선 개헌을 한 거죠. 당연히 야당인 신민당은 결사반대했고

1971년 대선이 굉장히 중요해졌어요.

그런데 신민당 유진오 총재가 선거를 대비하던 중 갑자기 뇌일혈로 쓰러졌어요. 중풍으로 병원에서 장기요양을 취해야 할 처지가 되었습니다. 당내에서 차기 대통령 후보로 당연시되던 유진오 당수가 갑자기 쓰러지자 야당은 엄청난 혼란에 빠졌어요.

한국 야당사가 참 불행합니다. 1956년 선거에서는 신익희 후보가 갑자기 죽었죠. 그다음에 조봉암 씨가 뛰면서 부상을 하니까 이승만이 죽여버렸잖아요. 올해가 꼭 50주기 되는 해입니다. 1960년 선거에서는 조병옥 후보가 덜컥 죽었죠. 1971년 선거를 앞두고는 야당에서 유진오 신민당 총재가 대통령 후보로 나설 예정이었습니다. 1966년 민중당과 신한당이 합쳐 신민당이 만들어졌을 때 신한당 출신인 윤보선 씨가 대통령 후보로 나왔죠. 그래서 그 다음 번에는 유 총재가 나서기로 이미 야당 내에서 합의가 되어 있었는데 갑자기 쓰러진 것이죠. 유진오 당수가 쓰러지고 나서 신민당의 당권을 쥔 사람은 유진산입니다. 해방 후에 대동청년단 단장도 지낸 우익의 거물인 유진산은 뭐랄까, 좋게 이야기하면 내각책임제에서 총리는 할 수 있어도 대통령으로는 좀 부적절한 사람입니다. 야당의 선명성을 강조하던 시기였는데 유진산의 별명이 '사쿠라'였어요. 그것도 왕사쿠라. 낮에는 야당, 밤에는 여당 노릇을 한 거죠. 이미지가 안 좋았습니다. 조직 관리는 잘했지만 이미지가 안 좋으니까 도저히 대통령 후보로 내세울 수 없죠. 유진산 씨 본인도 잘 알고 있었어요.

그래서 뒤에서 조종할 수 있는 사람을 대통령 후보로 내세우려 했고, 맨 처음 치고 나간 사람이 김영삼 씨였습니다. 김영삼 씨가 40대 기수론을 제창했어요. 그때가 1969년인데 김영삼 씨 나이가 마흔셋이

었습니다. 거기에 호응해서 마흔여섯인 김대중 씨도 40대 기수론에 동참했고, 이철승 씨도 끼어들었습니다. 이철승 씨는 한국 나이로 쉰이었습니다. 만으로 치면 40대였죠. 그렇게 야당에서 3명이 40대 기수론의 깃발을 들고 나왔습니다.

이렇게 되니까 유진산이 굉장히 당황하고 불쾌해하면서 한마디 했죠. "구상유취"라고요. 젖비린내 나는 것들이 까분다는 의미인데, 유진산은 60대였거든요. 김대중 씨가 반박하면서 강력하게 주장했습니다. "보수적인 천주교에서도 40대인 김수환 주교를 추기경으로 선임하지 않았냐? 김수환 주교가 40대에 추기경이 되어 천주교에 새바람을 일으키는데 야당도 그래야 하지 않느냐? 야당도 쇄신해야 한다." 그래서 40대 기수론이 하나의 바람이 되었습니다.

그 당시 박정희 씨가 쉰다섯 살이었죠. 1967년 선거에서 완패한 원인 중 하나가 윤보선 후보는 일흔한 살이고, 박정희는 쉰한 살이었던 까닭도 있거든요. 노쇠한 윤보선과 젊은 박정희가 붙었단 말이에요. 그렇게 되어서 야당이 확 밀렸으니까 우리도 젊은 후보를 내자, 박정희보다 더 젊은 후보를 내자, 라는 주장이 나온 것이죠. 그게 먹혀들어 갔어요.

나중에 야당사를 살펴보겠지만 오늘은 특집 강연이니까 먼저 예습을 좀 하십시다.

한국 야당 역사의 시작은 보통 한국민주당부터라고 봅니다. 보수야당으로 시작했고, 그게 50년대에 들어서 민국당을 거쳐 민주당으로 다시 재편이 됩니다. 한국민주당부터 출발한 사람을 민주당 구파, 민주당을 만들 때 들어온 사람을 신파라고 합니다. 민주당 구파는 주로 전라도 출신의 지주가 많았습니다. 지주나 일제시대의 우익 민족주의자이면서 친일 문제에서 그다지 깨끗하지는 못한, 아주 더럽게 친일을 하지는 않았더라도 누가 손가락질을 하면 별로 할 말이 없는 사람들이 구파에 많았죠. 그런데 친일 문제에서는 관료나 지식인 출신이 많았던 민주당 신파에 오히려 구파보다 때가 더 많이 탄 분이 많았습니다.

하여튼 민주당이 구파와 신파가 나뉘어 있었고, 유진산은 구파 출신이에요. 유진산의 계보에 있었던 것이 김영삼입니다. 김영삼이 유진산 쪽에서 튀어 나왔으니 유진산 입장에서는 더 불쾌했겠죠. 보통 민주당 구파는 전라도에 기반을 뒀는데, 재미있는 것은 이철승은 전북이고 김대중은 전남 아니에요? 둘은 신파에 속했어요. 그러니까 구파, 신파가 대체적으로 그랬다는 말이지 지금처럼 지역으로 똘똘 뭉쳐 있는 구조는 아니었습니다. 그래서 40대 기수론으로 셋이 뛸 때 민주당 신파에서는 김대중과 이철승이 뛰고, 구파에서는 김영삼이 뛴

김대중의 경선 승리
1970년 9월 대통령선거를 앞두고 치러진 신민당 후보 경선에서 김대중은 '40대 기수론'을 맨 처음 내세운 김영삼에게 예상을 뒤엎은 극적인 역전승을 거둔다.

것입니다. 구파가 조직이 더 크고 당권을 잡고 있는 유진산이 아무래도 같은 계보인 김영삼을 지지하지 않겠느냐? 해서 김영삼이 대통령 후보로 당선될 것이라는 전망이 우세했습니다. 김영삼은 당시 원내총무였던데다, 또 일찍 정치를 시작했잖아요. 3대 국회 때부터 시작했으니까, 스물여섯 살에 처음 최연소로 국회의원 배지를 달았죠.

후보 경선에서 김영삼이 1등은 했지만 과반수를 획득하지 못했습니다. 결선투표를 해야 하는데 이철승이 김대중을 지지한다고 해서 새바람을 일으켰죠. 그래도 김영삼은 1차에서 이겼으니까 2차에서 몇 표만 더 얻으면 된다고 느긋했어요. 김대중은 대의원들이 머물던 영화원을 밑바닥부터 훑었습니다. 하룻밤 사이에 김영삼을 찍었던 몇십 표가 김대중 쪽으로 넘어왔어요. 결국 2차 투표에서 김대중 씨가 이겼습니다. 기막힌 역전승이었죠.

김영삼이 김대중에 대해 느끼는 거의 원한 수준에 가까운 콤플렉스는 일찍이 1970년대 대통령 경선에서부터 시작된 게 아닐까 하는 생각이 듭니다. 떼어 놓은 당상이라 여겼다가 불의의 일격을 당한 겁니다.

망명·납치·투옥·사형선고,
고난의 세월들

그렇게 김대중 씨가 1971년도 대통령 선거에 출마하게 되었습니다. 이게 참 재미있는 선거였어요. 아마 장충단 공원에 구름같이 모인 사람들 앞에서 유세하는 김대중 후보의 모습을 보신 적 있을 겁니다. 김대중 후보가 내걸었던 공약이 대중경제론이란 건데요. 이 대중경제론을 실제 입안하고 집필한 분이 진보적인 경제학자 박현채 선생입니다. 지금은 돌아가셨지만, 왜 조정래 선생의 소설 『태백산맥』에 조원제라는 소년 빨치산 있죠? 바로 박현채 선생을 모델로 한 겁니다. 박현채 선생은 인혁당 사건에 연루되어 취직도 못했지만 가장 우수한 경제학자였어요. 당시 김대중 후보는 이런 분들의 도움을 받아 경제뿐만 아니라 통일 분야에서도 대단히 진보적인 정책들을 내놓았습니다.

선거에 이기고 개표에 졌다?

1971년 선거에서 김대중 씨가 굉장한 바람을 불러일으켰는데 가장 잘 먹혀든 공약이 향토예비군 폐지였습니다. 향토예비군은 1968년 청와대 앞까지 내려온 이북 특공대 때문에 만들었죠. 그때는 이북에서 무장 공비, 무장 간첩을 많이 내려 보냈기 때문에 나름 향토예비군이 필요한 이유가 있었어요. 그런데 만들고 나니 조직이 너무 방만한 거예요. 그리고 국민들이 향군법을 어겨서 전과자가 속출했습니다. 회사에 다니는 사람은 동원훈련에 참가해도 월급이 나오지만, 하루 벌어하루 먹는 사람들은 어떡합니까. 일주일 꼬박 동원훈련을 했거든요. 그러면 먹고살 방법이 없으니까. 어쩔 수 없이 불참해서 벌금 나오고 전과자가 되는 거죠. 또 이전에 못 받은 훈련을 받으라고 계속 소집통지서가 나오니까 원성이 자자했습니다.

아직도 향토예비군이 이런 말도 안 되는 형태로 존속하고 있다는 것은 가슴 아픈 일입니다. 사실 향토예비군 폐지안은 이미 1968년에 야당에서 제출했습니다. 야당 원내총무인 김영삼 씨가 대표 발의해 폐지안을 제출했었죠. 1993년 김영삼이 대통령이 되었고 1998년 김대중이 대통령이 되었지만 결국 향토예비군을 폐지 못했어요. 못한 정도가 아니라 폐지의 '폐' 자도 꺼내지 않았죠. 우리 역사가 그만큼 후퇴했습니다. 민주화되어 앞으로 나가기만 한 게 아닙니다.

당시 김대중 후보가 장충단 공원에서 이렇게 이야기했습니다. 이번 대선에서 박정희를 뽑으면 이게 마지막 대통령 선거가 된다. 박정희 정권은 종신제인 총통제 개헌을 준비 중이다. 그 이야기들이 다 맞아떨어졌죠. 유신이 바로 총통제 아닙니까? 총통 대신에 대통령이란 표

1971년 대선 선거 유세
당시 김대중은 이번 선거에서도 박정희가 대통령에 당선되면 총통집권체제가 될것이라며 자신에 대한 지지를 호소했다. 결국 대선에서 이긴 박정희는 이듬해 유신을 단행한다.

현을 썼을 뿐 내용은 다를 게 하나도 없어요.

1971년 선거 이전의 김대중 후보는 정치부 기자들 사이에선 잘 알려졌어도 정치에 관심 없는 사람들은 잘 모르는 정치인이었어요. 김영삼은 1950년대부터 정치를 시작했고 최연소 국회의원이다 뭐다 해서 스타성이 있었잖아요. 그래서 밤낮 신문에 났지만 김대중은 잠깐 대변인을 지냈을 뿐이니까 사실상 무명에 가까운 정치인이었죠. 3선 의원이라지만, 당선되고 하루 만에 날아간 배지까지 포함해 3선이니 사실상 재선 의원이나 마찬가지입니다. 지금으로 치면 어떤 상황인가요? 386 재선 의원 중에 지명도도 별로 없고, 대변인 경험이 한 번 있는 신인 정치인이 갑자기 대통령 후보가 된 셈이라고 해야겠죠.

그런 신인이 대통령을 두 번이나 한 박정희와 붙어서 46퍼센트 대 54퍼센트로 아깝게 졌어요. 그때 선거를 두고 관권선거, 금권선거, 부정선거로 얼룩졌다고 했습니다. 1956년 대선 때 조봉암이 투표에서 이기고 개표에서 졌다는 말이 있었는데, 1971년 대선에도 그런 말이 돌았습니다.

대선에서 패했지만 김대중은 일약 정계의 거물이 되었고, 박정희는 큰 위기감을 느꼈습니다. 두 차례나 대통령을 지낸 자신이 무명의 김대중과 접전을 벌이는 상황이니 불안하죠. 그게 유신을 앞당긴 요인이었는지도 모르겠습니다.

그렇게 박정희는 유신이라는 친위 쿠데타를 했습니다. 명백한 쿠데타였어요. 박정희는 우리 헌법을 두 번 짓밟았습니다. 5·16으로 한 번, 유신으로 또 한 번. 탱크를 동원해서 국회를 해산하고 법으로 정해진 개헌 절차를 깡그리 무시한 채 찬반 토론도 없이 제멋대로 국민투표로 해치운 다음에 체육관에서 대통령 선거를 치러 거의 100퍼센트 지지로 당선되었습니다.

그 과정에서 김대중 씨가 한 차례 죽을 고비를 넘깁니다. 대통령 선거가 끝나고 전라도 무안에서 국회의원 선거 유세를 하다 의문의 교통사고가 나서 죽을 뻔했습니다. 김대중 씨가 지팡이를 짚고 다녔던 게 그 교통사고의 후유증 때문입니다. 지금 제 나이 무렵부터 지팡이를 짚기 시작했어요. 그리고 다시 한 번 생사의 고비를 넘는 사건이 일어나죠. 김대중 납치사건입니다. 진짜 죽을 뻔한 일을 겪게 됩니다.

탄압의 절정, 김대중 납치사건

1972년 김대중 씨가 신병 치료차 일본에 갔습니다. 그런데 갑자기 국내에서 비상계엄이 떨어지더니 국회가 해산되고 야당 정치인들이 끌려갔습니다. 유신 쿠데타가 일어난 거죠. 김대중 씨는 귀국하기 힘들어졌고, 해외에 체류하면서 자연스럽게 반유신 활동의 중심이 되었습니다.

유신이 일어난 직후 국내 상황은 꽁꽁 얼어붙었어요. 국회의원까지 지낸 사람들을 고문하고 반 죽도록 두들겨 패니 너무 조용하다 싶을 만큼 잠잠해졌습니다. 그런 와중에 김대중 씨는 일본과 미국을 오가며 활발한 반유신 활동을 펼쳤어요. 일본의 재일 민주인사들하고도 손을 잡게 됩니다. 그들이 어떤 분들이냐. 전에는 민단(재일대한민국민단)에 있다가 밀려난 사람들이에요. 이승만 정권 때는 재일동포들에 대해, 앞에 버릴 기(棄)자를 쓰는, 기민정책을 펼쳤습니다. 전혀 신경 쓰지 않았죠. 박정희 정권은 한일 국교가 정상화되면서 민단에 중앙정보부 요원들 수십 명을 상주시켰죠. 민단을 어용조직으로 만들려는 의도입니다. 민단 활동을 해온 분들 중 의장까지 지낸 김재화 선생이나 배동호 선생 같은 원로들과 일부 청년들이 이에 반발하다 쫓겨났어요. 중앙정보부 주도로 이뤄진 해외동포 분열사의 하나죠. 그렇게 떨려난 분들이 김대중 씨와 손을 잡았습니다.

미국에서는 이미 재미동포 사회에서 김대중 씨의 독자적인 지지기반이 형성되었습니다. 일본에서도 1973년 8월 15일 '한민통'을 결성하기로 하고, 김대중 씨가 의장에 내정되어 있었습니다. 의장직을 받아들이기 전에 김대중 씨가 조건을 걸었습니다. 조총련과 일체 관계를 끊는다는 조건이었죠. 당시 재일동포 사회에는 총련과 민단이 바로 이웃에 살았고, 심지어 한 가족 내에도 섞여 있었습니다. 김대중 씨도 재일동포 사회의 특수성을 알았지만 결국 자신은 한국으로 돌아가 활동해야 할 처지란 말이에요. 나중에 골치 아픈 문제가 생길지 모르니 재일 민주인사들에게 총련과 단절하라고 요구한 거죠.

재일동포 민주인사들이 반발했어요. 무슨 이야기냐? 7·4 남북공동성명도 발표했고 재일동포 사회의 분열을 극복해 하나가 되려는 움직임도 있는데 총련과 단절하라니 말도 안 된다는 것이죠. 하지만 김대중 씨도 양보할 수 없는 문제였죠. "총련하고 단절하지 않으면 이 일 못 맡는다. 유신 치하에 있는 한국의 민주화운동이 최우선 과제라 그럴 수밖에 없다"고 했어요. 결국 재일동포들이 이해하고 양보해서 김대중 씨가 제시한 조건을 받아들였다고 봅니다. 그런 방향으로 흐른 것으로 알고 있어요. 이런 우여곡절 끝에 일본에서 한민통을 결성하기로 했어요. 그러던 와중에 김대중 납치사건이 일어납니다.

중앙정보부 입장에서는 일본의 유신 반대 세력만 조용하게 만들면 다 평정되거든요. 국내는 이미 평정했잖아요. 그래서 김대중을 납치할 궁리를 하고 드디어 실행에 옮깁니다. 1973년 8월 8일이 디데이입니다. 얼마 전 8월 13일에 생환 36주년 기념 미사도 드리지 않았습니까?

국정원 과거사위에 있을 때 제 담당은 아니었지만 옆에서 이 납치사건과 관련한 대부분의 중요 문건들을 보았습니다. 지금 쟁점은 김대중 납치를 박정희가 지시했느냐, 아니면 중정부장인 이후락이 알아서 충성한 거냐, 두 설이 팽팽하게 맞섭니다. 정확하게는 저희도 밝히지 못했어요. 박정희가 지시한 문건이 있는 것도 아니지만, 공작이 진행되는 정황을 보면 박정희의 지시가 없이는 절대 일어나지 않았을 일이란 말이죠. 박정희가 설혹 이후락에게 "너 이놈 좀 잡아와" 하고 직접 지시하지 않았다고 하더라도 결과적으로 볼 때는 공범이다, 사건의 은폐 과정에서는 확실한 공범이 되었기 때문에 박정희에게 책임을 묻지 않을 수 없다, 저희는 그렇게 결론을 내렸습니다. 그런데 코

미디 같은 부분도 많아요.

자, 김대중 씨가 살아서 부산항에 내렸을 때 제일 놀란 사람이 누구였을까요? 저는 박정희하고 이후락이었을 것 같아요. 왜냐하면 죽이라는 지시는 내리지 않았지만 알아서 죽여줘야 할 게 아니에요. 조폭세계의 논리가 그렇습니다. 조폭이 "야, 뭐하나? 저놈 가서 죽여" 그렇게 지시하지 않잖아요. "나는 저놈만 보면 뒷골이 당기고 밥알이 곤두서." "내가 저놈 때문에 오래 못 살 거야." "아, 귀신은 뭐하나?" 뭐 이런 식으로 쪼아대면 알아서 죽이죠. 사건이 터지면 "내가 언제 죽이라고 했나? 나는 그저 소화가 안 된다고 했을 뿐인데" 해요. 소화 안 된다고 했다는 이유로 처벌하지는 못하죠.

동서고금의 역사가 다 그렇습니다. 공작 책임자쯤 되면 산전수전다 겪은 사람들 아니에요. 이 사람들이 사람 잡아다 두들겨 패는 건 일도 아니지만 죽이는 건 다르잖아요. 일국의 대통령 후보였던 사람을 외국에서 납치해 죽이는 건 나중에 감당하기 어려운 문제죠.

그때 공작 책임자가 해병대 출신입니다. 이북에도 왔다 갔다 했던 사람인데 어찌 보면 그 사람이 김대중 씨한테는 생명의 은인일지도 모릅니다. 공작조가 준비한 것을 보면 배낭이나 비닐 등이 있으니 토막 살인이라도 하려 했던 것 아니냐, 여러 가지 설이 있습니다. 야쿠자를 동원해 죽일 계획도 세웠는데 따져보니 영 견적이 안 나오더라는 거죠. 그래서 결국 중앙정보부 요원들이 직접 실행하기로 했어요.

배낭을 준비했는데 김대중 씨가 작은 덩치는 아니잖아요. 덩치가 작아도 사람을 등산 배낭에 넣어서 옮기기가 어디 쉽습니까. 그러니까 욕실에서 토막 살인을 한 후 비닐로 묶어 배낭에 넣는 계획도 검토해보았겠죠. 물론 공문에는 나와 있지 않습니다. 그것도 여의치 않으니까 그랜드 팰리스 호텔에서 김대중 씨를 덮쳐 마취시킨 다음 중앙정보부 차에 실었어요. 그렇게 도쿄를 벗어났습니다. 그 과정에서 일본인들에게 목격되기는 했지만 납치에는 성공한 거죠.

이 이야기는 뭐냐? 죽이려면 얼마든지 시간이 있었다는 거죠. 과거 사위원회에서는 그렇게 보았습니다. 정말 죽이려면 얼마든지 시간이 있었는데 책임자가 겁이 난 겁니다. 이걸 어떻게 하나. 책임자도 궁리를 하다가 일단 오사카로 달려갔어요. 오사카에 무역선으로 위장한 용금호라는 배를 대기시켜두었는데 사실은 중앙정보부의 공작선이에요. 오사카에 중앙정보부가 마련한 비밀가옥도 있거든요. 납치조가 그 안가에서 몇 시간을 지체했습니다. 마음만 먹으면 거기서 죽이고 안가 마당에 묻어버리면 몇 년 동안 미제사건이 되었을지도 모르죠.

하지만 용금호에서 하룻밤을 재우고 다음 날 아침 배가 바다로 나갔어요. 부산으로 출발했습니다. 용금호가 쾌속정이 아니라서 부산까지 가는 데 1박 2일이 걸렸습니다. 부산에 도착해서도 어떻게 할까 하다가 배에서 하룻밤 재우고 다음 날 밤 배에서 내렸습니다. 그게 8월 11일입니다. 차에 태워 서울 수유리의 중앙정보부 안가에 도착해서 이틀 밤을 재우고, 13일 김대중 씨 동교동 집 앞에 내려줬습니다.

재미있는 건 공작 책임자인 윤진원 대령이 일본에서 귀국을 안 했어요. 일단 보내놓고 어떻게 처리할지 일본에서 지켜본 거죠. 아마 김대중이 죽었으면 "난 안 죽였어. 난 배에 태워 보냈어" 하면서 망명했을 텐데 김대중 씨가 살아서 무사히 집에 도착해 기자회견을 하니까 그제야 중앙정보부에 연락을 합니다. 중앙정보부의 고위 관료가 일본까지 가서 찾느라 난리가 났었죠. 김대중이 살아 돌아왔다는 발표가 날 때까지 공작 책임자가 숨어버렸으니까요.

김대중 대통령이 배에 갇혔을 때 미국 헬리콥터가 떴다, 비행기가 떴다, 하며 그때를 회상하셨는데 저희가 조사한 바로는 상황이 맞지 않더라고요. 그래도 김대중 대통령이 그렇게 생각했을 가능성은 충분히 있습니다. 엔진 소리도 들리고 선원들이 나누는 이상한 이야기도 예민하게 받아들였을 테죠. 그런 상황에서 여러 가지 생각이 들었겠지요. 김대중 대통령은 생사의 고비를 넘나들다 예수님도 보았다고 말한 적이 있지요. 하여튼 고비를 넘어 살아서 돌아왔어요.

김대중 납치사건 이후 두 달쯤 지나 최종길 교수 사건이 일어났습니다. 중앙정보부에서 서울 법대 최종길 교수를 간첩으로 몰아 고문하다가 죽게 만들었어요. 그해 10월 2일 서울대 문리대에서 데모가 일어나면서 반유신 운동이 국내에서 본격화되었습니다. 김대중 씨는 살아서 돌아왔지만 가택에 연금되었죠.

김대중 씨 납치사건이 사실상 1년 후 육영수 여사의 죽음으로 이어집니다. 김대중 납치사건이 아니었으면 그런 비극은 일어났을 리 없어요. 왜냐하면 재일동포 사회가 김대중 납치사건으로 발칵 뒤집혔거든요. 교포 사회가 크게 분열되면서 박정희 정권은 정말 살인 정권이구나 하는 분노가 팽배했어요. 일부 급진적인 청년들 중 재일교포 문세광이 한국에 들어와 박정희를 저격했는데 그 유탄에 육영수 여사가 돌아가시는 비극이 발생했죠.

유신에 대한 끝없는 저항

1975년 4월에는 인혁당 재건위 사건 관련자들에 대해 전격적으로 사형이 집행되고 베트남에서는 사이공이 월맹군에 함락되면서 국내 반체제 운동과 유신 반대 운동이 상당히 위축되었습니다. 1975년 하반기는 잠잠하다가 1976년 들어 가톨릭 쪽부터 움직임이 있었어요. 원주에서 먼저 시작되었는데 당시 원주에는 지학순 주교와 김지하 시인, 장일순 선생 등을 중심으로 사람이 많이 모였습니다.

1976년 1월 천주교 원주 교구에서 큰 행사를 열었어요. 천주교에 신, 구교가 갈라진 것을 반성하는 의미의 일치 주간이라는 게 있는데, 원주 교구에서 그 행사에 개신교 목사들을 몇 분 초청했어요. 그 자리에서 반유신을 선언했습니다. 그런데 이날 모임이 천주교에서 주최한 행사이다 보니 개신교 쪽에서도 뭔가 해야겠다는 생각을 하게 되었고, 김대중 씨도 움직이기 시작했어요.

당시는 워낙 살벌한 시기라 개신교나 김대중 씨나 양쪽에서 모두 윤보선 전 대통령을 서명에 동참시키려고 접촉했습니다. 성명서 문안에 대해 김대중 씨는 그동안 고생을 많이 해서 그런지 좀 완곡한 표현을 쓰자는 의견이었지만, 윤보선 씨는 색깔론에서 자유로운 서울 양반 출신이니까 똑 부러지게 가자고 했어요. 그러면서 유신 철폐를 반드시 포함시키자고 했죠. 윤보선 씨가 제일 어른이기도 하니까 그분 의견대로 강력한 내용의 성명서를 만들었습니다.

문안을 작성해 윤보선, 김대중, 정일형 등 정치계 인사와 개신교 목사, 그리고 해직교수 중에서 대표적인 분들이 참여해 10명이 서명했습니다. 사실 이 성명은 개신교와 정치계가 주축인데 당시 상황이 안 좋다 보니 발표할 장소를 찾지 못했고, 결국 1976년 3월 1일 명동성당 기념미사에서 발표하게 되었습니다. 그게 바로 3·1민주구국선언입니다. 돌아가신 김수환 추기경의 옷자락이 그 시절에 참 넉넉했었죠. 개신교나 정치권 인사까지 다 받아줘서 그 성명서를 명동성당에

아이들의 기원
1976년 8월 '명동사건' 첫 선고 공판이 난 직후 구속자 가족들이 서울 종로5가 기독교회관에서 외국 언론 등에 '불법 재판'을 알리는 행사를 열었다. 이해동 목사 아들 운주, 문동환 목사의 아들 태근·창근, 김대중 씨 아들 홍걸 등이 십자가에 부모의 이름과 '무죄 석방 기원'을 적어 보이고 있다.

서 발표한 것입니다.

사실 별것 없었어요. 농성이나 시위도 없이 미사 중에 성명서 한 장 읽고 끝난 거예요. 끝나고 다 집에 갔습니다. 그런데 다음 날 국무회의에서 박정희한테 보고가 들어가자 펄펄 뛰면서 "초장에 제압해라" 했대요. 다 잡아들이라고 한 거예요. 왜냐하면 말이죠. 1980년대 이후에는 대학가에서 5월이 중요한 달이지만 1970년대만 해도 4월이 더 중요했잖아요. 4월은 4·19혁명 때문에 민감한 달이죠. 그래서 자칫 학생운동으로 확산되지 않도록 막기 위해 다 잡아들이라고 했어요.

성명서를 발표한 사람들을 전원 잡아들였습니다. 원주에서 선언문을 발표했던 가톨릭 신부들까지 포함해 20명 정도를 구속했어요.

그때 재판하면서 서명한 사람들끼리 서로 "후보님", "신부님", "목사님" 하고 부르니까 검사가 "법정에서는 모두 피고인이다"라고 제지해서 한바탕 호칭 문제로 싸우기도 했죠. 그 재판에서 김대중 씨가 했던 최후의 진술이 인상 깊습니다. '변호인이 무죄를 주장했지만 재판장 입장에서는 참 가혹한 일일 것이다. 이 법정에서 어떻게 우리에게 무죄를 주겠느냐? 그동안 재판장도 애 많이 쓰셨다.' 기자들한테도 요즘 말로 하면 '니들이 고생이 많다' 그러면서, '지면에 싣지도 못할 걸, 써봤자 한 줄도 안 나오는데 그동안 열심히 취재했다' 뭐 그런 최후 진술을 했어요. 자신도 어려운 상황일 텐데 타인을 넉넉하게 품어주는 모습이 마음에 남았습니다.

1976년 소위 명동 사건으로 김대중 씨가 5년형을 선고받고 감옥에 갇혔다가 2년 8개월 만에 풀려났습니다. 물론 나오자마자 가택연금에 처해졌죠. 그래도 그때가 김대중, 김영삼 두 분이 가장 긴밀하게 협조하던 시기예요. 김영삼 씨도 유신체제에서 신민당 당권을 잃어버렸다가 1979년 선명 야당을 표명하면서 복귀했죠. 김대중 씨의 지원으로 동교동계와 상도동계가 힘을 합치면서 이철승의 중도통합론을 밀어내고 1979년 봄 김영삼 씨가 다시 당권을 잡았습니다. 그 당시에는 김영삼 씨가 잘 싸워줬습니다. 야당이 제 역할을 하니까 탄압받던 YH 여공들이 야당 당사에 찾아간 것 아닙니까. 마음 붙일 곳 없던 여공들이 '야, 신민당이라면 우리의 호소를 들어줄 거야' 하는 기대를 갖고 당사에 들어가 농성을 벌였고 그걸 경찰들이 폭력으로 해산시켰죠. 그 과정에서 김경숙이라는 어린 여성 노동자가 경찰의 폭력에 희생되었지만 YH무역 농성사건은 엄청난 역사적 변화를 끌어냈습니다. 이때부터 상황이 급박하게 돌아가서 YH 사건이 있고 채 석 달이 안 되어 박정희가 부하의 총에 맞아 죽고, 그러면서 김대중 씨도 가택연금에서 풀려 복권되었죠. 이른바 1980년 서울의 봄이 왔습니다.

김대중 목숨을 담보로 미국의 승인을 받아낸 신군부

서울의 봄이 도래하자 그동안 억눌려 있던 사람들이 기지개를 폈습니다. 그런데 신군부가 5·17군사쿠데타를 일으키면서 김대중 씨를 체포했고 서울의 봄도 끝났습니다. 김대중 씨가 감옥에 간히니까 광주에서 김대중을 석방하라고 데모가 일어났죠. 데모를 진압하는 과정에서 5·18광주민중항쟁으로 번지기 시작했습니다. 김대중 씨는 밖에서 무슨 일이 일어나는지 전혀 모르는 상태에서 갇혀 있다가 나중에 큰 충격을 받았습니다.

전두환 학살 정권은 처음에는 불순분자, 간첩의 선동으로 광주가 일어났다고 했다가 조금 지나서는 김대중이 선동했다고 했습니다. 5·18이 일어나기 전에 김대중을 잡아 가둬놓고는 '김대중 내란음모사건'을 만들어냈습니다. 결국 1980년 9월 군법회의에서 사형을 선고받고, 1981년 1월에는 대법원에서 사형이 확정되었죠..

사형을 선고하던 때가 전두환이 대통령에 취임할 무렵 아닙니까? 전두환 정권으로서는 미국의 합법적인 승인을 받아야 하는 시점이었습니다. 김대중 씨의 목숨을 가지고 흥정을 한 셈이죠. 사형에 처하려는 기세를 보이니까 세계 각지에서 구명운동이 벌어지고 난리가 났습니다. 미국에서도 '야, 죽이는 것은 너무 하지 않냐?' 하는 여론이 들고 일어나니까 김대중을 살려주는 대신 미국 대통령에 취임한 레이건의 첫 번째 손님으로 전두환을 초청하게 됩니다. 그렇게 해서 김대중 씨가 죽을 고비를 간신히 넘겼지요. 이것이 '김대중 내란음모사건'의 전모입니다. 그런데 내란음모죄에 대한 최고형은 사형이 아닌 무기예요. 김대중에게 사형을 선고하기 위해 한민통을 걸고 넘어갔죠. 한민통을 반국가단체로 만들어버리고 거기서 의장을 했다고 한 거예요. 본인은 의장 취임도 안 했잖아요. 의장직을 수락했지만 한민통은 창립도 못한 조직인데 그걸 억지로 걸었어요.

김대중 씨 혼자만 들어간 게 아니었죠. 1976년 명동 사건으로 걸려들었던 감방 동기들이 거의 대부분 김대중 내란음모사건에 연루되어 다시 끌려갔습니다. 문익환 목사, 문동환 목사, 서남동 선생, 이문영 교수 등 여러분이 같이 고생했어요. 일종의 동창생들인 셈이겠죠. 그분들 사이에는 끈끈한 유대가 있습니다. 유대도 여러 가지인데 함께 두들겨 맞으면서 생긴 유대가 참 끈끈해요. 저희 평화박물관 이사장이신 이해동 목사님은 1976년에 서명은 안 하고 등사만 하셨는데 그때도 구속되셨고, 김대중 내란음모사건에도 연루되었어요.

전두환 정권은 김대중 씨를 2년 6개월 정도 징역을 살게 하다가 석방합니다. 그러고는 정치를 하지 않겠다는 형식의 다짐을 받고 미국으로 보내죠. 김대중 씨가 미국에 갔는데 영어를 참 잘해요. 전라도 사투리가 들어간 영어지만 아주 잘합니다. 어느 정도냐 하면 기자하고 통역 없이 인터뷰가 가능해요. 유창하거나 혀 굴러가는 발음은 아니어도 CNN 뉴스에서 보면 밑에 자막이 없습니다. 그 정도면 굉장히 잘하는 거죠. 기자가 돌발 질문, 공격적인 질문을 해도 영어로 다 받아칩니다.

김대중 씨가 굉장히 노력하는 분이죠. 감옥에서 책도 무지 많이 읽었어요. 독창적인 사상가라고 하기는 어렵겠지만, 정치인으로서는 최고 수준으로 정말 열심히 공부하고, 열심히 자신만의 사고를 다듬었어요. 그분 어록 중에서 사람들을 많이 감동시켰던 것이 '행동하는 양심'이라는 표현입니다. 행동하지 않는 양심, 혼자서만 지키는 양심은 이런 시기에 무엇이냐? 악의 편에 서는 것 아니냐? 행동하지 않는 양심이란 결국 눈 감고 입 닥치고 고개 돌리는 것 아니냐. 그러면서 자신을 사랑할 수 있겠느냐? 눈 감고 입 닥치면서 정의를 수호하는 방법이 있겠느냐? 바로 그 행동하는 양심을 강조했습니다. 그리고 지난번 노무현 대통령 돌아가셨을 때 장례식장에서 권 여사의 손을 잡고슬피 통곡하던 모습, "내 몸의 절반이 무너져 내린 것 같다"고 했던말이 많은 사람의 심금을 울렸죠. 아까 오면서 보니까 내 몸의 남은절반마저 무너져 내리는 것 같다고, 누리꾼들이 글을 올렸더라고요.

태조 이성계 이후
최초의 정권 교체

김대중 씨가 미국에서 활동하다 1985년 2월 8일 귀국했습니다. 그리고 불과 나흘 후의 2·12 총선에서 신민당 바람을 일으켰고, 민주화운동이 다시 불붙었죠. 1987년 6월 항쟁까지 참 신나게 싸웠는데 그 뒤에 어떻게 되었습니까? 양김씨가 분열하는 바람에 죽 쒀서 개 준 꼴이 되었죠?

김대중 대통령도 나중에 많이 후회했다고 합니다. 내가 양보했어야 하는데…… 양보했으면 망국적인 지역감정이 이렇게까지 나빠지지는 않았을 텐데……. 그분이 긴 생을 살아오면서 했던 일들이 모두 잘한 일은 아니었죠. 백범 선생도 마찬가지 아닙니까? 그분이 다 잘한 것은 아녜요. 그러나 끝이 어떤지. 사람이 죽을 때, 특히 오래 사신 분들은 끝을 잘 봐야 합니다. 김대중 대통령은 노무현 대통령의 죽음이라는 엄청난 충격 속에서 사실은 울면서 가셨죠. 병원에서는 편안하게 가셨다고 발표했지만, 전 그렇게 생각 안 해요. 혼신의 힘을 다해 싸우다가 힘이 떨어져 울면서 가신 거예요. 아흔을 바라보는 나이까지 대한민국에서 누구보다 열심히 싸우다 가셨어요. 이제 그분마저 가시니 참 막막합니다.

정부에서 노무현 대통령 추모사를 못하게 막으니까 김대중 대통령이 나중에 〈오마이뉴스〉에 그 추모사를 실었습니다. 노무현 대통령에게, "당신은 저승에서, 나는 이승에서 우리 모두 힘을 합쳐 민주주의를 지켜냅시다. 그래야 우리가 인생을 산 보람이 있지 않겠습니까?"라는 말씀을 남깁니다. 이제 두 분 다 저승에 계시니까 우리의 하늘 전선은 튼튼해졌지만 이 땅을 어쩌겠습니까? 우리가 지켜야, 우리가 지키고 우리가 싸울 수밖에 없지 않겠습니까?

저는 그분이 남긴 마지막 말씀이 그것이었다고 생각해요. 민주주의의 회복! 아마 이것 때문에 차마 눈을 못 감았던 게 아닐까 합니다.

다섯 가지 변수가 이뤄낸 기적

자, 양김씨의 분열로 1987년 대선에서 노태우가 대통령이 되었습니다. 그리고 3당 야합으로 김영삼 씨가 말을 갈아타더니 1992년 대선에서 승리했죠. 그렇게 문민정부가 들어섰어요. 그럼 이때부터 민주화가 시작되었다고 봐야 할까요? 아니면 김대중 정권 때부터라고 해야 할까요? 그도 아니면 아직 오지 않았다고 봐야 할까요? 정권 교체라는 측면에서 한국은 분명히 민주적인 성과를 이루었습니다. 이런 걸 수평적 정권 교체라고 하죠. 한국전쟁 이후 제3세계 국가 중에서 우리처럼 평화적인 정권 교체의 전통을 만든 나라는 없습니다. 5·18 광주라는 비극적인 사건이 있었지만, 어찌 보면 광주의 저항정신이 평화적인 정권 교체를 이끌어냈다고 보아도 되겠죠.

또 우리 역사에 자부심을 가질 부분이 뭐냐 하면 민주화와 경제 발전을 동시에 이루었다는 겁니다. 특히 군사정권의 통치 모델은 외환위기를 맞으면서 파산해버린 것 아닙니까? 김대중 민주정권이 들어서면서 외환위기를 극복하고 다시 경제를 발전시켰죠. 그 과정에서 신자유주의가 너무 확산된 것이 아니냐는 비판도 있습니다. 그럼에도 불구하고 한국처럼 민주화와 경제 발전을 동시에 이룬 나라는 제3세계에 거의 없다고 봐야죠.

김대중 대통령은 선거를 통한 최초의 정권 교체를 해낸 분입니다. 김대중 씨가 어디 출신이죠? 신안군 하의도에서 태어난 섬사람 아닙니까? 정말 밑바닥에서부터 올라왔어요. 그리고 평생 야당으로 살았습니다. 김영삼 씨도 섬 출신이지만 중간에 말을 갈아탔잖아요.

김대중 씨는 밑바닥에서 올라와 대통령이 된 분입니다. 사람들은 32년 만에 평화적인 정권 교체를 이룬 데만 역사적 의미를 부여하는데 전 과소평가라고 생각해요. 김대중 씨가 대통령이 된 의미를 과소평가한 겁니다. 이성계 이후로 변방에서 나와 중앙의 권력자가 된 것은 이분이 처음이에요. 안 그렇습니까? 지나고 나니 저도 김대중 대통령의 의미나 '국민의 정부' 시절을 좀 낮게 평가하지 않았나 싶으면서 한편으로는 진보진영이랄까 민주개혁 진영이 너무 자만한 부분이 있었다, 너무 기대치가 높았던 부분이 있었다, 현실과 좀 동떨어진 부분이 있지 않았나 하는 생각도 합니다.

1997년 김대중 씨가 이회창 씨를 꺾었습니다. 이게 굉장히 중요한 사건인데, 저는 사실 기적이었다고 생각해요. 왜냐하면 우리나라에서 보수와 진보가 50대 50에서 시작한 게 아니잖습니까? 한국전쟁 끝나고 100대 0이 되었죠. 그렇게 바닥에서 시작해 51대 49로 뒤집은 것이 한국전쟁 끝나고 44년 만입니다. 그때 상황이 어땠습니까?

외환위기였어요. 국가가 부도나지 않았습니까? 이렇게 나라를 들어먹었는데 그 세력에게 다시 정권을 맡긴다니 말이 안 되죠. 이런 이유 하나만으로도 정권 교체는 당연합니다. 하지만 그렇게 간단하지 않았어요. 선거판에 이인제 씨가 나왔죠. 이인제야말로 우리나라에서 민주정권이 탄생하는 데 일등공신입니다. 이인제가 500만 표를 가져갔어요. 500만 표는 대부분 저쪽 표를 갉아먹은 겁니다. 김대중과 이회창이 몇만 표 차이가 났습니까? 겨우 39만 표잖아요. 39만 표라는 박빙의 선거에서 500만 표를 갉아먹었으니 이인제 효과가 없었으면 무조건 이회창 씨가 당선되는 겁니다.

그것만이 아니죠. 김영삼 정권에서 소통령 김현철의 전횡에 국민들이 얼마나 분노했습니까? 외국에서는 그런 스캔들 하나만으로 정권이 교체되어도 전혀 이상할 게 없어요. 또 뭐가 있죠? DJP 연합도 있습니다. 우리가 만날 지역감정 운운하는데, 그때 김대중 씨가 지역감정을 극복하지는 못했지만 그걸 역이용해서 오히려 영남 세력을 포위해버렸죠. 이회창 후보 아들의 병역 논란도 있었죠. 하나만 더 꼽자면 김대중 자신이 대통령 될 자질을 오랫동안 키워왔다는 것입니다. 김대중 대통령이 상고 출신이지만 대한민국에서 그분더러 가방끈 짧다고 뭐라는 사람은 없죠? 김대중 대통령을 빨갱이라고, 위험하다고 하는 사람은 많아도 대통령 될 자질이 없다거나 능력이 없다고 시비 거는 사람은 없었습니다. 노무현 대통령은 대통령이 되고 난 다음에도 누구 한 사람 대통령감으로 봐주질 않아, 자질 시비를 겪었잖아요. 어쨌든 김대중 대통령의 능력은 다들 인정했죠.

제가 김대중 대통령의 당선을 정말 운이 좋았기 때문에 가능했다고

김대중의 대통령 당선
네 번째 도전 끝에 대통령에 당선된 김대중은 선거를 통한 최초의 정권 교체를 이뤄냈다. 또한 그것은
이성계 이후 변방 출신이 중앙의 권력자가 된 600년 만의 사건이었다.

말하는 이유가 있습니다. 위에서 예를 든 사안들은 각각 정권 교체를
이룰 수 있는 중대한 요인이었습니다. 이런 요인들을 한두 개만 갖추
어도 정상적인 나라라면 정권 교체는 당연해요. 그런데 김대중 씨는
이런 요인이 5개, 6개가 합쳐져서야 겨우 40만 표도 안 되는 차이로
당선되었습니다. 얼마나 우리가 허약했던 겁니까?

대통령이 되고 난 다음에도 내내 의회를 장악하지 못했어요. DJP
연합도 깨졌잖아요. 늘 야당이 의회를 장악해서 나중에는 의회 독재
라는 말까지 나왔습니다. 개혁다운 개혁을 사실은 해보지 못했죠. 그
게 김대중 대통령의 가장 큰 한계랄까, 아쉬움이랄까? 아마 당신이
제일 아쉬워했겠죠.

또 한 가지 아쉬운 것이 있습니다. 김대중 대통령도 가신정치를 했잖아요. 김대중 대통령을 두고 음모적이라고 하는 사람도 많습니다. 그런데 1970년대 중앙정보부 예산의 60～70퍼센트가 김대중 대통령을 감시하는 데 쓰였다는 사실, 혹시 아십니까? 동교동 사람들이 똘똘 뭉치지 않으면 어떻게 되겠습니까?

우리나라 현대 정치사의 불행은 가신정치에 의한 정치적 권위주의입니다. 솔직히 그 사람들 동교동, 상도동으로 매일 아침 6시에 출근하고…… 뭐 가신이라기보다 집사라고 해야죠. 집사 하던 사람들이 청와대에 들어가 권력을 잡았습니다. 이런 식의 1인 지배체제를 보면 그들이 민주주의를 외치며 싸운 사람들인가 싶을 정도입니다. 그 폐해는 김영삼 대통령은 물론이고 김대중 대통령도 마찬가지였죠. 노무현 대통령에 와서 1인 지배체제를 극복하기 위해 노력했고 그 부분에서 나름 큰 성과를 남겼습니다. 이명박 정권 들어와서 도루묵이 되어 그렇지 1인 지배체제는 박정희 시대의 부정적인 유산이죠. 그런 방법으로 조직을 장악하지 않으면 유지하기 어려웠던 겁니다. 한국의 민주화운동이나 야당은 적과 싸우면서 적을 닮아간 불행한 유산을 안고 있었습니다.

아쉬운 외환위기의 기회

김대중 씨가 대통령에 당선되고 제일 바빴던 시기가 당선자 시절이었죠. 아마 이제까지 가장 우호적인 대접을 받은 인수위가 아니었을까 싶어요. 특히 이명박 정부의 '어륀지' 인수위하고는 비교가 안 되겠죠.

그때 김대중 대통령이 금 모으기를 했습니다. 뭐, 금 모으기 자체는 할 수 있다고 생각해요. 좀 민족주의적인 요소가 강하지만 할 만한 일입니다. 다만 김대중 대통령이 위기탈출 강박증이랄까, 너무 빨리 위기에서 벗어나려고 했던 게 아닌가 하는 아쉬움이 있습니다. 그때가 우리가 맞은 절호의 개혁 찬스였거든요.

저는 우리가 이렇게 어려운 것이 1987년 이후에 좋은 기회를 세 번이나 놓쳤기 때문이라고 생각합니다. 한 번은 1987년이죠. 이겨야 하는 선거, 질래야 질 수 없는 선거에서 졌습니다. 그다음 두 번째가 1997년 외환위기였다고 생각해요. 정말 위기상황이었죠. 그렇다고 병원에서 무조건 빨리 퇴원하는 것만이 능사는 아니잖아요? 병을 완치하고서 퇴원하는 것이 더 좋지 않습니까? 저는 너무 빨리 나왔다고 생각합니다. 그때가 재벌과 관료를 개혁할 좋은 찬스였습니다. IMF가 재벌개혁, 관료개혁을 요구했죠. 재벌과 관료가 짝패가 되어 관료가 금융을 지배했잖아요. 관료가 금융을 지배하는 관치금융하에서 관료와 재벌이 한 패가 되어 무조건 재벌을 밀어주게 하니까 재벌은 재벌대로 방만해지고, 금융은 금융대로 부실해져서 결국 그런 참담한 사태가 온 것 아닙니까? IMF는 그러한 관행이 시장경제 원칙에 맞지 않는다고 지적했습니다.

IMF 구제금융 사태가 왜 왔습니까? 진로가 망한 게 대한민국 국민이 소주를 안 마셔서 그랬습니까? 괜히 사업 확장하고 뭐 한다고 금 리스하고 외환 들여와서 흥청망청하다 다 무너진 것 아니에요. 아니, 여러분이 달러를 많이 써서 IMF 경제 위기가 왔습니까? 아니죠. 달러한 장 구경 못한 서민들만 죽어났습니다.

IMF 사태의 책임이 누구한테 있습니까? 재벌과 관료입니다. 그래서 재벌과 관료의 짝패 체제를 없애기 위해 기업의 투명성과 지배구조를 정상화하자는 것입니다. 그렇다고 이건희 같은 재벌이 가진 걸 뺏자는 것도 아닙니다. 가진 만큼만 지배하라는 말이죠. 겨우 2퍼센트, 3퍼센트의 지분을 갖고 그룹 전체를 지배하다 위기에 빠뜨리는 구조를 개혁해야 한다는 거예요.

그걸 IMF가 권했습니다. IMF가 신자유주의 구조조정이나 노동유연성만 권한 게 아니에요. 물론 노동유연성도 권했습니다. 노동의 구조조정도 해야죠. 그런데 왜 자본 구조조정은 안 합니까? 자본의 구조조정이 더 시급하죠. IMF에서 지적한 것을 순서대로 따지면 노동유연성 문제는 다섯 번째인가 여섯 번째였어요. IMF는 먼저 재벌개혁, 관료개혁을 권했던 겁니다. 어떻게 되었어요? IMF의 지배에서 빨리 빠져나오면서 어떻게 됐습니까? 개혁 대상이어야 마땅한 재벌과 관료가 돌연 신자유주의 구조조정의 전도사가 되었습니다. 그들이 칼자루를 쥐더니 노동 쪽을 치기 시작했어요.

워낙 위기상황이기는 했지만 저는 당시 김대중 대통령의 정책들이 아쉽습니다. 그 시절 김대중 대통령도 재벌을 개혁해야 한다, 관료를 개혁해야 한다는 입장이었던 만큼 그 과제를 힘 있게 밀고 나가지 못한 것이 참 아쉽습니다.

색깔 논쟁, 수구집단의 본격적인 세력화

많은 사람이 김대중 씨가 대통령이 되면 지역감정이 좀 완화되지 않을까 기대했습니다. '호남 사람들도 한번 해야지, 호남이 한번 한풀이를 해야 하는 것 아니냐?' 뭐 그런 이야기도 있었고요. 김대중 씨가 위기 상황에서 대통령이 되어 금 모으기를 할 때 모든 국민이 협조적이었습니다. 김영삼 집권 초기처럼 지지율이 90퍼센트를 넘을 정도는 아니지만 IMF 환란 시기에 당선자 신분으로 사태를 수습하려 노력하는 것에 대해서 사람들의 지지가 상당했어요.

그런데 취임하고 나니 이게 삐거덕거리기 시작합니다. 지역 문제가 삐거덕거리더니 색깔론이 다시 등장하기 시작하죠. 대통령 정책자문기획위원장이었던 최장집 교수를 〈조선일보〉가 치기 시작했어요. 그전에 〈조선일보〉 기자가 쓴 글을 보면 최장집 교수에 대해 훌륭한 학자이고 아주 중립적이며 실증적이라고 했죠. 그런데 김대중 대통령 정책자문기획위원장이 되니까 완전히 바뀌었어요.

최장집 교수가 한국전쟁에 대해 쓴 글이 있어요. 이 글에서 북한이 이렇게 주장하더라고 쓴 대목을 솜씨 좋게 칼질해 꼭 본인이 주장한 것처럼 만들어 색깔론을 퍼트렸죠. 그래서 보수언론들과 부딪치고 수구세력하고 충돌하기 시작했습니다. DJP 정권에 김종필이 함께했음에도 불구하고 색깔론을 씌우려는 의도가 아주 역력했죠.

보수언론이나 수구세력은 DJ 세력이 JP를 끌어들여 민주권력을 재생산할지 모른다는 두려움을 갖고 있었습니다. 〈조선일보〉가 1980년대부터 김대중하고 악연이 많잖아요. 그래서 뭐든지 끈질기게 물고 늘어졌습니다. 또 언론 개혁 이야기가 한창 나오면서 부딪치게 되었죠.

그 무렵 안티조선 운동이 시작됐습니다. 이로 인해 홍위병 논란이 나오기도 했는데, 뭐랄까 한마디로 표현하면 금단현상이 아니었나 싶어요. 수구세력이나 〈조선일보〉가 이제껏 향유하던 권력을 놓치니까 "뭐야, 이거 약이 안 들어와" 하면서 정신이 혼미해지고, 감정 조절도 안 되고, 헛것이 오락가락하면서 뭐든 다 빨갛게 보이는 거죠.

제가 1989년 미국에 가서 딱 10년 있다가 귀국했습니다. 금 모으기 운동이 거의 끝나갈 즈음이었나요? 돌아왔을 때 전교조가 합법화되었어요. 돌이켜보면 저는 참 태평성대에 들어왔죠. 제가 2001년부터 〈한겨레21〉에 글을 쓰기 시작했는데, 그 시절 권력을 내놓은 수구세력이 금단현상을 보이는 데 대해 많이 썼더라고요. 무얼 썼는지 들춰 보니까 홍위병 논쟁, 보수, 수구, 뭐 그런 이야기들이었어요.

사실 보수세력이라면 넉넉해야 하잖아요. 어떻습니까? 진보는 항상 새로운 것을 추구하니까 날뛰게 마련이고, 수구는 버티면서 좀 넉넉한 맛이 있어야 하죠. 한국은 거꾸로예요. 보수가 날뛰고 수구가 날뛰잖아요. 수구들이 본격적으로 날뛰기 시작한 것이 바로 그 시점이었습니다. 〈조선일보〉가 김대중의 당선을 어떻게든 막아보려 했지만, 결국 졌죠. 권력을 놓치고 나니 금단현상이 나타나면서 타깃이 생기면 물고 늘어지는 것이죠. 〈조선일보〉가 원하던 방식은 아니었지만 결국 최장집 교수를 끌어내렸어요.

"아무것도 하지 않으면
반드시 집니다!"

2000년 6월 남북정상회담이 열렸습니다. 그해 4월 총선이 있었고, 3월에 남북정상회담 계획을 발표했어요. 그런데 총선에서는 오히려 보수 바람이 불었습니다. 결국 한나라당이 계속 의회를 지배하는 상태에서 김대중 대통령이 평양에 갔습니다. 그 광경은 여러분도 다 기억하시겠죠. 김정일 위원장과 악수하고 포옹하고 정상회담을 하는 장면들. 분단 이후 처음으로 남북정상회담이 이루어졌습니다.

분단 후 첫 남북정상회담

정말 역사적이고 획기적인 사건이죠. 김대중 대통령이 통일을 위해 여러 가지 애를 썼습니다. 가장 중요한 업적일 겁니다. 저는 김대중 대통령의 업적을 정리하라면, 지역감정 문제를 해결하는 데는 성공하지 못했지만 적어도 남북정상회담을 했다는 것은 첫손가락에 꼽아야 한다고 봅니다.

남북정상회담은 박정희도 못했고, 전두환도 못했고, 노태우도 못했고, 김영삼도 못했죠. 딱 두 분이 했습니다. 김대중 대통령과 노무현 대통령. 올해 돌아가신 두 분 대통령이 했고 적어도 한국에서 전쟁의 위협을 없애는 데 획기적인 기여를 했습니다. 물론 전쟁의 위협이 아주 사라진 것은 결코 아닙니다. 위협이 다른 방향에서 오죠. 남북이 아니라 미국이 시작할 수 있죠. 지금 미국도 정권 교체가 되어 조금은 분위기가 나아진 것 같습니다만 아직까지 어떤지 모르겠습니다.

　　그러다가 2001년 방명록 파문이 터졌죠. 동국대 강정구 교수가 만경대에 갔다가 "만경대 정신 이어받아 조국통일 달성하자"고 방명록을 썼어요. 그 사건이 났을 때 참 가슴이 아팠습니다. 왜 그러냐 하면 그때 저도 평양에 한번 갈까? 그런 생각을 하고 있었거든요. 저하고 강 선생님이 학문적 관심이 굉장히 비슷합니다. 강 선생님의 관심 분야에 저도 관심이 많고, 제 관심 분야에 강 선생님도 관심이 많습니다. 제가 평양에 갔으면 아마 둘이 붙어 다니다가 강 선생님이 방명록에 쓰시면 저도 한 줄 썼겠죠.

　　저는 만경대 사립문 이야기를 썼을 것 같아요. 김일성이 회고록에서 한 이야기 중에 정말 쓸쓸하고 가슴 아픈 이야기가 있어요. 김일성은 "이 집에서 할아버지, 할머니를 하직하고 고향을 떠날 때에는 모두들 나라를 찾고서야 돌아오겠다면서 씩씩하게 사립문을 나섰"지만 "그들 가운데에서 조국으로 돌아온 것은 나 하나뿐이었다"면서, "나는 그때부터 남의 집 사립문에 들어설 적마다 이 사립문으로 나갔다가 돌아온 사람은 몇이며 돌아오지 못한 사람은 얼마일까 하는 생각을 하곤 하였다. 이 나라의 모든 사립문에는 눈물에 젖은 이별의 사연이 있고 살아서 돌아오지 못한 혈육들에 대한 목메인 그리움과 뼈를에는 상실의 아픔이 있다"고 회고했습니다. 자기 집에서는 6명, 7명이 나가서 혼자만 살아 돌아왔다는 거죠. 아마 이 만경대 사립문 이야기를 썼더라면 세트로 난리가 났겠죠. 불행인지 다행인지 저는 평양이 아니라 다른 곳에 여행을 갔습니다.

방명록 파문이 왜 그렇게까지 되었습니까? 사실 별거 아니잖아요. 그보다 더 심한 이야기도 얼마든지 할 수 있습니다. 무슨 유인물을 만들어 수만 장, 수십만 장을 뿌린 것도 아니고 그저 방명록에다 한 줄 쓴 거잖아요. 당시 언론개혁에 대한 사회적 요구로 인해 구석에 몰렸던 수구언론이 건수를 잡은 겁니다. 그래서 확 터트렸죠.

세상의 의미 있는 진전들

김대중 대통령 시절에 더 많은 개혁을 이루지 못해 아쉽지만, 그동안 우리가 이룩한 성과, 즉 민주화 같은 부분이 얼마나 진전되었는지 정확히 알고 제대로 평가를 해야 합니다. 우리가 뭘 가졌는지 평가도 않은 채 이루지 못한 부분만 자꾸 따지다가 결국 정권을 내주게 된 것 아닙니까. 저는 우리가 이룩한 것에 대한 평가를 제대로 못한 데 수구세력에 정권을 다시 내준 중요한 요인이 있다고 생각합니다. 우리가 이룩한 부분들, 남북정상회담을 비롯해 몇 가지 것들을 높이 평가할 필요가 있습니다.

전교조 합법화도 굉장히 중요한 성과였죠. 1989년 전교조 선생님들이 1천 500명이나 잘리고 10년 동안 법외 조직으로, 불법 조직으로 버티다가 비로소 합법화가 되었습니다. 잘린 선생님도 모두 교단으로 돌아오시게 되었죠.

또 하나, 군대에서 사망자가 줄어들기 시작했어요. 1960년대, 1970 년대 우리나라 군대의 1년 평균 사망자가 1천 500명이나 되었습니다. 전쟁도 안 했는데 그렇게 죽었어요. 지금 이라크 전쟁에서 미군이 1 년에 800명 전사합니다. 6년째 계속되는 이라크전 동안 거의 5천 명 이 죽었으니 1년 평균 800명이잖아요. 우리는 전쟁도 없이 1년에 1천 500명이 죽어 나갔습니다. 한국전쟁이 끝난 이후 현재까지 군 사망자 가 베트남에서 전사한 분들 빼고도 6만 명이나 됩니다. 그중에서 대 간첩 작전 중에 돌아가신 분들이 4천여 명이에요. 나머지는 뭡니까? 그렇게 많이 죽으니까 군인에 대한 국가 배상을 못하게 했죠. 군 사망 자가 김영삼 정권부터 조금씩 줄기 시작하더니 김대중 정권부터 팍팍 줄어들었어요. 전쟁도 없이 몇만 명이나 죽던 군대에서 사망자가 줄 기 시작한 거죠. 이런 이야기들을 우리는 잘 모르잖아요. 전 이런 부 분도 우리가 적극 평가해야 한다고 생각합니다.

김대중 대통령 시절에 벤처와 IT 부분을 많이 육성했죠. 신용카드 문제가 나중에 신용불량자를 양산하는 원인이 되었지만, IT에 대한 투자는 미래를 내다본 정책입니다. 노무현 대통령도 사이버에서 붐을 일으켜 당선되지 않았습니까? 지금 우리가 IT 강국으로서 면모를 발 휘하는 게 다 김대중 시절에 시작된 겁니다.

그리고 김대중 정부 시절에 비로소 생긴 것이 기초생활수급자에 대 한 복지정책입니다. 이때 비로소 사회복지에 대한 예산을 의미 있는 규모로 확보하기 시작했어요. 국방 예산의 비중이 줄어들면서 사회복 지와 교육 예산이 늘어났습니다.

김대중 대통령 때 열심히 했던 것이 또 뭡니까? 한 학급당 학생수 를 30명 수준으로 줄였습니다. 지금은 도로 40명이 넘었죠. 그때 교육

정책에 대해 이해찬 세대라느니 하면서 트집을 잡습니다만 당시의 의도는 한 가지만 잘해도 성공할 수 있게 한다는 거였잖아요. 박찬호, 박세리가 공부 잘해서 세계적인 선수가 되었느냐면서 특기와 적성을 살리는 방향으로 교육 예산을 늘렸던 겁니다. 한 학급당 30명이 뭘 의미해요? 학교 많이 짓고, 교실 많이 짓고, 교사 많이 뽑는 것 아닙니까? 교육 여건을 개선하고 토론식 교육으로 가보자. 그렇게 해서 사교육 문제를 극복해보자. 저는 참 좋은 방향이었다고 생각합니다. 그런데 한국의 입시라는 것이 계급을 재생산하는 구조 아닙니까? 그러다 보니 수구세력의 벽에 가로막혀 온전한 성과를 거두지 못했습니다. 그럼에도 굉장히 의미 있는 시도였다고 생각합니다.

인권 문제에서도 중요한 진전이 있었습니다. 이건 과거사 문제에서 본격적으로 다루겠습니다만 김대중 대통령이 사실 과거사를 제대로 해결하지 못했어요. 군사정권 시대의 과거사 문제, 인권 침해 문제를 별로 건드리지 못했습니다. 딱 하나 한 것이 의문사 부분이었습니다. 의문사위원회를 만들었는데, 이것도 정부가 적극적으로 나서서 만든 것이 아니라 유가족들이 국회 앞에서 420여 일, 계절이 여섯 번 바뀌는 동안 버티면서 간신히 만들어냈습니다. 조금 먼 시기의 의문사들, 제주 4·3항쟁이라든가 노근리 문제 같은 것들은 김대중 정권 시절에 비교적 잘 처리했습니다. 4·3 위원회 공식 조사보고서가 나오고 사과도 했죠. 마무리는 노무현 대통령 때 했지만 첫발은 김대중 정부 시기에 떼었습니다.

그 무렵 베트남 문제가 터졌습니다. 제가 지금 평화박물관 활동을 하는데 당시 '베트남 진실위원회'가 발전한 것이 바로 평화박물관입니다. 정부 차원에서 베트남 사람들에게 사과의 뜻을 표하고 민간인 학살이 벌어졌던 지역에 학교를 세워줬습니다. 학교를 세우면서 민간인 학살에 대한 사죄의 뜻으로 학교를 세웠다고 말하지는 않았어요. 한국군에 의한 민간인 학살이 있었던 지역에는 베트남 사람들이 일종의 위령비나 추모비 같은 것을 세웠는데, 베트남에서는 매우 직설적으로 표현합니다. 비의 이름이 위령비가 아니고 우리말로 번역하면 증오비 내지 복수비 같은 의미를 내포하고 있어요. "따이한이 와서 사람들을 죽이고 갔다"고 적힌 비문 아래서 동네 아이들이 놀고 있는 거죠. 그런 지역에 학교를 지어줬습니다. 민간인 학살에 대한 사죄가 들어갔으면 더 좋았을 테지만, '미안해요 베트남' 운동을 했던 제 입장에서는 그래도 김대중 대통령이니까 그렇게라도 했다, 생각합니다. 이것은 중요한 업적입니다.

김대중 대통령은 인권 문제에 관심을 많이 기울었습니다. 인권위원회도 만들어졌죠. 당신이 인권 대통령을 표방했어요. 아쉬운 부분은 있습니다. 특히 제가 관여한 또 다른 운동인 병역 거부 문제가 그렇습니다. 양심에 따른 병역 거부는 인권 대통령을 표방한 김대중 대통령 시절에도 별 진전이 없었어요. 인권 문제에서 아쉬운 부분이지만 전체적인 인권 수준이 그 시기에 대단히 향상되었습니다. 그건 분명한 사실입니다.

특히 남북 문제와 관련해서는 1990년대 내내 한국 인권 문제의 상징이었던 비전향 장기수들이 남북정상회담을 통해 북으로 송환되고 여러 가지 개선 사항이 나왔습니다. 서해교전이라는 돌발 변수가 있었지만 꾸준히 햇볕정책을 폈고, 남북정상회담을 끝내 성사시킨 이후 남북 간의 화해 분위기가 형성되었어요. 이런 성과들이 부시 정권 들어서면서 8년을 까먹는 바람에 더 이상 발전을 못했지만, 그래도 노무현 정부에서 10·4 정상회담으로 계속 이어나가지 않았습니까?

이런 업적들이 인정을 받아 아시아 민주주의의 투사로서 노벨평화상에 추천되었고, 남북정상회담이 더해지면서 2000년 노벨평화상을 수상하게 되었죠. 국가로서도, 그 개인으로서도 큰 기쁨이었죠.

햇볕정책과 통일 소떼

김대중 대통령 시기에 벌어진 중요한 일 중 하나가 정주영 회장이 두 번에 걸쳐 소 1천 마리를 몰고 방북한 사건입니다. 저는 미국에서 CNN으로 보았는데 정말 눈물이 나대요. 그야말로 소를 가지고 한 지상 최대의 쇼였다고 생각해요. 스페인 투우가 여기에 비할 겁니까? 정말 황홀하게 멋있잖아요. 특히 한국 정서에서 더욱 그렇습니다.

정주영 회장이 누굽니까? 어릴 적에 아버지가 소 판 돈을 훔쳐서 튀었잖아요? 어린 마음에 그 돈 들고 집을 나오면서 어땠겠습니까? 아버지, 내가 성공해서 소 100마리 사가지고 돌아올게요. 어린 마음에 그랬을 것 아닙니까? 예전에 우리나라에서 가출한 사람들 중에 소 판 돈 가지고 나온 사람 무지 많습니다. 진짜로 소 100마리 사가지고 돌아온 사람은 거의 없었겠죠. 아마 단군 이래 정주영 회장이 처음이었을지 모릅니다. 그냥 소 천 마리와 함께 휴전선을 넘어서 귀향했잖아요.

정주영 회장이 1998년 초였던가, 현대그룹 임원들을 다 모아놓고 원대한 구상을 밝혔답니다. 이 양반이 평소에도 굉장히 번뜩이는 면이 있잖아요. 가령 아산만 물막이 공사를 할 때도 마지막에 100미터 정도 남겨놓고 유속이 너무 빨라 트럭으로 흙을 부어도 흔적도 없이 사라져 일이 진척이 안 되었잖아요. 그 보고를 듣고 정주영 회장이 "야, 유조선에 구멍 뚫어 가라앉혀" 하고 지시했다죠. 이 방법으로 마지막 공정을 성공적으로 마무리했다고 합니다. 이거 아무나 할 수 있는 생각이 아니잖아요. 그러니까 현대 사람들이 정주영 회장에 대해서는 믿는 게 있었습니다.

현대그룹의 CEO는 정주영 회장 한 분이었죠. 무슨 이야기냐? 현대건설 이명박 사장은 CEO가 아니었다는 이야기죠. 진짜 CEO는 왕 회장 한 분이었기 때문입니다. 왕 회장에 대한 신뢰와 판단에 관한 한 현대그룹 내에서는 절대적입니다. 재벌 그룹들이 대개 그렇지만 현대의 정주영은 특히 더하죠.

그런데 정주영 회장이 "내가 소떼를 몰고 휴전선을 넘어서 고향으로 가겠다"고 했을 때 그룹 임원들 분위기가 싹 가라앉았답니다. "아, 드디어 회장님께도 올 게 왔구나, 올 것이 왔어" 하고 치매에 걸린 게 아닌가 했다는데 진짜 넘어갔잖아요. 소떼를 끌고.

이명박 정부였으면 가능했겠습니까? 김대중 대통령이 남북 관계의 개선을 중요한 목표로 삼았고, 북한 역시 김영삼 대통령 시절에 꽉 막혔던 것을 이번에는 제대로 한번 해보자는 의지를 가지고 받아들였죠. 이런 일들이 있었기에 서해교전 같은 일을 극복하고 남북정상회담이 이루어질 수 있었던 겁니다.

남북정상회담의 또 다른 밑거름이 된 분이 문익환 목사님입니다. 김대중 대통령과는 1976년 명동 사건, 1980년 김대중 내란음모사건의 공범입니다. 그런 분이 1989년 북에 갔잖아요. 문익환 목사의 방북이 공안정국을 몰고 온 부작용도 있었지만 김일성 주석을 만나서 큰 문제를 해결했습니다.

소떼를 끌고 판문점을 넘어가는 정주영
김대중 정부의 가장 확실한 성과는 남북정상회담을 정점으로 한 남북관계의 개선이었다. 소 판 돈 70
원을 훔쳐 서울로 떠나면서 "성공해서 소 100마리 사가지고 돌아오겠다던" 정주영이 통일소 501마리
를 끌고 휴전선을 넘고 있다.

그 정신이 바로 6·15 선언에 담겨 있습니다. 연방제에 대한 해석을
바꿔준 거죠. 북한에서는 연방제가 지고지순한 안이었어요. 좋은 안
이니 한번 하자고 그러는 거죠. 문익환 목사님이 가서 뭐라고 했어요.
"저희 남쪽은 사정이 다릅니다. 남쪽에서는 연방제를 하자고 하면 감
옥에 갑니다. 단계별로 해야 하는 것도 생각해주셔야 합니다. 좋은 안
이라고 덜컥 하는 건 아니지 않습니까." 그런 뜻으로 말하니까 김일성
주석이 받아들였어요.

그때 문익환 목사님이 발표한 성명서를 보면 "(연방제 실시를) 단꺼
번에 할 수도 있고 점차적으로 할 수도 있다"라는 문구가 있습니다.
점차적으로 한다는 건 무슨 이야기입니까? 남쪽 정부가 제안한 '공화

국 연합안' 같은 것들도 테이블에 올려놓고 서로 대화가 가능한 부분으로 열어둔 거죠. 이렇게 문익환 목사님이 디딤돌 역할을 했고 그것을 국가 차원에서 받아들인 것이 6·15 남북정상회담이었다고 생각합니다.

민주정부 재집권의 터를 닦다

IT 산업이 발전하고 우리 경제가 회복되면서 서서히 외환위기에서 벗어났죠. 한편에서는 흔히 말하는 1998년 체제랄까요, 이른바 신자유주의가 도래했습니다. 『88만원 세대』의 우석훈 박사가 지적하다시피 어린 나이에 돈의 쓴맛을 알게 된 세대가 등장했어요. 사회 전반적으로 신자유주의 분위기가 형성되고 새로운 세대의 소비문화가 우리 사회에 번져갔습니다. 그 무렵 월드컵이 개최되었습니다.

2002년 월드컵에서 한국 선수들이 기가 막히게 잘했습니다. 우리가 예상했던 것보다 몇 배나 더 잘했어요. 저는 누구보다도 히딩크 감독이 중요한 역할을 했다고 생각합니다. 뭐냐 하면 정신력에 대한 우리의 가치관을 완전히 바꾸었어요. 우리는 김치, 깍두기만 먹어서 체력은 안 되지만 대신에 악으로 깡으로 하는 정신력으로 버틴다고 했죠. 그런데 히딩크 감독이 말하길 "한국 선수들 체력은 세계 최고다. 문제는 정신력이다. 이기겠다는 마음이 없다"고 했죠. 악으로 깡으로가 결코 정신력이 아니라는 말이었어요. 일본 군대에서부터 내려온, 지금까지 우리를 지배해온 말을 정반대로 바꾸었습니다.

그리고 시청 앞에서 응원하던 사람들이 "야, 축구라는 게 모여서 보니까 정말 굉장하구나" 했죠. 이건 뭐에요? 여러 의미가 있습니다만 우리가 광장을 되찾은 겁니다. 이것이 민족주의 열풍으로 이어지는 것은 좀 우려가 되기도 하지만 미선이, 효순이 촛불집회가 월드컵의 집단 응원 경험이 없었으면 어떻게 나왔겠습니까. 우리가 광장을 차지했던 경험이 지난해 촛불집회까지 이어졌죠. 이명박 정부 들어서면서 그 광장을 도로 빼앗겼습니다. 빼앗긴 광장을 언제 되찾았습니까? 딱 하루 되찾았죠. 노무현 대통령 가시던 날. 대통령을 바치고서야 밟은 시청 앞 광장. 그 광장이 그렇게 비싼 광장입니다. 그런데 원래 우리 것이죠. 우리가 광장을 다시 찾아야 합니다.

2002년 월드컵을 계기로 민족주의의 열풍이 불기 시작했어요. 이게 어디로 갈지는 아직 의견이 분분하죠. 조금 더 두고 봐야 할 부분이 남아 있습니다. 긍정적인 면도 있고 위험한 면도 공존해요. 민족주의가 위험한 부분이 있는 것은 사실입니다. 그러나 남북 분단이라는 민족 문제가 엄연히 존재하는데 민족주의는 위험하니까 버린다면서 민족 문제를 등한시하는 것은 민족주의의 잠재된 위험성보다 더욱 위험합니다.

김대중 대통령 시대는 아주 중요했습니다. 우리가 민주화되어 첫 번째 맞이한 시기인데 기대에 못 미치는 부분도 많았습니다. 하지만 김대중 대통령이 민주화를 이끌어온 뚝심을 끝까지 놓지 않았습니다. 그 힘으로 정권 재창출에 성공할 수 있었고요. 본인은 DJP 연합과 이인제가 깎아먹은 500만 표 등을 등에 업고 간신히, 정말 간신히 기적적으로 대통령에 당선됐잖아요.

노무현 대통령은 어때요? 그런 요인 없이도 집권했잖아요. 전 그게 김대중 대통령이 남긴 아주 중요한 업적이라고 생각합니다. 민주세력이 독자적으로 정권을 재창출했다는 것. 그런 부분에서 김대중 대통

령은 노무현 대통령이 자기 뒤를 이어 잘해주기를 바랐던 거죠. 노무
현 대통령이 서거했을 때 "내 몸의 절반이 무너진 것 같다"고 했던 말
씀이 그런 의미였다고 생각합니다.

"행동하지 않는 양심은 악의 편입니다."

자, 이제 마무리를 해야겠네요. 참된 민주화라든가, 자유롭고 정의로
운 사회는 김대중 대통령 같은 한 사람의 영웅에 의해 실현되는 것이
아닙니다. 어찌 보면 한국 현대사, 민주화의 영웅인 고 김대중 대통령
이 이 나라의 리더이던 시절에도 대한민국의 참된 민주화에는 많은
어려움이 있었습니다. 민주화가 충분했다고는 말하기 힘듭니다. 고
노무현 대통령 집권 시기도 마찬가지였어요. 하지만 박정희 정권이나
전두환 정권, 그리고 지금 이명박 정권과 너무나도 달랐던 것만은 사
실입니다. 수많은 인간적 한계에도 불구하고 자유와 정의라는 신념
아래 그것을 현실화하기 위해 노력하는 리더십과 국민정서가 다시 한
번 절실히 그립습니다.

　김대중 대통령의 삶은 곧 한국 현대사였습니다. 그분의 파란만장한
삶의 굽이굽이에 새긴 사연을 두 시간 길지 않은 강의에 어찌 다 담겠
습니까? 하의도 섬 소년이 정치인으로 성장하는 과정, 박정희를 위협
한 박빙의 대통령 선거, 납치 이후 기적 같은 생환, 다시 죽음의 문턱
까지 갔던 내란음모 조작사건, 양김의 분열과 선거 패배, 대통령 당
선, 남북정상회담, 노벨평화상 수상 등 하나하나가 장편소설로 써도
모자랄 진한 이야기로 점철된 것이 그분의 생애였습니다. 솔직히 저
는 김대중 대통령을 아주 높이 평가하지는 않았었습니다. 여러 가지

김대중의 눈물

김대중은 눈물이 많은 정치인이었다. 누군가의 죽음, 견딜 수 없는 회한의 순간에 맞닥뜨렸을 때, 그는 그저 눈물을 흘린 것이 아니라 목이 멘 통곡을 터트렸다. 위 왼쪽. 1987년 9월 망월동 묘역 참배 중의 오열. 위 오른쪽. 정신과전문의 정혜신이 김대중의 새로운 모습을 보았다고 했던 문익환 목사 장례식장에서의 울음.(보도사진연감) 아래. 노무현 대통령 영결식 때 "내 몸의 반쪽을 잃어버렸다"며 통곡하던 모습. (청와대사진기자단)

불만이 많았지요. 그런데 노무현 대통령 시절을 겪으면서 김대중 대통령을 다시 보게 되었습니다. 그리고 노무현 대통령 돌아가시고 김대중 대통령이 입원하기까지 마지막 두 달을 보고는 푹 꼬꾸라질 정도로 존경하게 되었습니다. 노무현 대통령의 죽음을 많은 사람이 슬퍼했지만, 김대중 대통령처럼 중심을 잡아주며 치열하게 싸운 분을 저는 보지 못했습니다.

지난 10년간의 민주정권을 지내면서 왕년의 투사들은 다 싸우는 법을 잊어버린 것 같습니다. 촛불이 꺼진 뒤 민주주의가 파괴되고, 노무현 대통령의 죽음이라는 충격과 슬픔과 분노를 겪고도 겨우 시국선언이나 했을 뿐 우리의 근육은 되살아나지 않았습니다. 현재 진행형으로 숨 돌릴 새 없이 세상은 거꾸로 가는데 우리는 무엇이 잘못되었는지, 무엇을 해야 할지 알지 못했습니다. 그때 중심을 잡아주신 분은 단언 김대중 대통령이었습니다. 역주행을 처음 지적하고, 현재의 문제를 민주주의의 위기, 서민경제의 위기, 남북관계의 위기 등 3대 위기로 일목요연하게 정리하고, 이명박 정권의 본질을 독재정권이라 규정하고, 민주당, 진보정당, 시민사회 등 민주연합세력의 대동단결이라는 방안을 제시한 것은 다름 아닌 김대중 대통령이었습니다. 노 대통령 영결식장에서 터뜨린 오열이 보여주듯 가장 깊이 슬퍼하면서 가장 치열하게 싸운 분은 김대중 대통령이었습니다. 행동 없는 양심은 악의 편이 될 수밖에 없다는 처절하도록 간단한 진실을 온몸으로 보여준 분은 바로 그분이었습니다.

김대중 대통령의 말씀처럼 악의 세력과 다퉈서 이기는 것도 아주 쉽고, 지는 것도 아주 쉽습니다. "아무것도 안 하면 지니까"라는 말씀. 사람들이 싸우는 법을 잊어버렸을 때 그분은 꼭 각목을 휘두르지 않고도, 고문당하지 않고도 실천할 수 있는 법을 제시했지요. 길은 복잡하지 않습니다. "공개적으로 정부에 옳은 소리로 비판"하고, "그렇게 못하는 사람은 투표장에 가서 나쁜 정당에 투표하지 않으면" 되고, 나쁜 신문 보지 않고, 집회에도 나가고, 인터넷에 글 올리고, "하다못해 담벼락을 쳐다보고 욕을 할 수도 있다"면서 여든여섯 살 노인께서 연부역강한 젊은이들에게 "하루도 쉬지 말고 민주화, 서민경제, 남북화해를 위해 힘써달라"고 부탁했습니다. 김대중 대통령이 특별한 유언을 따로 남기지 않았다고요? 그분은 온몸으로 유언을 쓰고 가셨습니다.

노무현 대통령이 돌아가셨을 때 김대중 대통령이 "당신은 저승에서, 나는 이승에서……"라고 했죠. 김대중 대통령마저 돌아가신 지금 우리는 어떻게 해야 합니까?

그분은 가만히 계시기만 해도 비바람을 막아주고 뙤약볕을 막아주는 지붕 같은 분이셨습니다. 이제 우리는 지붕도 없이 비바람 치고 뙤약볕 쏟아지는 광야에 나앉은 듯한 기분입니다. 지붕도 없는 집에서 문짝은 내 꺼라고 찜하고, 서까래 뽑아 갈 궁리만 해서야 되겠습니까? 부디 그분이 남긴 정치적 유산을 탐하지 말고, 그분의 유지를 잇도록 해야겠습니다. 오늘 강의를 여기서 마치겠습니다.

개천에서 난
마지막 용,
노무현

정의가 이기는 세상을 꿈꾸다

개천에서 난 용,
사람들 가슴에 불을 지르다

김대중 대통령의 서거를 애도하는 이 서글픈 역사의 한복판에서 다시 노무현 대통령의 이야기를 꺼내려니 많이 착잡합니다. 이번 시간에는 '개천에서 난 노무현과 그의 시대'에 대해 이야기해보겠습니다.

　노무현 대통령이 돌아가시고 나서 시청 앞에 나가보셨습니까? 그렇게 많은 분이 오실 줄은 아무도 예상 못했을 것 같아요. 노무현 대통령이 재임 기간에 인기 있는 대통령은 아니었잖아요. 그러나 돌아가시고 난 다음에 정말 많은 사람이 몰려와 추모했습니다. 제가 그 무렵 다른 강의에서 '조문 민란'이라고 표현한 적이 있습니다. 민심이 거의 민란 수준이 아니었을까 싶었어요.

사람들은 왜 그렇게 슬퍼했을까?

이른바 진보진영에 속한 사람들한테는 노무현 대통령의 죽음이 한 템포 늦게 다가오지 않았나, 그런 느낌이 들어요. 저도 좀 그랬고요. 노무현 대통령이 처음 당선되었을 때는 너무너무 좋았지만, 대통령으로 있던 5년 동안 마음에 앙금이 많이 쌓였다고나 할까요. 애증이 겹쳐 있었어요.

가령 한결같이 좋아하던 사람에게 무슨 일이 생기면 충격과 슬픔이 그대로 표출되었을 텐데 뭐랄까, 미워하는 마음까지 품은 사람인 경우에는 도대체 이 엄청난 충격을 어떻게 받아들여야 할지 당혹스러웠던 것 같아요. 노무현 대통령이 정권을 잡은 뒤에 우리 입장에서는 '왜 저런 정책을 쓸까?' 하는 사안이 너무 많았거든요.

그분이 대통령에 당선되었을 때 어떤 느낌이었냐면, 그날 밤새도록 텔레비전 채널을 바꿔가면서 인터뷰하는 시민들을 봤는데 그중에 유모차를 끌고 나온 젊은 애기 엄마의 답변이 제 마음하고 아주 똑같았습니다. 기자가 "노무현 대통령이 앞으로 어떻게 했으면 좋겠어요?" 물으니까 애기 엄마가 잠시 머뭇거리더니 "여태까지 한 대로만 해주세요" 했습니다. 기자가 저에게 물었어도 똑같이 답했을 겁니다.

그런데 대통령이 된 뒤에 '저 노무현이 내가 알던 노무현이 맞나?' 하는 생각이 들 정도로 다른 행보를 보였고, 특히 신자유주의 정책이라든가 미국과의 FTA, 이라크 파병 등은 도저히 진보적인 입장에서는 받아들이기 어려운 정책들이었죠. 우리가 실망을 많이 했습니다. 그것은 분명히 근거가 있는, 이유가 있는 실망이었죠.

저는 노무현 대통령이 돌아가시고 시청 앞 광장에 여러 번 나가봤습니다. 돌아가신 다음 날 시청 앞에 분향소가 마련되고부터 거의 매일이었습니다. 일요일에 처음 갔는데 줄이 어찌나 긴지 가늠할 수가 없는 거예요. 줄을 서려고 시청 앞 광장에서 쭉 따라갔죠. 처음에는 덕수궁 돌담길 어디쯤에 끝이 있겠지 했는데 거의 경향신문사 앞까지

500만 시민의 조문 민란
경찰이 대한문 앞 시민 분향소를 기습적으로 철거했지만, 시민들은 자발적으로 새로 분향소를 설치하고, 끊없는 조문 행렬을 이어갔다.

줄이 이어졌더라고요. 거기에 줄을 서서 1시간 남짓 기다리다 보니 시청 앞 분향소까지 가려면 적어도 4시간은 더 기다려야겠더군요. 도저히 안 되겠다 싶어서 사무실로 돌아왔죠. 마침 사무실이 조계사 앞에 있어 조계사에서 분향을 했습니다.

제가 다음 날 새벽 1시에 또 분향소로 갔어요. 사무실에 늦게까지 남아 쓰던 원고를 마무리하고 시청 앞 분향소로 가려다 먼저 역사박물관으로 갔어요. 거기엔 정부에서 차린 분향소가 있었죠. 거기는 들어가서 바로 헌화하고 나왔습니다. 1초도 안 기다렸죠. 새벽 1시니까 이상할 것도 없었습니다. 시청 분향소로 가면서 역사박물관보다는 사람이 많겠지만 금방 분향하겠거니 했는데 웬걸요. 그 시간에도 끝이 보이지 않게 늘어선 거예요. 줄을 따라가니 전날만큼 길지는 않았지만 3시간은 족히 걸릴 거리였습니다. 경향신문사는 아니고 미국대사관저 부근까지 줄이 이어져 있는 거예요. 정말 깜짝 놀랐습니다. 이 사람들은 도대체 잠도 없나?

솔직히 저는 못 있겠더라고요. 화장실도 가야 하고, 일도 많고, 낮에는 땡볕이지, 밤에는 졸리고 피곤하지……. 이런저런 이유도 많은데 말없이 선 사람들을 보면서 아, 저분들이 나보다 훨씬 더 슬퍼하고 있구나, 하는 생각을 했습니다. 진보진영 사람들도 많이 충격받고 슬퍼했지만 대중은 백배쯤 더 슬퍼하고, 백배쯤 더 애통해하고, 백배쯤 더 노무현을 불쌍하게 여기는구나 하는 생각이 들었습니다.

도대체 노무현이란 사람이 누구기에 대한민국 국민들이 저렇게 슬퍼하는 걸까? 저도 새삼 다시 생각해보게 되더라고요. 그래서 잔디밭에 삼삼오오 모여 앉은 분들과 이야기도 나눠보고, 시민들이 분향소 주변에 써놓은 글들도 쭉 읽어보고, 평소에 언론 매체 등을 보면서 생각했던 것들을 다시 정리해봤습니다.

바보, 그리고 노간지

우선 노무현 대통령 하면 떠오르는 게 "개천에서 용 났다"는 표현입니다. 보통 용이 난 것이 아니라 정말 세게 용이 났다고 할 수 있겠죠. 대통령까지 올라간 용 아닙니까. 그야말로 개천에서 용 났다는 표현이 무엇인지 몸소 보여준 분입니다.

그다음에 떠오르는 건 '바보 노무현'이죠. 종로에서 출마하면 무조건 당선인데 그걸 내동댕이치고 부산에서 출마해 똑 떨어졌습니다. 부산 가면 떨어진다고 사람들이 다 말렸는데도 본인이 정면 돌파하겠다며 기어코 나갔습니다. 그래서 '바보 노무현'이라는 애정 어린 별명을 얻었어요.

그 밖에도 친근하고 소박한 이미지가 떠오릅니다. 그분의 탈권위주의 모습에 반해서 사람들이 '노간지'라는 애칭을 붙였잖아요. 네티즌들이 붙여준 별명이죠. 박정희 대통령을 '박통'이라 부르고 전두환 대통령은 외모 때문에 '대머리'라고 했는데……. 참 재미있는 게 노무현 대통령은 별명이 2개나 되지만 대통령 재임 중에는 별명이 없었어요. 대통령이 되기 전까지의 힘겨운 과정을 통해 '바보'라는 별명을 얻었지만, 대통령이 되니까 아무도 바보라고 안 했죠. 그리고 대통령직에서 퇴임해 고향에 돌아가서 보여주었던 촌부의 모습에 사람들이 '노간지'라고 했잖아요. 사람들이 굉장히 친근하고 소박하게 받아들이지 않았나 해요. 우리나라에서 권위주의를 탈피한 첫 번째 대통령이 아니었나 싶습니다. 가령 이승만, 박정희, 전두환으로 이어지는 독재자들이야 말할 것도 없고, 김영삼 대통령 역시 그랬고, 김대중 대통령도 당신은 민주주의를 실천하기 위해 굉장히 애를 썼지만 어딘가 좀 범접하기 어려운 부분이 있었죠. 동교동 특유의 정치 문화랄까, 독재정권과 싸우면서 형성된 권위주의적이고 1인 지배 체제와 유사한 요소들이 분명히 있었습니다.

노무현 대통령이 권위주의를 완전히 벗어났다는 것은 인터넷에 올라온 사진들에서도 알 수 있습니다. 네티즌들이 참 놀라워요. 어떻게 그렇게 대비되는 사진들로 극명하게 비교하는지…… 사진이 다 말해주잖아요.

똑같은 상황에서 다른 사람과 어떻게 다른가. 모 대통령은 일본에 가서 일왕한테 거의 90도 각도로 인사하는데 노무현 대통령은 당당하게 악수하는 사진이 있죠. 그런데 노무현 대통령이 거의 90도 각도로 인사하는 사진이 있습니다. 아주 평범한 시민들과 만나는 사진인데요. 젊은 아주머니에게 십자수 선물을 받고 정말 아주머니의 손을 두 손으로 맞잡고 90도 각도로 인사하는 사진이에요. 여학생들과 사진을 찍을 때 키 맞춰준다고 구부정한 자세로 찍은 사진도 있고, 아기 입에 먹을 걸 주는 척하다 휙 돌려서 자신이 먹을 듯 장난을 하는 사진……. 이런 것들이 사람들에게 많이 와 닿았나 봅니다. 그러면서 사람들이 이런 대통령이 있어서 참 행복했다 하는 느낌을 갖지 않았나 싶습니다.

개천에서 용 나다

노무현 대통령은 빈농의 자식으로 태어나 가난한 성장기를 보냈습니다. 가정형편 때문에 일찌감치 대학을 포기하고 상고에 진학했어요. 고등학교를 졸업하고 막노동판에 나가 일하다가 허리를 다쳐서 병원에 입원하기도 했습니다.

굉장히 중요한 부분인데 노무현 대통령은 우리나라 최초이자 유일의 군필자 대통령입니다. 박정희, 전두환, 노태우는 쉽게 이야기해서 탈영한 자들입니다. 군대에서 복무하다 탱크 몰고 나왔잖아요. 이렇게 옆문으로 청와대 들어온 사람들 빼고 최초로 군대 갔다 온 대통령이 된 거죠.

웃기는 것이 육군을 현역으로 만기 제대했는데 기록상으로는 예비역 상병입니다. 왜 그러느냐 하면 그 무렵 1·21사태가 발생했습니다. 김신조 부대가 박정희를 죽이겠다고 청와대 앞까지 내려왔죠. 나라가 발칵 뒤집어졌어요. 불똥이 현역 군인들한테 튀었습니다. 군대 복무 기간은 대통령령으로 정하게 되는데 1·21사건이 나자 아, 글쎄 박정희가 현역 복무 기간을 6개월 연장합니다. 곧 전쟁이 터질지 모른다는 거죠. 당하는 입장에서는 완전히 곡소리 나는 일이죠. 아마 "돌격 앞으로" 했으면 분노한 병사들이 이북하고 적개심을 불태우며 싸웠을

유일한(?) 군필자 대통령

강원도 인제에서의 군 복무 시절. 노무현은 우리나라 최초의, 그리고 현재까지 유일한 군필자 대통령이었다. 그렇다면 박정희, 전두환, 노태우는? 그들은 군 복무 중 탱크를 앞세워 탈영한 탈영 군인이었다.

겁니다. 그때 병장들이 제대를 못하고 복무 기간이 6개월 연장되니까 온갖 문제가 다 생깁니다. 그래서 방위가 생겼어요. 군대 가야 할 자원은 넘치는데 군대는 포화 상태니까 잉여 인력을 처리하기 위해서예요. 노무현 대통령은 그 와중에 군 제대를 해서 병장도 못 달고 예비역 상병이 되었습니다. 비록 병장은 못 달았지만, 저는 국군통수권자가 병사들의 생활을 아는 것은 대단히 중요한 문제라고 생각합니다.

노무현 대통령이 이렇게 빈한한 처지에 있다가 고시에 합격해 판사도 하고, 변호사도 하고, 국회의원도 하고, 장관도 하고, 대통령까지 올라갔으니 정말 개천에서 난 용 중에서도 가장 높이 올라간 사례라 해야겠죠.

사실 한국은 개천에서 용이 많이 나오는 나라예요. 제가 지난겨울에 지방에 다녀왔는데 어느 골목 플래카드에 "아무개 집 둘째 딸, 서울대학교 입학"이라고 씌어 있는 거예요. 서울대학교만이 아니라 '특목고 입학'을 축하하는 플래카드도 있더라고요. 전통적으로 우리나라에서는 입시가 신분 상승의 굉장히 중요한 수단이었죠. 그게 옛날 과거제도에서 연유하는데요. 과거를 통해 천하의 인재를 발탁했습니다. 과거제는 중국하고 우리나라에만 있는, 신분의 구애 없이 인재를 발탁하는 제도죠. 천민만 아니라면 누구나 응시가 가능했습니다. 적어도 제도상으로는요.

중국은 황제권이 세서 귀족의 권한을 찍어 누르는 게 가능했기 때문에 과거제의 문호가 우리보다 더 넓었어요. 우리나라는 귀족권이 상대적으로 강해서 과거제가 어떤 의미에서는 신분제도를 더욱 강화하고 합리화하는 역할을 했죠. 그래도 공식적으로는 과거제가 신분 이동의 통로가 될 수 있었습니다. 요즘은 돈 있는 집 자식들만 명문대에 가죠? 지금은 오히려 신분 이동 통로로서의 기능을 많이 잃었어요. 잃은 정도가 아니고 사교육의 폐해가 커지면서 입시가 거꾸로 신분 차이를 고착화하는 역할을 하게 되었죠.

우리는 과거제를 통해 개천에서 용이 많이 나오는 문화였는데 이게 왜 중요하냐 하면, 용이 될 만한 인물을 개천에서 못 떠나게 하면 어떻게 되요? 물방개와 미꾸라지, 송사리 같은 개천 것들을 다 모아서 뒤집어엎으려고 들지 않겠습니까? 등용문을 통해 용이 될 만한 재목을 뽑아 올려 상류사회에 안착시켜주니까 장기적인 체제 유지가 가능한 거예요. 우리나라 왕조는 한 번 섰다 하면 웬만해서는 안 넘어가잖아요? 기본이 500년이죠. 이렇게 체제가 장기 지속성을 가지는 중요한 이유 중 하나는 잠재적으로 반체제가 될 수 있는 부분을 잘 관리했기 때문입니다.

조선 후기로 접어들면서 벼슬의 문호가 좁아지고 양반들도 서로 동인, 서인, 노론, 소론으로 갈라져 싸우다가 나중에 노론이 권력을 잡고, 또 시간이 흐른 뒤에는 노론 중에서도 몇몇 집안만 돌아가면서 세도정치를 하죠. 그러면서 점차 나라가 망하는 겁니다. 조선 초기 열려 있던 신분 상승 공간, 그 안에서의 유동성이 꽉 막히면서 조선 사회가 얼마 지탱하지 못하고 무너졌어요. 지금 한국 사회가 그런 방향으로 가고 있지 않나 하는 우려가 듭니다.

"제가 아내를 버려야겠습니까?"

노무현 대통령이 개천에서 용이 나오는 모습을 보여줬는데, 다른 용하고는 달랐죠. 다른 용들은 다들 상류사회로 이동했습니다. 개천에서 난 용들을 상류사회로 이동시키는 중요한 사회적 기능을 하는 집단이 있죠, '마담 뚜'라고. 그런 사람들이 개천에서 나온 용들이 다시는 개천에서 놀지 않게끔 다리를 놓아주는데 노무현 대통령은 어땠어요?

원래는 고시에 패스하면 돈 많은 졸부 집에서 데려가야 하는데 노무현 대통령은 결혼한 상태에서 고시에 합격했어요. 노 대통령의 처가 형편이 어땠습니까? 노무현 집안보다 훨씬 더 상황이 안 좋았죠. 대한민국에서 1950년대, 1960년대에 가장이 빨갱이에 장기수, 장애인이었으면 오죽했겠습니까? 셋 중 하나만 해당되어도 이 땅에서 살기 어려웠을 텐데 모두 갖췄어요.

가방끈이 짧은 건 권 여사가 노무현 대통령보다 더하죠. 노무현 대통령 보고 가방끈 짧다고 한국의 주류 사회가 얼마나 빈정댔습니까. 모름지기 대통령을 하려면 대학을 나와야 해, 그렇게 떠들었죠. 김대중 대통령도 상고밖에 안 나왔지만 그분한테 가방끈 짧다고 하는 사람을 저는 여태 본 적이 없어요. 〈조선일보〉도 김대중 대통령한테 온

사법연수원 신분증
노무현은 부산상고를 졸업하
고, 독학으로 사법시험에 합격
했다. 그럼에도 그는 기득권에
포섭되지 않은 영원한 비주류
의 길을 걸었다.

갖 험담을 했어도 가방끈 가지고 이야기한
적은 없지 않았나요? 노무현 대통령은 문제
가 되었단 말이죠. 고시까지 패스했는데도
가방끈 짧다고 시비에요. 그때 고시는 지금
같은 고시가 아니거든요. 지금은 1천 명씩
뽑지만 그 당시 30명을 뽑았어요. 그런 고시
에 합격했는데도 가방끈 짧다는 이야기가
나옵니다. 게다가 세트로 짧다는 거죠. 이희
호 여사야 당대에 손꼽히는 인텔리 여성이
었으니까 그런 얘기까지는 안 나왔지만, 권
양숙 여사한테는 참 야비하게 대했죠.

노무현 대통령은 처가 덕을 보는 게 아니
라 처가 문제로 인해 민주당 대통령 후보 경선에서 곤욕을 치를 뻔했
어요. 이인제 측에서 연좌제 문제를 들고 나왔습니다. 장인이 좌익 무
기수로 감옥에서 돌아가신 사실을 문제 삼으면서 "국군통수권자의 아
내가 빨갱이 집안의 딸이라면 말이 되겠느냐?" 이렇게 나왔죠.

이인제 측에서 이 문제를 물고 늘어졌을 때 저는 많이 걱정했어요.
대한민국에 '색깔 불패'의 신화가 있지 않습니까? 그런데 노무현 대
통령이 이렇게 외쳤어요. "제 장인은 좌익 활동을 하다가 돌아가셨습
니다. 저는 이 사실을 알고 아내와 결혼했습니다. 그리고 아이들 잘
키우고 지금까지 서로 사랑하면서 잘살고 있습니다. 뭐가 잘못됐습니
까? 이런 아내를 제가 버려야 합니까? 그렇게 하면 대통령 자격이 있
고, 이 아내를 그대로 사랑하면 대통령 자격이 없다는 겁니까? 여러
분! 이 자리에서 여러분이 심판해주십시오. 여러분이 그런 아내를 둔

사람은 대통령 자격이 없다고 판단하신다면 저 대통령 후보 그만두겠습니다. 여러분이 하라고 하시면 열심히 하겠습니다!" 정말 우레와 같은 박수가 터져 나왔습니다. 연좌제 때문에 고통받은 일이 있는 분들은 아마 이 연설 들으면서 다 울었을 거예요. 어디 그분들뿐인가요? 노무현 대통령이 생애 처음이자 마지막으로 강남 아줌마들한테까지 전폭적인 지지를 받았습니다. 강남 아줌마들조차 "노무현 너무 멋있다. 아내의 허물 때문에 자신의 진로에 위기가 닥쳤을 때 오히려 아내를 품어주는 남자가 대한민국에 어디에 있냐? 정말 멋있다" 그랬죠. 노무현 대통령은 대한민국에서 색깔론을 처음으로 정면 돌파한 정치인입니다.

대학도 못 나오고, 집안 별 볼일 없고, 처가는 좌익 전력이 있고, 현역으로 군대까지 갔다 오고, 그야말로 대한민국 하늘 아래서 개천에서 사는 조건은 다 갖추었습니다.

바위를 깨뜨린
모난 돌

개천에서 용이 나면 누가 좋아할까요? 개천 것들, 개천에서 사는 못난 것들이 좋아하겠죠. 지렁이도 좋아하고, 물방개도 좋아하고, 모래무지도 좋아하고, 미꾸라지도 좋아합니다. 왜? 자신은 비록 더러운 개천에서 살지만 이제 희망이 생긴 거죠. 개천에서 용이 났으니 내 새끼도 저렇게 될 수 있다는 희망이 생기지 않겠습니까.

노무현 대통령이나 김대중 대통령이 중요한 일도 많이 했지만, 그런 분들이 대통령이 되었다는 사실 자체가 한국 사회의 큰 축복입니다. 우리가 서로 축하해야 할 일이라고 생각해요. 이런 사람들을 대통령으로 만들 수 있는 나라가 지구상에 많지 않거든요.

기득권에 포섭되지 않은 영원한 비주류

진보진영에 속한 사람들은 노무현 대통령한테 따질 게 많았어요. 우린 그랬잖아요. 김대중이 대통령이 되고 노무현이 대통령이 되면, 당연히 이것도 하고 저것도 해야 하는데 왜 안 하느냐? 그러면서 삿대질하고 욕하고 비판했습니다. 무턱대고 비판한 건 아니죠. 그분들이 대통령이 되기 전에 약속을 많이 했거든요. 우리는 그 약속에 근거해 요구했지만 그분들이 그렇게 안 했습니다. 물론 나름대로 열심히 했는데 우리가 잘 이해하지 못한 측면도 있겠죠.

노무현 대통령은 여러분도 잘 아시겠지만 뒤늦게 운동권에 들어왔습니다. 우리나라 운동권 내에 선후배끼리는 서로 '형'으로 통하는 문화가 있거든요. 저를 포함해서 제 주변을 둘러봐도 저희 세대쯤 되는 사람들이 한 번도 노무현 대통령을 형이라고 생각해본 적이 없는 거 같아요. 운동권에 군번 의식 같은 것이 있는지 모르겠지만, 제가 78학번으로 대학에 들어가 운동권이 되었는데 노무현 대통령은 훨씬 늦게 들어왔단 말이에요. 또 운동권 선후배 의식이라는 게 대학 선후배 관계와 깊이 얽혀 있는데, 노무현은 그런 관계 밖에 있는 분이었잖아요.

노무현 대통령의 국민장을 치르고 몇 명이 시청 앞에 앉아 새벽까지 술을 마셨어요. 술을 마시고 좀 취한 상태에서 "야, 우리가 노무현 대통령을 한 번도 형이라고 생각해본 적이 없지 않냐?" 그런 말을 했습니다. 저희 또래가 노 대통령과 한 살 차이인 김근태 전 의원을 사석에서 형이라고 부르니까 충분히 그럴 만한 나이인데…… 그게 늦게 만나서 그런 것만은 아닌 듯싶어요. 그래서 그날 빈소에 가 친구하고 술 한 잔 따르면서 "무현이 성" 하고 바친 일이 있습니다.

노무현 대통령이 1988년 제13대 총선에서 당선되었죠. 1987년 6월 항쟁 이후 민주화의 물꼬가 터지는 시기에 총선에 처음으로 도전해서 당선이 되었습니다. 이때 좋은 분이 많이 당선이 되었죠.

노무현 대통령이 처음으로 두각을 나타낸 것이 청문회였습니다. 인터넷에서 당시 청문회 영상을 보니까 지금 봐도 참 잘했어요. 저 사람이 누구인가 궁금해했던 기억이 납니다. 이 양반이 참 투박하게 생겼잖아요. 변호사라고 하면 좀 세련된 맛이 있어야 할 텐데 전혀 그런 느낌이 안 들었어요. 어딘가 촌스럽고 울퉁불퉁하게 생긴 양반이 아주 날카로운 질문을 하는 모습을 보면서 사람들이 깊은 인상을 받았습니다.

그중에서도 정말 깊은 인상을 받은 것은 정치권의 야합으로 청문회가 흐지부지되면서 1989년 12월 31일 전두환에 대한 마지막 청문회가 끝났을 때예요. 전두환을 떠나보내고 의석에 혼자 앉아 있던 노무현 대통령이 명패를 집어 던진 사건. 앞에서도 한 번 얘기했지만, 저는 굉장히 인상 깊었습니다. 그리고 얼마 후 3당 합당이 이루어졌을 때 유명한 사진이 있죠. 3당 합당을 따라가지 않고, "이의 있습니다!" 하면서 이른바 꼬마 민주당에 잔류해서는 고난의 길을 걷기 시작했습니다. 그 뒤로 선거에서 세 번이나 떨어졌어요.

노무현 대통령이 1988년 총선에서 처음 국회의원에 당선되었죠. 그리고 2002년 대통령이 되었으니까 정치권에 입문한 지 만 14년 만이에요. 무지무지하게 빨리 대통령이 된 겁니다. 좀 특이한 사례이긴 하지만 김대중 대통령은 후보만 26년을 했잖아요. 노무현 대통령의 기록은 앞으로도 깨지기 힘들 겁니다.

이 14년 동안 노무현 대통령이 승승장구했던 게 절대 아니에요. 무려 세 번이나 선거에서 떨어졌습니다. 원숭이는 나무에서 떨어져도 원숭이지만, 정치인은 선거에서 떨어지면 아무것도 아니죠. 특히 야당 의원이 선거에서 떨어지면 정말 존재감 없는, 이름조차 없이 빌빌

이의 있습니다!
민주당 의원 시절인 1990년 1월 민주당 전당대회에서 김영삼 총재가 3당 합당에 대해 연설하자 거세게 항의하고 있다. (연합뉴스)

댈 수밖에 없어요. 노무현이란 사람은 선거에서 떨어지면 떨어질수록 더 큰 인물이 되었습니다. 최초로 자발적인 팬 카페를 가지게 된 정치인이 노무현 대통령입니다.

대중은 반칙하지 않고, 불의와 타협하지 않고, 스스로 정한 원칙을 포기하지 않는 데 주목했고, 반했고, 열광했습니다. 그가 대통령이 되었다는 사실 자체가 대중에게는 큰 희망이었죠. 대한민국 정치인 중에서 대통령이 되기 이전부터 사람들의 가슴에 이렇게 불을 지른 사람은 없었어요. 케네디가 1960년대 미국 젊은이들의 가슴에 불을 질렀던 것 이상으로 노무현 대통령은 젊은 사람들 가슴에 불을 붙였다고 저는 생각합니다.

노무현 대통령이 어떤 분입니까? 끝까지 기득권 세력에 포섭되지 않았죠. 우리의 용으로 남았습니다. 개천에서 나서 출세한 용이 끝까지 개천에 산 셈입니다. 여러분, 한국의 기득권 세력을 보십시오. 그 사람들 족보를 한번 따져봅시다. 누구네 집 사위, 무슨 집 사위라는 사람들 중에 노무현 대통령보다 훨씬 가난한 집에서 태어난 사람도 많을 겁니다. 지금은 다들 편안한 주류 사회에 안착했죠.

노무현 대통령은 대통령 자리까지 올라갔는데도 끝까지 비주류로 남았어요. 출발이 비주류인 것은 김대중 대통령도 마찬가지였지만 두 사람의 비주류는 의미가 또 다르죠. 김대중 대통령은 적어도 1971년 이후 우리나라 재야와 야당 쪽의 확고한 중심이었습니다. 반면에 노무현 대통령은 비주류 안에서도 비주류 아닙니까? 김근태 씨하고 비교해도 그렇습니다. 김근태 씨는 운동권 출신이니까 비주류라고 할 수 있겠죠. 그러나 운동권 내부에서는 단연 주류입니다. 게다가 KS 마크가 있잖아요. 노무현 대통령은 한국의 기득권 세력이 볼 때 "어디서 굴러먹던 개뼈다귀냐?"였죠. 요즘 말로 하면 그야말로 '듣보잡'이죠. 정치에 입문하기 전까지는 운동권 내에서도 잘 알려지지 않았던 사람입니다.

노무현 대통령은 주류 사회에 포섭되지 않았을 뿐 아니라 주류 사회에 계속 도전했습니다. 눈 깔지 않았습니다. 무릎 꿇지 않았어요. 주류 사회에 대해 계속 삿대질을 하면서 도전했습니다. 보통 개천에서 난 용이 출세하면 점잖아지잖아요. 노무현은 계속 밑바닥 사회의 언어와 정서를 거리낌 없이 표현했죠. 노무현 대통령은 책도 많이 읽고 논리적이며 이지적인 사람이지만 분위기는 그냥 밑바닥 스타일입니다. 그러니까 상류사회 입장에서 볼 때는 정말 교양머리 없는 존재였을 겁니다.

정의를 가르치지 않는 사회에서 모난 돌이 되다

노무현 대통령이 돌아가시고 나서 인터넷에 동영상들이 쫙 떴습니다. 그 동영상을 보면서 많은 것을 느꼈어요. 우선 역사학자 해먹기 정말 힘들게 되었다, 그런 생각이 들더라고요. 역사학자라면 남들이 잊어버린 사건들, 기억 못하는 것들을 찾아 보여주면서 먹고사는 사람들 아닙니까? 그런데 저도 다 잊고 있던 것들을 시민들이 용케 찾아다 정말 보기 좋게 편집해서 인터넷에 올려요. 그걸 보고 있으려니 역사 공부가 다 되더라고요.

　밤새 인터넷에 있는 동영상들을 보면서 '아 맞아, 저런 일이 있었지. 맞아, 저랬어' 하다가 점점 빠져드는 생각이 뭐냐면 '맞아, 저랬어. 저렇게 이야기하니까 죽었지. 한국 사회에서 저렇게 이야기하니까 죽은 거야' 싶더라고요. 그리고 더 보다 보니까 '아냐 아냐, 저렇게 얘기하니까 죽었지'라는 생각까지 드는 거예요.

　가장 인상 깊었던 동영상은 바로 대통령 후보 출마 선언을 하며 했던 말씀입니다. 노무현 후보는 어머니가 자신에게 남겨준 가훈을 소개했습니다. "야, 이놈아, 모난 돌이 정 맞는다. 계란으로 바위치기다. 그저 바람 부는 대로, 물결치는 대로 눈치 보면서 살아라"였죠. 나중에 변호사가 되어 1980년대에 시위하다 감옥에 간 젊은 학생들을 변호하다 보니까 그 어머니들도 똑같이 가르치고 있었다는 겁니다. "이놈아. 계란으로 바위치기다. 그만둬라. 너는 뒤로 빠져라."

　이게 무슨 이야기입니까? 아무도 젊은이들에게 정의를 가르치지

노무현 대통령 당선
2002년 12월 19일 밤 서울 종로구 명륜동 노무현 집 앞에서 지지자들이 당선 확정 사실이 보도된 〈한겨레〉 신문을 치켜들며 환호하고 있다.

않더라는 거죠. 당신의 어머니만이 아니라, 우리 역사에서 지난 600년 동안 부모들이 비겁한 교훈을 가르쳐왔다는 겁니다. 조선시대 내내 권력에 도전하면 모난 돌이 정 맞고, 귀양 가고, 멸문지화를 당했고, 독립운동하면 3대가 개고생하지 않았습니까. 그러다 보니 아무도 젊은이들에게 정의롭게 살라고 가르치지 못하는 사회가 되었다는 거죠.

여러분, 어떠십니까? 아이들에게 정의롭게 살라고 가르치십니까? 아니면 나서지 말라고 가르치십니까? 세상에 어떤 부정이 있어도, 어떤 불의가 눈앞에 벌어져도, 강자가 약자를 짓밟아도, 그저 모른 척하고 고개 숙이고 외면해야…… 그렇게 해야 밥 먹고 살았죠. 그렇게 해야 잡혀가지 않고, 그렇게 해야 칼 맞지 않고 살 수 있었는데 이제는 고쳐야 하지 않겠는가? 우리 젊은이들이 떳떳하게 정의를 이야기하고 떳떳하게 불의에 맞서는 새로운 역사를 만들어가야 하지 않겠느냐? 이게 노무현이 던진 메시지였다고 생각합니다. 이 메시지는 바로 과거 청산으로 이어지죠.

민주당 대통령 후보 수락 연설에서는 이런 말도 했습니다. "정직하고 성실하게 사는 사람, 정정당당하게 승부하는 사람이 성공하는, 그런 아름다운 세상을 만들어봅시다." 정직하고 성실하게 사는 사람이 성공하는 사회는 어떤 사회입니까? 아무것도 아닌 이야기 같지만, 이 이야기를 한국 현대사의 특정한 맥락 속에 집어넣으면 무지무지하게 과격한 이야기가 됩니다.

가령 우리 부동산 문제를 한번 생각해봅시다. 부동산을 가진 사람과 부동산이 없는 사람에게 한국 현대사는 완전히 다른 역사입니다. 말죽거리에 땅을 사놓은 사람과 땅 한 뼘 없는 사람의 차이가 뭡니까? 아침 6시부터 밤 12시까지 새빠지게 일했다 한들 말죽거리에 땅 한 평 살 수 있습니까? 정직하고 성실하게 사는 사람이 성공하는 사회가 아니죠. 대한민국은 어떤 사회입니까? 남다른 네트워크, 빠른 정보를 가지고 정확하게 그 지점을 찍어서 땅을 산 사람이 성공하는 사회죠. 적어도 부동산에 관한 한 그렇지 않았습니까?

정직하고 성실하게 사는 사람이 성공하는 사회를 만들자. 듣기에 따라서 이건 빨갱이 이야기죠. 우리 입장에서는 너무나 당연하고 정당한 이야기지만, 자칫 빨갱이로 몰릴 수 있는 이야기입니다.

부자 아버지가 없이도 공교육만 제대로 받으면 고시도 붙고 변호사도 되고 국회의원도 하고 대통령도 되는 사회를 만들자. 그게 노무현의 중요한 메시지였습니다. 대중은 노무현이 대통령이 된 것을 보면서 우리 자식도 그렇게 될 수 있지 않을까? 우리 자식도 개천에서 났지만 용으로 자랄 수 있지 않을까? 그런 꿈을 꾸었던 겁니다. 노무현이 있어서 행복했다, 당신이 대통령이 되어서 행복했다고 이야기한 사람들은 그런 꿈을 꾸었던 사람들이 아니었을까요? 몇 시간이나 기다려서 노무현 대통령의 빈소를 찾은 조문객들이 누구일까요? 바로 그런 꿈을 꾸었던 사람들이 아니었을까 싶습니다.

국민 상주들의 '지못미' 노무현

노무현 대통령의 빈소를 찾은 조문 인파가 500만, 600만 명 정도였다고 하죠. 저는 이 숫자에서 무엇을 유추할 수 있는지 생각해봤습니다. 그랬더니 지난 선거에서 투표하지 않은 사람들, 그러니까 2002년 대선에서 노무현을 찍었는데 2007년 대선에서는 투표하지 않은 사람들이 500만, 600만 명쯤 되는 것 같아요.

이명박 대통령이 540만 표 차이로 이겼다고 했습니다. 재미있는 것은 2002년 당시 노무현 대통령은 2007년의 이명박 대통령보다 53만 표를 더 얻었습니다. 무슨 뜻입니까? 유권자가 270만 명 가까이 더 늘어났는데도 표의 절대 수치는 이명박 대통령이 노무현 대통령보다 더 적었다는 겁니다. 그게 이명박 대통령의 콤플렉스 아니었을까 하는 생각도 좀 듭니다. 이번 선거에서는 그렇게 많은 사람이 투표를 하지 않았죠.

2002년에는 노무현 대통령을 찍었는데 그다음 선거에서는 아예 투표도 하지 않은 사람들이 가장 크게 느낀 감정이 요즘 말로 '지못미'

아니었을까요? 지켜주지 못해서 미안한 사람들이 아마도 그 문상객들이 아니었을까 생각해봤습니다. 분향소에 조문 와서 서럽게 운 사람들, 앞으로 반드시 투표하겠다고 다짐한 사람들의 실체가 그런 것이 아니었나 하는 생각이 들었습니다.

노무현 대통령의 죽음은 아주 충격적인 사건이었죠. 우리에게 더할 나위 없이 충격적인 사건으로 다가왔습니다. 많은 국민이 슬퍼했습니다. 엎친 데 덮친 격으로 김대중 대통령까지 돌아가셨죠. 두 분 대통령을 잃은 대중의 슬픔이 앞으로 하나의 에너지가 되느냐, 못 되느냐가 한국 정치의 미래를 좌우하리란 생각이 듭니다. 4시간, 5시간씩 서 있던 분들은 일반적인 문상객이 아니죠. 보통 문상객이라면 그렇게 못하죠. 4시간, 5시간씩 거기 가서 서 있던 분들은 그냥 문상객이 아니라 국민 상주였다고 생각합니다.

자, 우리나라가 점점 개천에서 용이 나오기 힘든 사회가 되어가고 있습니다. 어떤 경제학자는 이렇게 이야기했습니다. "개천에서 난 용을 용인할 수 없는 사회가 된 것이 너무 슬프다." 저 역시 그렇게 생각합니다. 500년을 버틴 조선 왕조도 19세기 들어 '세도정치'라는 극단적인 닫힌 체제로 굳어졌을 때 더 이상 버티지 못하고 망해버렸습니다. 개천에서 용이 나는 세상, 환경이 아무리 어렵고 척박해도 꿈꾸고 노력하면 지렁이도 용이 되는 세상이 진정으로 사람 살 만한 세상이 아닌가 생각합니다.

탄핵이 가져다 준,
절호의 기회

2002년 대통령 선거에서 진보개혁으로 분류되는 세력이 1997년에 이어 또다시 승리했습니다. 5년을 더 집권하게 되었죠. 1997년 대통령 선거에서는 김대중 대통령이 정권이 열두 번 바뀌어도 이상할 게 없는 요인들이 다섯, 여섯 가지나 겹쳤는데도 겨우 39만 표 차이로 이겼죠. 노무현 대통령은 수구세력에게 아무것도 빚지지 않고 진보개혁세력의 독자적인 역량만으로 53만 표 차이로 이회창 후보를 이겼어요. 이건 정말 기념할 만한 일이라고 할 수 있습니다.

뚜벅뚜벅 혼자 힘으로 대통령 자리에 오르다

2002년에는 IMF 위기 같은 상황도 없었죠. 경제는 어려웠지만 여당 후보인 노무현에게 더 불리하게 작용한 부분이었고요. 이인제 효과도 없었고 DJP 연합 같은 시너지도 없었어요. 원래 정몽준 후보와 단일화를 했지만 막판에 깨버렸죠. 정몽준 후보가 배신했을 때 〈조선일

보〉사설 제목이 뭔지 아십니까? 「정몽준, 노무현 버렸다」예요. 〈조선일보〉는 "지금 시점에서 분명한 것은 후보 단일화에 합의했고 유세를 함께 다니면서 노무현 후보의 손을 들어줬던 정몽준 씨마저 '노 후보는 곤란하다'고 판단한 상황"이라면서 마지막 안간힘을 썼습니다. 노무현 후보에게는 엄청나게 불리한 조건이 형성된 것입니다. 1997년에는 소통령 김현철 씨가 한나라당 이회창 후보의 표를 엄청나게 깎아먹은 반면, 2002년 선거에서는 김대중 대통령의 두 아들이 연달아 구속되는 바람에 노무현 대통령에게 불리하게 작용했죠. 이회창 후보 아들의 병역 논란이 제기되었지만 이 문제는 1997년도에 이미 써먹었던 소재고요.

수구세력은 1997년 대선에서 김대중 대통령에게 패배한 요인을 IMF, 이인제 효과, 병역 기피, DJP연합으로 꼽으면서 4대 효과라고 했거든요. 노무현 후보는 이런 요인 하나 없이도 승리했단 말이죠. 그런 면에서 본다면 진보개혁세력이 김대중 정권 5년을 거치면서 그만큼 세력이 넓어졌고, 또 노무현 대통령의 인간적인 호소력도 상당한 득표력이 있지 않았을까 합니다.

노무현 대통령은 수구세력에게 빚지지 않고 당선된 유일한 대통령입니다. 그런 점에서 김대중 대통령이 지팡이를 짚고 난간을 붙잡으면서 힘겹게 대통령 자리에 올라간 거라면 노무현 대통령은 자기 발로 뚜벅뚜벅 걸어서 올라간 셈이에요. 똑같은 승리라도 좀 더 기분 좋은 승리가 아닌가 싶어요.

DJP연합과 마찬가지로 정몽준 후보와의 단일화를 통해 당선되었다면 어떻게 되었겠습니까? 내각의 절반이 정몽준 후보에게 갔을지도 모르죠. 생각하기도 싫은 사태겠죠. 선거 전날 단일화가 깨지는 바람

에 오히려 노무현 대통령은 홀가분하게 정치할 수 있었잖아요. 그러니까 진보진영도 기대가 컸습니다.

우리가 기분이 좋으면 저쪽은 어떻겠습니까? 저쪽은 질래야 질 수 없는 싸움에서 졌죠. 제가 가끔 이런 이야기를 합니다. 수구세력은 머리가 나빠서 안 된다고요. 정말이지 수구세력은 인문학적 상상력이나 교양 같은 게 전혀 없어요. 오로지 힘으로, 주먹으로 집권을 해왔습니다. 1997년 대통령 선거는 수구세력이 그 나쁜 머리로도 자기네가 졌다는 사실을 납득할 수 있었어요. 패배를 가져온 요인이 수두룩했거든요. 2002년 대선은 어때요? 도저히 납득이 안 되는 겁니다.

옛날 유머 중에 이런 게 있어요. 지옥에 떨어져서 자신이 받을 벌을 선택하는데, 보니까 사람들이 똥물 속에서 목만 내놓고 있거든요. 저 정도면 견딜 만하겠다 싶어서 선택했더니 갑자기 스피커에서 "휴식 끝. 잠수 시작" 소리가 나오더라는 거죠. 2002년 대선 기간에 수구세력이 그동안 김대중 빨갱이 정권 밑에서 고난을 겪다가 이제 정권을 되찾는다 했습니다. 애초에 노무현은 상대로도 안 봤거든요. 1987년 대선에서 김대중을 지지한다고 하면 위험시는 해도 존중은 받았어요. 그런데 2002년 대선 전에 어떤 모임에서 "누가 대통령이 될 것 같으냐?" 했을 때 "노무현"이라고 답하니까 다들 비웃었습니다. 노무현 같은 사람이 대권에 도전한다는 사실 자체가 상류사회에서 볼 때는 비웃음의 대상이었던 거죠. 어디서 굴러먹던 개뼈다귀야?

수구세력이 그 어디서 굴러먹던 개뼈다귀한테 당한 거예요. 수구세력의 정서적 공황 상태랄까, 충격이 김대중 대통령한테 졌을 때보다 말도 못하게 컸어요. 김대중한테 졌을 때는 위로할 건덕지라도 있었죠. 이인제 욕하고, IMF 욕하고, 그다음에 JP가 들어가 있으니까 뭐

검사와의 대화

노무현은 집권 후 40대 중반 강금실을 법무부 장관으로 임명한다. 서열을 중시하는 검찰 조직의 생리상 당시 검찰총장보다 사시 11기 후배인 강 장관 임명은 상당히 파격적인 인사였다. (연합뉴스)

어떻게 되겠지 생각했는데…… 노무현한테 지니까 또다시 5년을 잠수해야 하잖아요. 5년을 더 잠수하라고 하니까 죽어도 못한다고 나자빠지기 시작하죠. 이걸 조희연 선생의 어려운 문자로 표현하면 "수구세력의 능동화"라고 할 수 있죠. 수구세력이 도저히 못 참겠다고 막 뻗대면서 룰을 깨기 시작했어요. 그리고 행동으로 옮기기 시작합니다.

그러면서 나온 이야기가 탄핵입니다. 이대로 5년은 못 간다. 인터넷은 젊은 놈들이 다 장악했으니 그대로 5년 가면 우리는 다시 정권을 잡기 힘들다. 조기에 끌어내려야 한다. 이런 이야기가 나오고, 조갑제는 노무현 찍은 젊은 애들한테 용돈 주지 말라는 등 별의별 이야기가 다 나왔습니다. 그러면서 탄핵 이야기가 나오기 시작했습니다.

노무현 대통령이 역사상 가장 빨리 탄핵 이야기가 나온 대통령일 겁니다. 보통 취임 초기를 밀월 기간, 허니문 기간이라고 하잖아요. 언론에서도 취임 초기에는 대개 봐주는 분위기인데 노무현 대통령은 취임한 지 2주일 만에 탄핵 이야기가 나왔습니다. 그러더니 1년 3개월 만에 덜컥 탄핵안을 가결시켜버렸죠.

저 노무현이 그 노무현인가?

탄핵하기 전까지 1년 동안의 과정을 한번 쭉 돌아보죠. 노무현 대통령이 처음 대통령이 되었을 때 앞날이 평탄치 않겠구나, 했던 것이 바로 내각 인사였어요. 법무부 장관으로 강금실 변호사를 앉혔습니다. 당시 강금실 변호사가 40대 후반이었는데 고시에 합격한 게 검찰 총장보다 10년쯤 아래였어요. 서열을 중시하는 풍토에서 검찰이 뒤집어지고 난리법석을 피웠죠. 그래서 검사와의 대화를 했던 겁니다. "이쯤 되면 막 가자는 거지요?" 아마 여러분도 기억이 나실 겁니다. 검사와의 대화가 끝나고 "이런 검사 같은 놈아", "검사스럽다" 같은 신조어가 많이 나왔습니다.

그 당시만 해도 노무현 대통령에 대한 기대감이 컸죠. 진보진영에서도 그랬어요. 정치인 노무현과 대통령 노무현은 다를 수밖에 없겠지만 노무현이니까 잘 헤쳐나갈 것이다. 그렇게 기대했죠. 그런데 처음부터 일이 꼬이려니 노무현 대통령이 취임하자마자 이라크 전쟁이 터졌습니다. 취임하기 전에 뭐가 있었습니까? 미선이 효순이 추모 촛불집회가 있었잖아요. 그때 노무현 대통령이 말 한마디 했다가 언론한테 두들겨 맞았죠. 젊은이들의 반미 정서에 대해 조중동에서 두들겨 패니까 노무현 대통령이 "반미 감정 좀 가지면 어때?"라고 말했다가 집중포화를 맞았습니다.

저는 대한민국 국가 차원의 반미는 문제가 있을 수 있다고 생각합니다. 그래도 반미 감정 좀 가지면 어떠냐고 말하던 분이 대통령이 되었으니 주권국가로서 중심을 잡고 상호 존중하면서 양국 간에 대등한 관계가 형성되지 않을까 생각했습니다. 아, 그런데 부시가 이라크로 쳐들어갔잖아요. 그러면서 다른 나라에 파병 압력을 가했습니다. 다른 나라는 파병을 안 해도 미국이 보복하거나 그러지 못하잖아요. 그런데 우리는 그럴 가능성이 굉장히 컸어요. 왜냐? 일단 우리나라는 군인이 너무 많습니다. 군인을 이렇게 많이 늘린 이유 중 하나가 미국의 필요성 때문이었습니다. 미국이 유사시에 써먹으려고 원조해가면서 한국군을 60만 대군으로 늘렸잖아요. 우리 군대가 세계의 경찰인 미국군을 보조하는 일종의 방범대원이 된 거죠. 베트남전도 압력이 클 수밖에 없었어요.

저는 '미안해요, 베트남' 운동이 발전한 평화박물관 활동을 하기 때문에 파병 문제에 대해서는 굉장히 민감할 수밖에 없는 처지입니다. 그러면서 한편으로 파병을 해서는 안 되지만 대한민국 대통령이 과연 안 하고 버틸 수 있을까 하는 걱정도 많이 들었어요. 저야 파병을 절대 반대했고 팔자에 없이 국회 앞에서 버스 위에 올라가 마이크를 잡기도 했지만, 그러면서도 노무현 정권이 파병 문제에 관한 한 잘 버텨줬으면 하는 복잡한 마음이었습니다. 결국 파병으로 결정이 났죠.

처음부터 이렇게 어그러지면 어떡하나 걱정을 했는데 계속 그런 문제들이 터졌죠. 사실 대북 송금 특검 같은 사안은 단호하게 막아주었어야 한다고 생각했습니다. 화물연대 파업 문제도 있었죠. 결정적인 것은 미국에 가서 했던 이상한 발언들입니다. 나중에 대통령직에서 퇴임한 후에 자신이 생각해도 창피한 발언이었다고 했는데…… "미국이 없었으면 나는 지금 아마도 북한 수용소에 있지 않았을까" 하는 이야기를 했어요.

저는 무슨 이야기를 들어도 반응이 한 템포 늦은 편입니다. 제가 좀 그렇게 생기지 않았습니까? 그런데 뉴스에서 그 말을 듣는 순간 정말 얼굴이 화끈하고 아, 뚜껑이 열린다는 게 이런 거구나 하는 느낌이었어요. 솔직한 심정으로 나한테 그럴 힘만 있었으면, 죄송합니다만 진짜 어디 수용소에다 처넣고 싶었습니다.

왜 연애하다 보면 잘해주고 싶은데 자꾸 어깃장이 나는 것 있죠? 노무현 대통령을 지지했고 계속 지지하고 싶은데 자꾸 어깃장이 나는 겁니다. 우리만 그런 것은 아니었나 봐요. 그 시절 시민사회단체에서 활동하던 사람들도 돌아버리고 싶은 심정이었습니다. 노무현 대통령의 입에서 진보진영 때문에 "대통령 못해먹겠다"는 말까지 나왔지만, 진보진영은 진보진영대로 배신당한 심정이라 마음이 굉장히 안 좋았습니다. 그러다 가을 무렵 송두율 선생 사건이 일어나고 미국에서 2차 파병을 강요하는 와중에 다시 진보세력과 관계를 개선해야 하지 않느냐는 필요성을 피차 간에 느끼고 있을 즈음 들이닥친 게 바로 탄핵이었습니다.

설마 하던 탄핵이 현실로

저는 탄핵 전날 진보단체 활동가들하고 같이 느긋하게 영화를 봤어요. "탄핵안은 언제 처리한대?" "내일인가?" 뭐, 그런 말들을 주고받으며 다들 "설마 통과되겠어?" 했습니다. 다음 날인 3월 12일 오전, 수업을 마치고 나와서 인터넷에 들어가니까 떡하니 '가결' 이라고 되어 있더라고요. 그때부터 정말 제대로 열받았죠.

이 탄핵이라는 게 황당한 겁니다. 우리가 촛불집회 때 이명박 탄핵을 많이 외쳤지만 사실 방법이 없어요. 그냥 구호로 하는 말이지 절차상의 방법이 없거든요. 그런데 그 당시 한나라당 쪽에 좋은 기회가 생겼습니다. 민주당이 쪼개지면서 열린우리당이 나왔거든요.

사실 민주당 내에도 반개혁적인 인물이 많습니다. 호남이라는 지역감정을 이용해 국회의원이 될 수 있었던 사람들이죠. 지역감정에 기대는 정치인이 영남에만 있는 게 결코 아니에요. 호남에도 많습니다. 민주당 국회의원이 진보냐 하면 그도 아닙니다. 호남에서는 운동권이 보수예요. 운동권이 기득권화된 부분이 많습니다. 지역 내에서 경쟁이 없으니까 그렇게 되죠. 이러다 보니 노무현 대통령의 개혁과 발을 맞추기가 힘들죠.

특히 동교동 가신들과 노무현 대통령이 체질이 맞지 않았습니다. 크게 볼 때는 지향이 같지만 체질이 서로 달라요. 그런 면에서 노무현 대통령의 가치를 제대로 알아준 분이 김대중 대통령이죠. 만약 김대중 대통령이 "쟤, 안 돼" 했으면 노무현 대통령은 절대로 대통령이 될 수 없었다고 봅니다. 김대중 대통령이 훌륭한 역할을 했다고 생각해요. 물론 김대중 대통령이 노무현을 대통령으로 만든 건 아니에요. 정치인이 누가 키워준다고 크는 건 아니잖아요. 김대중 대통령은 노무현의 싹을 보고, 그 앞을 가로막지 않게끔 선거판에 개입하지 않으면서 공정한 입장을 취했습니다. 노무현 같은 사람이 치고 나와 대통령이 될 수 있는 장을 열어주었죠.

당시 민주당에는 이인제 대세론이 있었는데 노무현 후보가 그걸 깨고 나왔습니다. 광주에서 1등을 하면서 돌풍을 일으켰어요. 그렇게 인기가 급상승하다 김영삼한테 인사하러 가면서 정신없이 떨어졌죠. 5월에 인기가 올라갔다가 8월에 바닥을 기었어요. 지지도가 10여 퍼센트까지 떨어졌습니다.

지지도가 바닥을 치니까 민주당 지도부에서 "야, 이거 노무현이 내보냈다가 선거에서 지겠다" 우려했어요. 야당만 하다가 여당을 해보니까 좋거든요. 놓치기 싫은 겁니다. 예산도 많이 따고 지역사업도 원활하게 하고 아주 좋단 말이에요. 여당 국회의원을 계속해야 하는데 노무현의 지지도가 바닥을 기니까 민주당 내에서 "후보를 교체하자"는 말이 나오기 시작했어요.

호남 기득권 세력을 중심으로 노무현 불가론이 나오니까 좀 개혁적인 사람들이 반대하면서 민주당이 분열되었죠. 그런 내부 갈등이 바닥에 깔려 있다가 대통령 당선 후 결국 민주당이 쪼개지면서 열린우리당이 창당되었습니다. 그런 상황에서 한나라당과 민주당, 자민련을 합치니 탄핵이 가능한 3분의 2 선이 되어버렸죠. 제16대 국회 막바지에 그렇게 되었습니다.

노무현 대통령 측은 설마 탄핵이야 하겠느냐 했죠. 탄핵당할 만큼 엄청난 잘못을 한 것은 아니니까. 그런데 정말로 탄핵했죠. 진짜 탄핵을 가결시켜버렸습니다.

그날 국회에 난리가 났습니다. 국회의원들이 울부짖고, 땅을 치며 통곡하고, 신발짝이 날아가고. 저쪽에서는 탄핵이 가결되고 난 다음에 희희낙락하고 갑신정변이 성공했다면서 떠들었습니다. 2004년이 갑신

년이었거든요. 그런데 얼마 못 갔어요. 갑신정변은 사흘이나 갔지.

텔레비전을 통해 그 광경을 보면서 너무 떨리고 분했습니다. 게다가 탄핵안을 통과시키고 갑신정변에 성공했다고 희희낙락하는 것이 인터넷에 뜨는 순간 혈압이 팍 올라갔죠. 근대화의 꿈과 좌절이 고스란히 담긴 갑신정변과 이 폭거를 같이 이야기하는 것 자체가 역사에 대한 견딜 수 없는 모독이라는 생각이 들었거든요. 「갑신정변이라굽쇼?」라는 칼럼도 썼어요. 제가 영화주간지 〈씨네21〉에 팔자에도 없는 칼럼을 쓰고 있었어요. 전날 본 영화 〈송환〉에 대해 쓰려고 했는데 도저히 영화 이야기를 할 수 없어서 탄핵에 관해 썼습니다. 그리고 다음 날 광화문에서 탄핵 반대 집회가 열린다기에 나름 비장한 마음으로 나갔죠. 버스에서 딱 내리고 보니까 분위기가 완전히 달라요. 비장한 운동가요가 나오고 그럴 줄 알았는데 "원더풀, 원더풀, 아빠의 청춘"이 나오더라고요.

첫날은 너무 어이가 없어서 들끓었지만 하루 지나면서 '야, 이거 오히려 잘되었다. 두고 보자. 완전히 날 받아놨다' 했죠. 총선이 4월 15일이니까, 탄핵하고 딱 한 달 지나면 선거예요. 헌법재판소에서 탄핵을 인용해도 그 분위기에서 새로 대통령 선거를 하면 얼마든지 이길 자신이 있었습니다. 노무현 대통령은 5년 후에 다시 나오면 되잖아요? 우리가 뭐든지 다 이길 수 있다는 자신감으로 분위기가 좋아졌죠.

그렇게 되니까 한나라당이 "거대 여당이 출현하면 안 됩니다. 살려주세요" 분위기로 갔습니다. 국회에서 의석의 3분의 2를 넘게 갖고 탄핵안을 가결한 자들이 질질 짜면서 거대 여당 견제론을 들고 나온 겁니다. 박근혜를 중심으로 뭉쳐 읍소하는 분위기가 되었죠. 한나라당의 장광근 의원이 〈100분 토론〉에 나와서 이번 탄핵은 노무현이 놓은 덫이라고 했다가 손석희한테 망신당했죠. "아니, 덫인 줄 알면서 왜 들어가셨어요?" 하니까 아무 대답도 못했어요.

저는 탄핵이 과거 청산 없는 민주화가 초래한 민주주의의 위기라는 생각이 들었습니다. 탄핵안이 가결되었을 때 그걸 헌법재판소에 들고 간 사람이 한나라당의 김기춘과 김용균입니다. 두 사람이 누굽니까? 김용균은 제16대 국회에서 친일진상법안이 제출되었을 때 그걸 단기 필마로 막아 누더기로 만든 사람이에요. 아버지가 친일 문제에서 자유롭지 않아서 그랬다고 했는데, 알고 보니 아버지가 직책이 높지도 않고 그냥 동네 면장이었습니다. 이 사람 고향이 합천인데 바로 전두환의 고향이죠. 5공 때부터 많은 역할을 했습니다. 김기춘은 유신헌법을 만들 때 중앙정보부에 파견 나가 있던 검사로서 실무 작업을 담당했던 사람이고, 그 유명한 초원복집 도청 사건의 주인공이죠. "우리가 남이가?"라는 말로 지역감정을 가장 적나라하게 부추긴 사람이에요.

도대체 어떤 자들이 탄핵안을 가결했는가? 두 사람이 국회 법사위 위원장과 법사위 간사로서 탄핵안을 가결해 헌법재판소에 들고 간 사진을 보니까 기가 막혀요. 일제와 유신과 5공과 지역감정의 대표선수들이 탄핵안을 가결시켜 룰루랄라 헌법재판소에 들고 간 거죠.

여러분, '탄핵'이 뭐예요? 대통령을 자르는 것 아닙니까? 절차 민주주의가 엄청 발전하지 않으면 불가능한 일입니다. 가령 박정희 대통령 때 탄핵안 이야기를 꺼냈다면 어떻게 되겠어요? 중앙정보부에 붙잡혀 가서 두들겨 맞았겠죠?

박정희 시절에 정일형 국회의원이 국회에서 "고향 땅에서 쟁기질하는 전직 대통령의 모습은 자라나는 젊은이들에게 귀감이 될 것입니다" 했다가 어떻게 되었습니까? 정일형 의원이 당시에 최다선, 최고령 의원이었는데 바로 잘렸잖아요. 정일형 의원이 한 말이 뭐가 잘못되었어요? 하지만 그 시절에는 그랬습니다. 당시 대학생들이 박정희가 만든 〈나의 조국〉이라는 노래를 개사해 이렇게 불렀어요. "길이길이 보존해서 내 딸에게 물려주세." 우리가 그렇게 부르며 술 마시고 놀던 시절입니다. '전직 대통령'이란 말을 언급하는 것 자체가 엄청난 반정부 행위였어요.

그랬던 나라에서 대통령을 잘라버린다니 얼마나 대단한 발전입니까? 대통령 탄핵이 가능하다면 절차 민주주의가 더 이상 발전할 것이 없다고 해도 과언이 아니죠. 이 절차 민주주의가 발전해서 누가 덕을 봤어요? 친일파와 군사독재를 이어받은 이 땅의 수구세력들이죠.

우리가 과거 청산을 안 했기 때문에 이렇게 되었습니다. 과거 청산 없는 민주화가 초래한 민주주의의 위기가 닥친 거죠. 낡은 세력이 뭔가 새롭게 해보려는 세력을 잘라버렸어요. 그걸 국민이 받아들이지 않았습니다. 국민들이 탄핵을 거부했어요. 국회가 자른 노무현 대통령을 국민들이 다시 살려줬습니다. 제17대 총선이 어떻게 되었습니까? 민주화 이후 15년 만에 처음으로 집권당이 다수당이 되었어요. 1988년 이후 늘 여소야대였는데 제17대 국회에서 집권당인 열린우리당이 국회까지 장악했습니다. 총선이 전에 47석이던 것이 152석이 되었죠. 원래는 180석쯤 차지하지 않을까 했는데, 박근혜의 읍소 작전이 먹혀들었고 또 '노인 폄하 발언'도 있었죠.

노무현 대통령이 진짜 승부사예요. 그때 열린우리당의 승리를 놓고 유시민과 노회찬 간에 지갑 주운 거다 하고 논쟁이 있었죠. 제가 볼 때 열린우리당은 지갑을 주운 것이 아니고 도박을 해서 이긴 겁니다. 저는 그렇게 생각해요. 열심히 차곡차곡 선거운동을 해서 이긴 선거가 아니잖아요. 도박을 해서 바람으로 이겼죠. 뭘 걸고 했습니까? 임기 4년이 남은 대통령직을 걸었습니다. 그래서 엄청 큰판을 땄죠. 민주화 이후 처음으로 국회에서 단독 과반수를 넘겼어요.

민주노동당도 10석이나 얻었잖아요. 굉장히 중요한 변화입니다. 민주개혁세력이 처음으로 대통령에 이어 국회까지 장악했단 말이에요. 김대중 대통령 때 어땠어요? 의회 독재라는 말이 나올 정도였죠. "한나라당이 정권을 내준 것이 아니다"라는 말이 나올 만큼 의회 독재가 심했어요. 의회 다수당으로 김대중 대통령의 손발을 묶어 아무것도 못하게 했죠. 그런데 민주개혁세력이 대통령에 이어 국회까지 장악한 겁니다. 중앙무대에서 선출되는 권력은 모두 민주개혁세력의 손에 들어가 버린 거예요.

승천하지 못한
용의 눈물

진보개혁세력이 계속 패배하다 선거에서 딱 세 번 이겼어요. 1997년 대통령 선거, 2002년 대통령 선거, 그리고 2004년 총선입니다. 그렇다면 이 총선 결과를 가지고 뭔가를 했었어야죠. 제대로 했어야 하는데 우리가 정말 잘못했다고 생각합니다.

결과적으로 보면 민주화 이후 우리에게 주어진 세 번째 기회였어요. 두 번의 기회를 우리가 놓쳤어요. 첫 번째 날린 기회는 1987년 6월 항쟁 이후 직선제로 대통령을 뽑았을 때이고, 두 번째는 1997년 말 외환위기에 재벌과 관료들을 개혁해야 했는데 그러지 못했던 때죠. 그리고 세 번째로 2004년 탄핵 이후에 절호의 기회가 다시 한 번 왔습니다. 어떻게 되었습니까?

절체절명의 기회를 놓치다

탄핵이 뭡니까? 찔러 죽이려고 칼을 들이댄 것 아니에요? 아니, 화해도 좋고 상생도 좋고 통합도 좋지만 최소한 나를 죽이려던 흉기만큼은 제거해야죠. 누가 우리집에 와서 칼부림을 하고 사람 다치게 했는데 화해하자면서 그 칼로 사과를 깎아먹자고 하면 화해가 되겠습니까? 화해는 그렇게 하는 게 아니죠.

지금의 어려움이 좋은 기회를 날려버려서 생긴 것이다 보니 어디 가서 하소연할 데도 없습니다. 며칠 전에도 국가보안법 문제로 법정에 가서 감정 증인을 섰는데, 정말 말도 안 되는 답답한 사건이었습니다. 국가보안법은 2004년에 폐지했어야 해요. 한나라당도 "고무찬양죄와 이적표현물 소지죄는 빼자"면서 "다만 법 이름만은 남겨두자"고 했어요. 이쪽은 완전 폐지다, 다른 이름으로 대체 입법도 안 된다, 이렇게 주장하다가 합의를 보지 못했습니다.

당시 상황을 보면 노무현이 민변 출신 대통령이고, 국정원장(고영구)도 민변 출신, 법무장관(강금실)은 민변 부회장 출신, 여당 원내대표(천정배)는 민변 초대 대표간사였어요. 제17대 국회에 국가보안법으로 감옥 갔다 온 사람만 30~40명이었고 여당이 단독 과반수를 차지한데다 덤으로 민주노동당 10석까지 있었습니다. 이런 상황에서 국가보안법을 폐지 못했으니 어디 가서 하소연을 해야 합니까?

저는 민주세력이 이때부터 밀리기 시작했다고 봅니다. 이때부터 저쪽이 기가 살기 시작했어요. 죽었던 국가보안법이 살아나서 작동했기 때문은 아닙니다. 그러면 뭐예요? '아, 쟤네가 저 정도밖에 안 되는구나.' '쟤네 전투력이 저거밖에 안 되는구나.' 여러분, 열린우리당이 152석이었다지만 솔직히 어떻습니까? 그중에 3분의 1 이상은 한나라당에 데려다 놔도 전혀 이상할 게 없는 사람들이었죠. 사실 3분의 1이라는 것도 상당히 양호한 평가죠.

열린우리당이 처음 창당되어 공천할 때만 해도 탄핵 사태가 벌어지리라고는 누구도 예상 못했어요. 열린우리당에 공천 신청한 사람이 별로 없었습니다. 탄핵 효과에 힘입어 얼떨결에 국회의원이 된 사람이 많았어요. 150명 의원들 중에 '국가보안법이 뭔데? 저걸 왜 폐지해야 하는데?' 그렇게 생각하는 손발 안 맞는 사람들이 수십 명이었습니다.

그때가 갈림길이었던 것 같아요. 제17대 국회가 개원하면서 원을 구성하자마자 일주일 안에 4대 개혁 입법이니 민생 법안이니 다 통과시켰어야 해요. 자, 봐라, 이것이 민의 아니냐? 어줍지 않게 상생, 화해를 내세우다 기회를 놓쳤죠.

노무현 대통령이 살아서 돌아왔습니다. 그리고 2004년 7월, 8월 무렵 한국 사회에서 굉장히 재미있는 현상들이 벌어졌어요. 양심에 따른 병역거부와 국가보안법 문제가 사회 쟁점이 되면서 진보와 보수가 첨예하게 대립했는데 헌법재판소와 대법원이 연이어 보수적인 판결들을 내렸습니다. 이게 우연이 아닙니다.

대한민국이 민주주의 국가로서 삼권이 분리되어 있잖아요. 지난번 책 『특강』에서도 말씀드린 적이 있는데, 행정권력은 대통령 선거를 통해 민주개혁세력이 가져갔죠. 입법권력도 탄핵을 잘못 시도했다가 4·15총선에서 민주개혁세력에게 내준 셈이 됐죠. 국가의 삼권 중에서 2개가 개혁세력에 넘어갔어요. 마지막 남은 사법권력은 선출되지 않은 권력입니다.

이 사법 엘리트들은 유신과 5공을 거쳐 지금까지 살아남은 사람들 아닙니까? 원래 진정한 법조인이라면 정부의 통제나 중앙정보부의 사찰에 반대해 사법부의 독립성을 지켜야 하는데, 독재정부에 길들여져 사법부 내에서 그런 걸 문제 삼는 사람이 이상한 놈이 되어버리는 거예요. 법관이라면 오로지 법과 양심에 따라 판결해야 하는데 유신 시절에 새로운 요소가 첨가되었죠. 새롭게 국가관이 첨가되었습니다. 그래서 독재권력이 규정한 국가관에 입각해 판결해오던 엘리트 법관들이 아직까지 사법부에 남아 보수세력을 지키는 적극적인 기능을 합니다. 그중에 행정수도 위헌 판결이 있죠. 서울은 통일이 되어서 통일 헌법을 만들면 모를까 이제 빼도 박도 못하는 영원한 수도가 되었습니다. 관습 헌법으로 걸어놔서 수도 이전의 '이' 자도 못 꺼내게 했죠. 한때 수도를 이전하려던 박정희의 꿈이 그렇게 짓밟혔습니다.

국민들이 죽을 뻔한 대통령을 다시 살려냈는데 그 열망이 사법 엘리트들의 벽에 부딪혔습니다. 뿐만 아니라 2004년 8월 15일 노무현 대통령이 포괄적 과거 청산을 강조하면서 일련의 작업에 착수하니까 그걸 막기 위해 뉴라이트가 등장했습니다.

2004년 국가보안법 폐지에 실패하면서 개혁세력과 수구세력이 볼썽사납게 균형을 이루었어요. 2005년에는 하도 대치가 심해서 그야말로 이도 저도 못하는 상황이 되었습니다. 서로 힘의 균형이 팽팽하게 맞섰습니다. 사회적으로 여러 가지 논란만 무성하고, 진보나 보수나 혹은 민주나 수구나 어느 쪽도 승기를 잡지 못한 채 팽팽하게 맞섰습니다.

수구세력의 매서운 반격

국가보안법 폐지에 실패한 후 열린우리당은 힘이 쭉 빠져버리고, 탄핵 때 찌그러졌던 한나라당은 기가 살아났어요. 뭐랄까, "무서워하지 말고 정신 바짝 차리면 우리도 살 수 있다" 하면서 기운이 충만했고, 그 시절에 박근혜 대표가 나름 리더십을 보였습니다. 전직 대통령의 딸로 그냥 대표 자리를 주워 먹었던 것은 아닌 셈이죠.

2005년에 일이 많았어요. 황우석 파동에다 엑스파일 도청 논란도 있었죠. 엑스파일 도청 건은 삼성가와 중앙일보사가 걸린 문제여서 수구세력이 엄청 당황했습니다. 이학수 삼성 부회장과 홍석현 〈중앙일보〉 회장이 나눈 은밀한 대화가 녹음된 테이프들이 무더기로 나왔습니다. 김대중 정권 출범 이후에도 국정원이 도청을 했다는 것도 문제지만, 어마어마한 파장을 불러일으킬 만한 위력을 지닌 내용이어서 초미의 관심사가 되었죠. 잠시 추가 기우는가 싶었는데 수구세력이 이 문제를 제2의 인천상륙작전으로 돌파했죠. 맥아더 동상 철거 문제가 터진 겁니다.

맥아더 동상 철거 문제에 대해서는 저도 할 말이 많아요. 사실 맥아더 동상 문제를 최근에 제가 제일 먼저 제기했거든요. 그 문제와 관련해 2002년 5월 〈한겨레21〉에 글을 썼더니 인천에서 자꾸 강연을 해달래요. 저는 내키지 않았습니다. 저는 동상을 철거할 게 아니라 오히려 전 국민에게 제대로 견학을 시켜야 한다고 했습니다. 얼마나 어처구니없는 일입니까? 김남주 시인이 쓴 「남의 나라 장수 동상이 있는 나라는」이라는 시가 있듯이, 남의 나라 장수 동상을 세우는 나라가 어디에 있어요? 옛날 나당 연합군이 백제를 무너뜨린 걸 기념해 연합군 총사령관인 당나라 장수 소정방을 기리는 절과 탑을 세웠죠. 절 이름이 원래 정방사였는데 지금은 정림사라고 부르고, 탑 이름도 정방사지 5층 석탑에서 정림사지 5층 석탑이라고 불러요. 창피한 일 아닙니까? 그럼 북한도 6·25 때 도와줬으니 마오쩌둥(모택동)이나 펑더하이

(팽덕회) 동상을 세워야 하겠네요. 이 부분을 국민들이 제대로 인식하면서 자발적인 논의가 이루어져야 하는데 당장에 밧줄부터 걸겠다면 어떻게 합니까? 그러니까 수구세력이 이걸 돌파의 기회로 삼았죠. 그무렵 강정구 선생이 구속되었고, 이에 대해 천정배 법무부 장관이 지휘권을 발동하면서 검찰이 완전히 돌아서는 계기가 되었습니다.

2005년 사립학교법 개정이 있었는데 이게 열린우리당이 국회의 과반을 점하던 시절에 한나라당의 허락을 받지 않고 통과시킨 유일한 법입니다. 나머지는 모두 한나라당한테 허락받은 다음에 통과시켰죠. 그렇게 밀리기 시작해 2006년 지방선거에서 패배한 뒤로는 완전히 밀렸습니다.

우리가 정권을 어떻게 이루어냈는지 복기해보십시오. 작은 선거를 계속 지다가 큰 거 하나 이겼습니다. 앞으로 정권을 어떻게 되찾아야 합니까? 작은 선거도 내주지 않고 우리가 차지하면서 가야 합니다. 보궐선거도 중요하고 내년 지방선거가 엄청 중요합니다. 지방선거가 뭡니까? 연봉 5천, 6천만 원짜리 선거 운동원을 몇천 명이나 뽑는 겁니다. 그걸 다 저쪽에 내주고 무슨 수로 선거에서 이기겠습니까?

2006년에도 지방선거에서 진 다음에 몰락하기 시작했어요. 지금도 왜 그랬는지 제일 큰 의문인데 노무현 대통령이 한나라당에 대연정을 제의했죠. 어느 인터뷰를 보니까 "저쪽을 향해 수류탄을 던졌는데 그게 우리 진영에서 터져버렸다"고 말한 게 있더라고요.

결정적으로 한미 FTA가 있었죠. 신자유주의가 전 세계적인 대세더라도 한미 FTA를 그런 식으로 내주었어야 하는가? 노무현 대통령이 너무 화끈하게 해줘서 문제가 되었죠. 여러 가지 어려움이 많이 생겼습니다.

그러면서 결국 2007년 대통령 선거에서 졌습니다. 정말 힘 한번 써보지 못하고 졌어요. 2006년 초 지방선거에서 지고 나니까 이대로 가다가는 대선에서도 질 것 같다고, 제가 정치권에 있는 사람들을 많이 알지는 못합니다만, 그런 이야기를 꺼냈더니 이러더군요. "본격적으로 대통령 선거전에 들어가면 어차피 양당 구도이기 때문에 5퍼센트 이내 싸움이다. 싸움이 본격화되면 이 정도 격차는 문제도 아니다. 2002년 노무현 대통령 때를 봐라." 그러더니 힘도 못 써보고 내줬죠. 마지막까지 BBK에 매달려 한 방에 사태를 역전시킬 수 있는 큰 거 하나를 찾으려다 540만 표 차이로 졌습니다.

쉽게 오지 않은 노무현이 만들고싶던 세상

왜 우리가 정권 재창출에 실패하고 말았는지 반성하면서 곰곰이 따져 봐야 합니다. 물론 심층적인 분석은 조금 더 시일이 지나서 세밀한 평가가 내려져야겠지만 거칠게 몇 가지는 생각해볼 수 있을 것 같아요.

권력이 이미 청와대에서 시장으로 넘어간 상황을 우리가 잘 감지하지 못한 부분이 있었습니다. 지지세력 결집에도 실패했다는 생각이 들어요. 노무현 대통령도 이 부분에서 폭이 좁지 않았나 생각합니다. 진보개혁세력이 동원 가능한 인적 자원을 100퍼센트 동원했는가? 그런 아쉬움이 많습니다. 우리가 인적 자원의 풀이 그리 넓지 않은데다 굉장히 제한되어 있어요. 운동권 내에서도 비주류인 지방 운동권과 서울 운동권 사이의 의사소통이나 감정 관계가 계속 불편한 상태이지 않습니까?

호남은 호남대로 운동권이 지역 내에서 기득권화된 구조이고, 또 노무현 대통령이 생각했던 지방분권이나 개혁, 지역감정 타파 등에서 서로 잘 맞지 않는 부분도 있었죠. 또 노무현 대통령은 자신의 지지세력보다 공무원과 시스템에 의거하려 했습니다. 대통령 입장에서는 당연한 부분도 있겠습니다만 그게 사실은 잘 안 되었죠. 예컨대 공무원과 시스템에 의거하려면 제도 개혁 같은 것이 제대로 뒷받침되었어야 합니다.

저는 노무현 대통령이 돌아가시고 가장 안타까운 것이 검찰 개혁을 못한 점입니다. 검사와의 대화도 했지만, 그때 검찰 개혁이 제대로 이루어졌으면 그렇게 돌아가지 않았을 텐데 싶어요. 다만 검찰 개혁에는 필요조건이 서너 가지 있죠. 하나는 검찰의 과거사 문제입니다. 권력기관의 과거사를 조사할 때 검찰의 과거사 부분은 손도 안 댔습니다. 검찰 자체의 분위기도 바뀌어야죠. 검사들의 의식이 바뀌어야 하는데 전혀 안 바뀌었잖아요. 뭘 했습니까? 노무현 대통령은 검찰 개혁이 검찰 안에서만 이루어져서 되는 게 아니라고 했어요. 역대 대통령들이 검찰을 정권 유지의 도구로 썼기 때문에 문제가 발생한 것 아니냐? 대통령이 검찰을 도구로 쓰지 않으면 그게 개혁 아니냐? 중요한 이야기입니다. 검찰만 바뀌어서 되는 게 아니고 대통령도 검찰에 대한 태도를 바꿔야 한다는 얘기죠. 노무현 대통령은 그 부분을 진짜로 실천했습니다. 그 점은 굉장히 높이 평가해야죠.

그런데 '희망돼지' 저금통을 모은 사람들이 어떻게 처리되었는지 보세요. 저금통을 산더미처럼 쌓아놓고 그 앞에서 사진 찍고 지지자들이 환호하는 사진, 기억나시죠? 그 희망돼지가 선거법 위반으로 걸려 기소된 것 아십니까? 벌금이 300만 원인가 400만 원 나왔습니다.

노무현 대통령이 임기 말년에 청와대에서 지지자들과 함께 밥을 먹다가 수건으로 얼굴을 가리고 우는 사진이 나중에 돌아가시고 인터넷에 떴습니다. 그 사진이 무슨 의미인지 잘 몰랐는데요. 희망돼지 만들었다가 기소되었던 사람들을 청와대에 불러 밥 먹다가 울었대요. 처음에는 분위기가 좋았습니다. 이런저런 이야기를 나누면서 지금까지 실적들도 나쁘지 않았고 어쩌고저쩌고 하다가…… 갑자기 여러분이 나를 성공한 대통령으로 만들려고 했는데 내가 자신할 수 없다, 임기가 얼마 안 남았는데 성공한 대통령이 못 될지도 모르겠다. 그러면서 눈물을 흘린 거래요.

자, 한나라당은 차떼기까지 했어요. 희망돼지가 선거법 절차를 좀 어겼는지 모르겠습니다만 이게 대가성이 있겠습니까? 저는 검찰이 대통령을 떠보았다고 생각해요. 이런 조그만 문제를 건드렸을 때 어떻게 나오나. "야, 그런 것까지 기소하냐?" 민정수석실에서 전화할 수도 있는데 안 하고 넘어갔습니다.

검찰 개혁, 대통령은 분명히 실천했습니다. 하지만 그게 다는 아니죠. 오히려 검찰권이 말도 못하게 강해졌어요. 옛날에는 안기부에 눌려서 찍소리도 못했는데 이제는 검찰권이 비대해졌습니다. 조선시대에 좌포청과 우포청을 왜 따로 두었습니까? 포도청을 통합하지 않고 둘로 나누어 서로 경쟁하고 견제하게 했죠. 지금의 검찰권도 좀 나누어서 고위 공직자 비리 조사를 담당하는 '공직자 비리 수사처(공수처)' 신설 등 제도 개혁이 이루어져야죠. 도대체 검사는 누가 수사해야 합니까?

한 가지 예를 들었지만 노무현 대통령이 이와 같은 제도 개혁을 하지 않았습니다. 노무현 대통령은 권력을 행사하지 않고 탈권위주의와 진정한 민주주의를 위해 노력했어요. 정말이지 권력을 휘두르려는 유

돼지저금통에 담긴 희망들
2002년 11월 28일 경기 부평역 광장에서 지지자들에게 돼지저금통에 모은 돈을 전달받은 후 노무현이 환히 웃고 있다. 이 희망돼지저금통을 무상배포하고 지지서명을 받았다는 혐의로 몇몇 사람이 기소되기도 했다.

혹을 뿌리친 부분은 높이 평가해야 할 일입니다. 그런데 제도 개혁이 뒷받침되지 않아 노무현 대통령이 만든 여러 좋은 시스템이 다음 정권으로 이어지지 않았죠. 다 폐기되고 무용지물이 되었습니다. 노무현 대통령이 기울인 노력들이 실패로 돌아가고, 오히려 제도권 내의 강고한 수구세력의 저항에 맞닥뜨렸습니다. 그리고 어떻게 되었습니까? 급기야 퇴임하고 집으로 돌아가자마자 "야, 기분 좋다" 하셨잖아요. 그렇게 귀향하신 분이 1년 남짓 만에 바위에서 몸을 내던지는 초유의 사태가 벌어졌습니다.

지금 검찰은 〈PD수첩〉, 촛불시위 때의 유모차 어머니들, 미네르바, 조중동 광고 기업 불매운동한 사람, 정연주 사장 등 정권이 찍은 사람들을 무조건 기소하고 있어요. 노무현 대통령이 검찰의 독립성을 보장해주기 위해 애썼지만 도루묵이죠. 검찰이 이 모양이 된 것은 무리한 기소를 명하고 그 보답으로 승진시켜주는 이명박 정권의 잘못이 크죠. 하지만 무엇보다도 검찰 자체의 문제가 더 심각하다고 생각합니다. 정권의 눈에 들어 어떻게 한자리 더 해보려는 자들이 검찰을 망치고 있어요. 자기네가 받아먹은 것은 조사도 않고 정권이 미워하는 자들은 말도 안 되는 일로 기소하는 검찰이 법치를 입에 담다니 가소로운 노릇입니다. 노무현 대통령의 의도는 높이 평가해야 하지만, 의도가 좋았다고 실패에 대한 책임을 면하는 것은 아닙니다. 다만 검찰개혁 실패의 최대의 피해자가 노무현 대통령 자신이 되었다는 사실이 가슴 아플 뿐이지요.

다음 생에는 더 낮은 자리에서 만나요

노무현 대통령이 돌아가셔서 너무너무 슬프지만 그분이 남긴 '부(負)의 유산', 즉 마이너스 유산이나 부정적 유산에 대해서도 우리가 고민을 해야지요. 노무현 대통령이 남긴 유산을 승계한다고 할 때 우리는 부의 유산에 대해서도 책임을 져야 하잖아요. 부모가 돌아가셔서 유산을 물려받는다고 할 때 자산만 받고 부채는 나 몰라라 하는 법은 없습니다. 부채가 자산보다 크다면 상속을 포기할 수도 있고, 경우에 따라서는 부모가 남긴 빚을 떠안고 갈 수도 있죠. 긍정적인 자산만 물려받는 법은 없습니다. 노무현의 뜻을 잇겠다는 사람들이 반드시 명심해야 할 부분입니다. 노무현이 남긴 '부의 유산'을 잘 처리해야 노무현의 가치가 살아납니다.

　김대중 대통령도 마찬가지였지만 노무현 대통령 역시 신자유주의를 받아들였습니다. '좌파' 신자유주의 논란까지 있었잖아요. 김대중, 노무현이 어떻게 신자유주의를 받아들이느냐고 분개하는 사람도 있고, 그래도 김대중, 노무현이니까 신자유주의의 전 세계적인 공세 속에서 그 정도만 받아들이는 데 그쳤다고 보는 사람도 있겠죠. 그러나 누구도 김대중, 노무현이 신자유주의를 받아들인 사실을 부인하지는 못할 겁니다.

　김대중 대통령은 군사독재가 죽이자고 달려들었고 그런 상황에서 살아남기 위해 현실과 타협을 많이 했던 분입니다. 진보진영에서 김대중 대통령을 비판할 때도 "내 그럴 줄 알았어"라거나 "김대중이라고 별수 있겠어?"라는 식의 이야기가 많았죠. 노무현 대통령은 대통령이 될 때까지 원칙적인 입장을 고수했고, 타고난 승부사 기질로 저들과 싸워야 할 때 물러서지 않았죠. 눈물도 많았던 뜨거운 분이고요. 그런데 대통령이 되더니 달라졌습니다. 달라지지 않았다고 보시는 분들도 계시겠지만, 저를 포함하여 노무현을 찍었던, 혹은 그에게 기대를 걸었던 수많은 사람이 '저 노무현이 그 노무현인가?' 하는 의문을 여러 번 갖게 되었습니다.

　특히 노동운동의 일선에서 열심히 싸우고 있는 분들이 그랬습니다. 저는 노무현 대통령과 개인적인 인연은 없습니다. 공식적인 자리에서 서너 번 뵌 정도지요. 하지만 1980년대 후반 노동운동의 현장에서 노무현이라는 젊은 변호사를 만났던 사람들, 파업 노동자를 격려하다가 구속까지 되었던 그 노무현이 15년 후 대통령이 된 뒤에도 여전히 노동자로, 해고자로 살아야 했던 사람들 중에는 돌아가신 노무현 대통령과 진짜 뜨겁게 만났던 분들이 계십니다. 그런 분들이 노무현 대통령에 대해 느끼는 감정은 참으로 복잡합니다.

　『소금꽃나무』라는 책으로 유명한 한진중공업 해고자 김진숙 씨도 그중 한 분입니다. 아마 인터넷을 통해 골리앗에서 129일 동안 농성하다 목을 맨 한진중공업 노조 김주익 위원장의 추도사를 김진숙 씨가 펑펑 울면서 하는 것을 보신 분도 많으실 겁니다. 그 김진숙 씨가 쓴 「노무현 '동지'를 꿈꾸며」라는 글은 제가 본 것 중 가장 아프게, 가

다음 생에는 너무 똑똑하게 오지 마세요
민주당 의원 시절 1990년 5월 고공농성 중인 현대중공업 골리앗에 올라가 이갑용 당시 노조비상대책
위 의장을 만나고 있는 노무현. (연합뉴스)

장 뜨겁게 쓴 노무현 대통령에 대한 조사였습니다.

노무현은 김진숙의 변호사였습니다. 김진숙 씨는 "그 시절 당신은 우리들의 유일한 빽이었는데. 공돌이 공순이 편을 들어주는 가장 직책 높은 사람이었는데. 당신이 있어 우린 수갑을 차고도 당당할 수 있었는데"라고 썼습니다. 그러나 민주화가 시작되면서 노무현은 정치판으로 갔고 노동자들은 외로워졌습니다. 김진숙 씨는 "김영삼이가 당선되었을 때 운동권 3분의 1이 떨어져 나갔고, DJ가 대통령이 되었을 때 이른바 재야가 사라졌고, 당신이 대통령이 되면서는 그야말로 오롯이 노동자들만 남았습니다"라고 말합니다.

현실은 더 잔인했습니다. "당신의 시대에 가장 많은 노동자가 짤렸고 가장 많은 노동자가 구속됐고 가장 많은 노동자가 비정규직이 됐고 그리고 가장 많은 노동자가 죽었습니다"라고 한 김진숙 씨의 말은 불행히도 사실입니다. 김진숙 씨는 "차라리 군사독재 시절엔 대드는 노동자만 짤렸으나 당신의 시대엔 남녀노소가 짤렸습니다. 서민의 벗이었던 사람이 대통령이 되었으나 부자와 빈자의 간극은 훨씬 더 까마득해졌습니다"라고 지적합니다.

파업 현장에서 노동자들과 함께했던 노무현을 기억하는 많은 사람에게, 특히 한진중공업 해고자인 김진숙 씨에게 김주익 위원장이 고공 크레인에서 넉 달 넘게 농성하다가 목을 맨 뒤 노무현 대통령이 한 말은 너무나 큰 상처였습니다. "죽음이 투쟁의 수단이 되는 시대는 지났다"는 말이 있었지요. 대통령이 되기 전 노무현 변호사는 김주익의 변호사이기도 했습니다.

노무현같이 정 많은 분이 한때 자신이 변호했던 김주익의 죽음에 대해 왜 그렇게까지 말했는지 저도 정말 모르겠습니다. 노무현 대통령 같은 반응을 보인 분도 있었지만, 김주익이 넉 달 넘게 고공 크레인에서 농성하는 동안 투쟁에 참가하지 않았던 곽재규라는 노동자는 "내가 김주익을 죽였다"는 죄책감에 도크 아래로 몸을 던졌습니다. 어느 기자의 표현에 의하면 "35미터 크레인에서 김주익의 관이 내려오고, 10미터 아래 도크에서 곽재규의 관이 올라오는 기막힌 풍경"과 함께 2년을 끌었던 싸움이 끝났다고 합니다.

김진숙 씨는 글을 이렇게 끝맺었습니다. "다음 생에 오실 땐, 너무 똑똑하게 오지 마시구려. 사법시험 같은 것도 합격하지 마시구요. 그냥 태생대로 기름밥 먹는 노동자로 만났으면 해요. 저는 당신에게 변절이라 손가락질할 일 없이, 당신은 절더러 경직되었다거니 세상을 모른다거니 한심해할 일 없이. 떠날 일도 보낼 일도 없이 그냥 내내 동지로. 그래서 언젠가 하셨던 말씀대로 자본가가 지는 해라면 노동자는 뜨는 해다. 그 멋진 말씀 그대로 실천할 수 있는 순수한 열정, 남다른 정의감 그대로 만날 수 있길……."

이루지 못한 용의 꿈, 수백만 수천만 부엉이의 비상으로

그가 대통령으로 있는 동안 너무 많이 실망했고 너무 많이 미워했지만, 돌이켜보니 진짜 좋아했던 분이었습니다. 정말 성공하기를 바란 대통령이었지요. 대통령이 되었으니 성공한 것인가요? 이런 사람이 대통령이 되니 정말 우리 사회가 이렇게 좋아졌구나 하는 생각을 모두가 나눌 수는 없는 것인가요? 제 뱃속 차리려고 말도 안 되는 짓을 서슴지 않는 자들에게 고개 똑바로 들고 "이의 있습니다!" 외치는 사람은 계속 나와야 하지 않습니까? 그 외침에 호응하는 사람들이 계속 나와야 하지 않습니까?

노무현 대통령의 죽음은 우리에게 너무나 많은 숙제를 남겼습니다. 대통령이 되기 이전의 노무현은 정말 저런 정치인을 가져서 행복했다는 말이 나올 수 있는 그런 분이었습니다. 이렇게 탁월한 승부사 기질을 가진 정치인은 한국 정치사에 다시 없을 것입니다. 그런 노무현이 대통령이 되어 현실의 벽을 넘지 못했습니다. 잘난 인물 하나 갖고는, 용 한 마리로는 세상을 바꿀 수 없다는 것을 우리는 아프게 깨달았습니다.

"죽음이 투쟁의 수단이 되는 시대는 지났다"던 노무현이 죽음을 선택했습니다. 그 시대는 실은 아직도 계속되고 있었던 것입니다. 벼랑 끝에 몰려 골리앗에 올라갔고 거기서 살아 내려오지 못한 김주익처럼 노무현도 부엉이바위에서 몸을 던졌습니다. 저들이 보기에 하찮은 노동자인 김주익이나 곽재규 같은 분들만이 아니라 한 나라의 대통령이었던 노무현마저 벼랑 끝에서 몸을 던지게 만들 만큼 이 세상은 무서운 곳입니다. 아무리 상처받았고, 아무리 승천하지 못했기로 용은 용입니다. 검찰이라는 개떼가 물어뜯을 그런 존재는 아니지요. 노무현 대통령은 도덕적 존엄사를 택한 것입니다. 죽음으로 자신의 한 생애에 책임을 진 것이지요. 욕하기조차 힘들게 만들어버려 더 밉고 더 슬픕니다.

이제 용은 죽었습니다. 개천에서 난 우리의 용은 죽었습니다. 용의 죽음은 그 용을 낳은 시대의 종언을 의미합니다. 용을 낳았던 광주의 시대, 민주화운동의 시대는 우리의 의지와는 상관없이 끝나버렸습니다. 영화의 한 장면처럼 등장했던 용은 어떤 영화보다도 극적으로 무대에서 사라졌습니다. 당대의 승부사답게 그가 택한 죽음은 장소부터 범상치 않았습니다. 용이 추락한 곳은 부엉이바위입니다. 부엉이는 지혜를 상징하지요. 이 세상에서 무슨 일이 벌어졌는지 큰 눈으로 다 보고 그것을 여신에게 전해주는 부엉이, 슬퍼하는 부엉이는 결코 잊지 않습니다. 용의 피가 튄 곳, 용의 비늘이 떨어진 곳에서 수백만, 수천만 마리의 부엉이가 날아오를 것입니다. 용의 시대는 끝나고 이제 부엉이의 시대가 열릴 것입니다. 우리의 용은 승천하지 못하고 떨어져 죽었습니다. 그러나 죽었기에 부활할 수 있습니다. 이루지 못한 용의 승천은 이제 수백만 수천만 마리의 부엉이의 비상으로 실현될 것입니다. 저는 그렇게 믿습니다. 오늘 강의 여기서 마치겠습니다.

이명박 정권,
다시
죽음의 시대에

떡볶이와 목도리, 그리고 용산의 불구덩이

용산과
법비들의 난

이명박 정권이 출범하고 채 2년이 지나지 않았는데, 어떠세요? 한 20년 지난 것만큼 많은 일이 벌어졌죠? 인수위 시절에는 '어륀지' 파동으로 사람들을 웃기더니, 터무니없는 미국산 쇠고기 협상 때문에 촛불집회가 일어났죠. 공권력을 동원해 촛불을 끄고 난 뒤에 민주주의의 역주행이 시작되었습니다. 이 역주행을 보면서 시작한 첫 번째 '특강'에서 역주행의 속도감을 두고 우리가 생각하는 최악의 시나리오보다 훨씬 빨리 나갔다는 말을 한 적이 있습니다. 그때 용산참사 같은 비극은 생각하지도 못했습니다. 두 분 대통령의 죽음이야 말할 것도 없지요. 많은 사람이 민주개혁세력과 보수세력이 서로 정권을 주고받으면서 점차 한국 민주주의가 정상적으로 가동하지 않을까 생각했습니다. 그런데 너무 착한 생각이었나 봐요.

보수세력은 그동안 민주정권, 특히 노무현 정권을 보고 아마추어라고 비판했습니다. 그런데 이명박 정권 2년을 보니 오직 하나 강바닥을 파헤치려는 것 말고는 어쩜 저럴 수가 있나 싶을 정도로 준비가 되어 있지 않았잖아요. 그러면서 권위주의 시절로 돌아가고 있어요. 과거 민주화가 진전되면서 공안기관이 국민들을 맘껏 겁주지 못하게 되고, 언론과 교육에 대한 통제가 느슨해지면서 정권을 놓쳤다고 나름대로 생각한 탓일까요? 지금 공안기관은 부쩍 강화되고 토끼 몰듯 전교조를 몰아대고 위로부터의 언론 장악이 착착 진행되고 있습니다. 도대체 이런 역주행의 근원은 어디 있을까요?

대중의 마음을 놓친 그들만의 민주주의

해방될 당시만 해도 우리나라는 세계에서 가장 가난한 나라였습니다. 분단과 전쟁까지 겪어야 했죠. 그런 한국이 지금은 경제적으로나 군사적으로 전 세계에서 10위권에 이르는 나라가 되었어요. 지금 세계 10위 내에 속하는 나라들은 1945년 당시에도 대개 10위권 근처에 있었습니다. 우리만 식민지에서 출발해 여기까지 올라온 겁니다.

우리는 짧은 세월 동안 엄청나게 많은 것을 겪었습니다. 우리 역사가 마치 청룡열차를 탄 것 같은 속도감으로 여기까지 왔고, 스스로도 깜짝 놀랄 만한 성취를 이루었어요. 우리가 이루어낸 성과의 진정한 가치는 과연 무엇일까요? 저는 민주화와 산업화를 동시에 달성한 점을 들고 싶습니다. 박정희 정권이 "민주주의 좋아하다가 깡통 찰래? 아니면 군사독재라도 경제 발전을 할래?" 하며 철권통치를 폈지만 우리는 민주화를 이루면서 동시에 경제 발전을 함께 이룬 놀라운 역사를 갖고 있습니다.

그 역사적인 성취에 대해 자만할 필요는 없겠지만 그렇다고 부끄러워하거나 자괴감에 빠질 이유는 더더욱 없습니다. 앞으로도 갈 길이 멀고 현재도 많은 문제점이 드러나고 있지만, 분명한 건 우리가 상당한 수준의 민주화를 달성했다는 점입니다. 민주화를 이루었고 민주개혁 정권이 들어서서 많은 변화를 가져왔어요. 그런데 민주정권이 10년 만에 정권을 내주었습니다. 옛말에 '권불십년(權不十年)'이라는 말이 있죠. 이 상황에 꼭 맞는 표현은 아니겠지만 어쨌든 10년을 버티지 못하고 정권을 내주었습니다. 2007년 대통령 선거에서 민주정권이 큰 표 차이로 패배하고 보수정권인 이명박 정부가 출범했어요. 지금 1년 반 정도가 지났으니 아직도 임기가 3년 반이나 남았습니다.

지난 선거가 한국 역대 대통령 선거에서 가장 표 차이가 많이 난 선거였죠. 민주진영이 참패했다고 할 수 있을 겁니다. 그런데 지난 시간에 제가 말씀드렸다시피 이명박 후보가 얻은 표가 이전 대선에서 이회창 후보가 얻은 표보다 별로 많지 않아요. 4만 몇천 표 정도가 많은데 유권자는 5년 동안 260만 명가량 늘었거든요. 그런 점을 감안하면 보수 측 후보가 오히려 지난 선거보다 득표를 못했다고 할 수 있습니다. 이걸 어떻게 해석해야 할까요.

보수 쪽이 표를 많이 얻어 선거에서 진 게 아니라 민주개혁진영이 원래 자기들의 표를 잃어버렸기 때문이라고 해야겠죠. 정동영 후보가 노무현 후보의 절반밖에는 얻지 못했거든요. 더 정확하게 말하자면 보수진영이 잘해서 정권을 되찾아 간 것이 아니라 민주개혁진영이 잘못했기 때문에 대중의 마음을 잡지 못한 겁니다. 그래서 정권을 내준 거예요.

이 과정을 지켜보면서 도대체 민주화와 민주주의란 게 일반 서민들에게 어떤 의미가 있는가를 생각해보지 않을 수 없습니다. 우리가 흔히 하는 말로 민주주의가 밥 먹여주냐, 진보가 밥 먹여주냐, 그러잖아요. 이런 문제에 대해 민주개혁진영이 답을 못한 것이 아닐까 하는 생각이 듭니다. 만일 대중이 민주주의가 밥 먹여주느냐는 질문에 그렇다고 답했다면, 만일 대중이 민주화운동 하던 사람들이 정권 잡으니 역시 살기가 좋아지는구나 답할 수 있었다면 민주개혁세력이 그렇게 허망하게 정권을 내줬겠습니까? 민주화되었는데 나아진 게 없구나 생각한 사람, 오히려 더 나빠진 사람, 그런 사람이 많았기 때문에 정권을 내주게 된 겁니다.

칼이 되어 되돌아온 미완의 개혁

앞으로 수십 년 후에는 노무현 정부에 대한 역사적 평가가 지금과 달라질지도 모릅니다. 특히 노무현 정부에서 시도했던 권위주의의 탈피는 민주주의를 위해 대단히 중요한 실험이었죠. 그렇지만 노무현 정부가 당장 우리 눈앞에 보이는 개혁에 성공했느냐? 별로 그렇지는 못했다고 생각해요. 가령 이명박 정권이 들어서서 처음 6개월은 촛불로 시끌벅적하더니 촛불이 꺼지고 불과 몇 개월 사이에 정말 놀라운 속도로 역주행이 시작되었잖아요. 그 역주행이 우리에게 가져다준 충격이 큽니다. 뭐냐 하면 우리는 그동안 민주주의가 어느 정도 이루어졌다 생각했고, 아무리 보수적인 정권이 다시 들어서고, 한나라당이 재집권을 해도 우리가 여태까지 공고히 해놓은 민주주의의 기본은 그대로 가지 않겠느냐 생각했죠. 그게 영 딴판으로 나가고 있잖아요. 그런 면에서 노무현 정부가 민주주의를 공고화하는 개혁에 성공했다고 보기 힘들 겁니다.

점잖게 돌려서 말할 필요 없이 검찰을 한번 보세요. 노무현 대통령이 집권했을 때 대통령으로서 가장 처음 국민들 앞에서 한 것이 '검사와의 대화' 아니었습니까? 거기서 많은 사람이 검찰 개혁에 대해 공감대를 형성했어요. 노무현 대통령도 중요한 과제로 생각했었죠. 그때 검찰 개혁만이라도 제대로 되었으면 노무현 대통령이 저렇게 돌아가시지는 않았을 겁니다.

개혁에는 세 가지 차원이 있다고 생각해요. 검찰뿐 아니라 국정원이나 군도 마찬가지입니다. 하나는 과거사 정리입니다. 노무현 정부가 나름대로 과거사 정리에 열을 올렸습니다. 저도 그때 국정원에 들어가서 3년 동안 과거사 정리에 참여했고, 지금도 노무현 정부 시절에 만들어진 '진실·화해를위한과거사정리위원회'가 활동을 계속하고 있습니다. 다른 정부기관에도 과거사 위원회가 많이 만들어졌고 국방부와 경찰도 했었죠. 여기서 검찰은 빠졌습니다.

물론 과거사 정리를 한다고 다 개혁이 이루어지지는 않겠죠. 과거사 정리와 함께 또 하나 필요한 것이 제도 개혁입니다. 가령 검찰의 권한이 오남용될 소지가 있는지, 그것을 어떻게 견제할지와 관련한 제도적인 개혁이 있어야겠죠. 그 제도적인 개혁을 노무현 정부에서 못했습니다. 실패했어요. 노무현 정부 시절에 검찰 개혁이 전혀 안 된 것은 아닙니다. 앞에서도 말씀드렸지만 아주 중요한 실천을 했어요. 대통령이 검찰을 정치적으로 이용하거나 자기 멋대로 부리지 않았습니다. 적어도 대통령이나 청와대에서 검찰에 압력성 전화를 하지 않는다, 그거 하나는 분명하게 실천했어요. 대단히 높이 평가할 부분입니다. 그런데 그것만 가지고는 도루묵이죠. 이명박 정권 들어서 다시 대통령이 검찰과 국정원을 자기 무기로 쓰는 상황이 되어버렸습니다. 제도를 개혁했다면 조금 더 막을 수 있지 않았을까요?

©김경호

노무현 검찰 소환
왼쪽. 2009년 4월 30일 검찰 조사를 받기 위해 대검찰청에 도착한 노무현.(공동취재단) 오른쪽. 같은
날 이인규 당시 대검 중수부장(오른쪽)과 김홍일 검사(왼쪽)가 점심 식사를 위해 구내 식당으로 이동하
고 있다.

노무현 대통령 시절에 '공수처'에 대한 논의가 있었습니다. '공직
자 비리 수사처'라는 것인데, 현재 검찰이 국가의 기소권을 독점하고
있잖아요. 공수처를 따로 만들어 고위 공직자의 비리에 대한 수사와
기소권한을 떼어낸다면 검찰에 대한 상당한 견제가 가능하겠죠. 그러
나 공수처를 설치하자는 논의는 검찰의 강한 반대에 부딪혀 무산되었
어요.

저는 이런 질문을 드리고 싶어요. 조선시대에 왜 포도청을 둘이나
두었을까요? 좌포청과 우포청이 있었잖아요. 왜 그랬을까요? 서로 견
제하도록 하려는 거죠. 지금 지나치게 비대화된 검찰의 권한을 견제
할 방안을 찾아야 하지 않을까요? 그래야 검찰이 국민들 무서운 줄
알죠. 검찰은 국민 무서운 줄을 모릅니다. 과거에는 검찰이 안기부 눈
치도 보고, 군부 눈치도 보고 했는데 민주화 이후에는 대한민국이 검
찰공화국이 되었다고 할 만큼 영향력이 커졌습니다. 이제 검찰은 재

벌 눈치나 본다고 할까, 누구의 눈치도 보지 않는 괴물이 되어버렸습니다.

또 하나, 검찰 개혁을 위해서는 인적 쇄신과 분위기 조성이 필요합니다. 사람이 바뀌어야 합니다. 사람이 바뀌지 않으면 과거사를 정리하고 제도를 개혁해도 참 어렵습니다. 제가 국정원에서 나름대로 과거사 정리를 했지만 국정원 사람들이 그 과거가 뭐가 잘못되었느냐, 마치 점령군이 들어와 과거에 애국하던 선배들의 업적을 욕보인다는 식으로 생각하면 어때요? 과거사를 정리했다고 이야기하기 어렵지 않습니까?

진보진영이나 시민단체 입장에서는 "지난 10년 동안 민주정권이 권력을 잡았지만 그동안의 작업들이 모래 위에 탑을 쌓은 격이 아니었는가?" "김대중, 노무현 정권이 왜 그것밖에 못하냐?" 그렇게 부르짖었습니다. 당연한 요구죠. 왜 정권을 바꾸었느냐? 이런 것 하려고 바꾼 것 아니냐? 그런데 왜 못하고 있냐?

문제는 한국 사회의 오랜 기득권 세력이 비록 대통령 자리를 내주었지만 여전히 우리 사회에서 여러 분야에 걸쳐 실질적인 헤게모니를 행사하고 있다는 겁니다. 그런 현실에 비추어 볼 때 한국의 민주주의가 그렇게까지 진척된 것은 아니었다는 사실을 겸허하게 받아들여야 하지 않았나 싶어요.

"중재는 없다. 빨리 진압하라! 오바"

이명박 정권이 들어서면서 공안통치가 강화되었습니다. 전교조에 대해서도 전방위 공세가 시작되었고 근현대사 역사 교과서를 고치라고 난리굿을 피웠죠. 아마 이명박 정권 내부에서 촛불에 대해 이렇게 생각하는 것 같아요. 전교조 빨갱이들이 새빨간 교과서로 학생들을 버려놓아서 생긴 일이다. 학생들이 가장 먼저 촛불을 들었잖아요. 그래서 깜짝 놀랄 정도로 확실하게 보복하고 있습니다.

민주세력은 정권을 잡고 나서 그랬어요. 보복하면 안 된다고. 보복을 절대 금지하는 분위기에서 역사로서 과거사를 정리해야지 그걸 밝혀 처벌하거나 자리에서 쫓아내거나 그러지는 않았거든요. 그러지 않았는지, 못했는지…… 솔직히 못했다고 하는 편이 더 맞지 않나요?

이 정권은 들어서자마자 마음에 안 드는 사람들은 팔을 비틀어서 다 쫓아냈습니다. 정연주 사장 쫓아낼 때만 하더라도 저는 이렇게 생각했어요. 이명박 후보 캠프에 방송 3사 해설위원이나 조중동 논설위원급으로 줄 선 사람들이 200명쯤 된다니까 그 사람들 자리를 만들어줘야 할 게 아니에요? 그런데 정연주가 버티고 있으니까 무리를 해서라도 몰아내는가 보다, 그렇게만 생각했어요. 이제 지나고 보니까 어때요? 방송 장악부터 미디어법에 이르는 일련의 움직임이 진작 준비해두었던 것을 실천에 옮긴 거였죠.

인터넷도 마찬가지죠. 미네르바를 잡아다 석 달이나 감금하고, 네티즌 사이에 사이버 망명 사태라는 황당한 이야기까지 나오게 되었습니다. 급기야 용산참사가 일어났어요. 지난해 첫 번째 특강에서 경찰의 폭력과 우리 사회의 경찰국가화를 그대로 보고 있으면 안 되겠다 싶어서 '경찰 폭력'에 대한 강의를 따로 뽑았습니다. 경찰 폭력이 심각한 문제라고 여겨서 준비했는데 강의하고 한 달 조금 지나 용산에서 철거민 5명과 경찰 1명이 불에 타 죽었습니다. 그런 끔찍한 일이 일어나리라고는 저도 생각을 못했어요.

참사 당일 용산 남일당 빌딩 옥상
망루에는 힘없는 사람들이 올라간다. 땅 위에서의 외침이 공허할 것이 분명할 때 한 사람이라도 더 우리 말을 들어달라며 더 높은 곳으로 올라가 외친다. 이명박 정부에서 그들과의 대화나 중재는 없었다.

용산참사가 뭡니까? 망루에 올라간 것 아닙니까? 망루에는 힘없는 사람들이 올라가죠. 상처받은 짐승이 나무 위로 올라가잖아요. "야, 가까이 오지 마!" 다가오지 말라고 올라간 거죠. 그리고 높은 데서 우리 주장을 펴야겠다, 평지에서 주장해봐야 경찰이 와서 당장 채가니까, 경찰이 접근 못하게 망루에 올라간 것 아닙니까?

우리나라에서 고공 농성을 맨 처음 했던 사람이 여성 노동자 강주룡입니다. 평원고무공장 노동자인 강주룡은 1931년 임금 삭감에 반대해 평양 을밀대 지붕에 올라갔어요. 을밀대란 것이 절벽 위에 지은 2층 누각인데, 강주룡이 버티고 있었던 곳은 5미터 정도 높이였습니다. 그 기와지붕에 쪼그리고 앉은 사진이 지금도 남아 있습니다. 강주룡이 5미터 높이의 을밀대 지붕에서 9시간인가 있었습니다. 겨우 5미터 높이에 올라가 9시간 버텼는데 조선팔도가 뒤집어졌고, 강주룡은 역사가 되었습니다. 노동운동사에서 강주룡을 빼놓을 수 있습니까? 이제 어떻게 되었어요? 세월이 점점 흐르다보니까 사람들이 다들 무감각해져서 그런지 웬만큼 단식해서는 신문에 나지도 않죠. 열흘 굶는다고 누가 눈 하나 깜짝합니까? 2003년 김주익 열사가 올라갔던 85호 크레인은 5미터가 아니라 35미터나 되잖아요. 그 높은 데서 128일을 버텼어요. 한국 사회에서 어떻게 했어요? 아무도 관심을 안 가져주니까 129일째 되는 날, 목을 맸습니다.

이명박 정부는 중재라는 게 없습니다. 원래 정부가 법 집행자이기도 하지만 이익의 중재자잖아요. 국가라는 공동체 안에 이익이 상충하는 집단이 얼마나 많겠습니까? 이익이 충돌했을 때 국가가 나서서 중재하는 역할을 해야 하잖아요. 전두환 시절, 박정희 시절에도 이런 식으로 박살내지는 않았어요. 일단은 중재를 하고 안 되면 진압하죠. 망루 쌓고 농성하는 쪽에 대고는 "야, 너희 빨리 내려오지 않으면 다 잡아갈 테다!" 하고 소리 지르지만, 다른 쪽 보고는 "야, 쟤들 돈 몇 푼 쥐어주고 빨리 끝내라. 농성 오래 해서 공기 길어지면 너희만 손해 아니냐" 하는 식으로 일을 해결하려고 했어요. 이명박 정부가 놀라웠던 게 뭡니까? 이쪽에서 망루 세우고 올라갈 때 저쪽에서는 벌써 진압 계획을 짜기 시작하죠. 협상이니 중재가 전혀 없어요. 힘없는 사람이 망루로 올라가는, 약자의 절박성을 전혀 인정하지 않는 겁니다.

이명박 정권이 정말 웃긴 게 이념 공세를 많이 하잖아요. 진보진영이나 민주진영을 보고 좌파다, 빨갱이다, 어쩌고저쩌고 떠들어 대면서 많은 정책을 바꾸려 하고 있습니다. 하지만 바꾸려고 드는 정책들을 한번 살펴보세요. 그린벨트 누가 쳤습니까? 박정희가 쳤습니다. 평준화 누가 했습니까? 박정희가 했습니다. 의료보험 누가 했습니까?

박정희가 했어요. 정말 웃기는 현상 아닙니까? 평소에 박정희 욕하는 진보진영은 박정희가 만든 정책을 지키자고 하고, 박정희를 떠받들었던 보수·수구세력은 박정희가 펴놓은 정책을 깨려고 하는 굉장히 웃기는 지형입니다. 왜 이렇게 되었을까요? 군사독재정권 시절에도 국가가 중재자, 보호자의 기능을 요만큼이라도 했는데, 이명박 정권이 들어선 다음에는 그 기능을 완전히 포기했죠. 강부자, 고소영 정권으로 변해버린 겁니다.

정부가 외치는 법치주의는 곧 경찰국가 선언!

그런 정책들을 집행하기 위해 들고 나온 게 법치주의라는 겁니다. 제가 〈한겨레〉 칼럼에도 썼습니다만 이 법치주의라는 것이 뭡니까? 국민이 정부에 요구하는 것이 법치주의죠. "힘 있다고 마음대로 하지 말고 법대로 해라. 절차 밟아서 해라." 막강한 권력을 견제하기 위해 삼권분립도 만들어놓았잖아요. 힘을 가진 정부가 법치를 강조하면 뭐가 됩니까? 바로 경찰국가예요. 지금 대한민국이 빠른 속도로 경찰국가가 되어가고 있습니다. 왜냐? 국가가 중재자 역할을 포기했기 때문에 더더욱 공권력이 필요합니다. 이해가 상충하는 사람들이 있는데 그걸 강부자, 고소영의 입장에서, 두 분께는 죄송합니다만, 가진 자들의 입장에서 밀어붙이니까…… 악악거리며 버티던 사람들이 저항하려고 쌓은 망루를 그대로 쳐부수지 않았습니까? 본때를 보이려다 사고가 나는 바람에 용산 문제가 길어졌습니다만, 이 정부의 정책 방향이 그렇습니다. 오늘날 경찰국가화되는 것은 전 세계적인 추세입니다. 그럼에도 불구하고 한국은 너무 심해요.

제가 쓴 박사 논문의 배경이 일제가 지배하던 1930년대의 만주인데요. 만주가 어떤 곳입니까? 좋은 놈, 나쁜 놈, 이상한 놈이 날뛰는 비적의 천국 아닙니까? 비적들도 가지가지예요. 공산당을 일컫는 공비부터 흔히 마적이라 하는 산림비(山林匪)나 녹비(綠匪)도 있고, 토비(土匪), 정치비(政治匪) 등 여러 비적이 있죠. 그중에서 제일 독한 비적이 뭐냐면 법비(法匪)예요. 법의 이름으로 사람들을 못살게 구는 관료들을 법비라고 하죠. 비적들의 천국 만주에서 온갖 비적들에게 시달렸던 만주의 민중이 으뜸으로 꼽은 비적이 바로 법비였습니다.

법비란 법의 지배가 낳은 새로운 비적입니다. 만주의 민중, 심지어 일제에 협력하는 만주인들조차도 법만 내세우는 일본 관리들을 법비라고 불렀어요. 자신의 이해관계를 위해 법률 조문을 내세우고 법률 기술을 마치 금고털이 기술처럼 써먹는 자들이 법비입니다. 지금 대한민국에 법비들의 난이 일어났습니다. 법비들이 국민을 상대로 난을 일으켰어요. 지들 잘못은 서로 눈감아주고, 국민들이 금만 밟아도 죽인다고 달려들고……. 잔인한 권력이 주권자에게 휘두르는 교활한 법치주의, 이게 바로 법비의 난입니다.

민주사회에서 권력자가 법치주의를 들먹거리는 것은 서부극에서 악당이 정의를 내세우는 것과 다를 바 없어요. 왜냐하면 법치주의란 권력의 횡포로부터 민주주의와 인권을 지키기 위해 나온 것이거든요. 역사를 보면 큼지막한 나쁜 일들은 대부분 합법의 탈을 쓰고 이루어졌어요. 히틀러는 선거를 통해 합법적으로 집권했고, 지금은 사법살인이라 불리는 박정희의 인혁당 관련자 8명에 대한 사형 집행도 당시로서는 '합법'이라고 하잖아요. 육법전서 어디에도 확정판결 18시간만에 죽이면 안 된다는 조항은 없거든요.

요새 '중도실용'이란 말이 유행입니다. 글쎄요. 재래시장에서 떡볶이 사 먹으면 그게 중도가 되는지 잘 모르겠습니다만, 정말로 중도를 한다면 무엇을 해야 하고 누구의 말을 들어야 할까요? 적어도 국가라면 중재자의 기능, 사회적 약자에 대한 보호 기능을 회복해야 하지 않겠습니까? 그나마 지난 10년 동안 민주정권을 거치면서 '생산적 복지'라는 이름으로 사회안전망을 조금 깔기 시작했죠. 대한민국 건국 이래 처음으로 사회안전망을 얼기설기 깔아놓았으니 얼마나 구멍이 숭숭 뚫렸겠어요? 그 사회안전망조차 어떻게 되고 있습니까? 부자들 감세해준다고 세금을 몇십 조나 깎아주니까 당장 구청이나 어린이집 같은 곳의 급식이 어떻게 끊기고 있는지, 저소득층 아이들에게 지원되던 어떤 것들이 끊겼는지, 1년 전, 2년 전과 비교해보세요. 그 대신에 경제난이 닥치니까 예산을 끌어다 왕창 풀었죠. 상반기 우리 경제가 그걸로 간신히 버텼는데 이런 식으로 나랏빚만 쌓아가다가 어떻게 될지 장담하기 어렵습니다. 중도실용, 좋은 이야기입니다. 당연히 해야 하는데, 과연 저래서 될는지 지금 국민들은 굉장히 걱정이 많습니다.

부유한 야만과
싸우는 법

다들 아시다시피 진보진영이 상당히 어려운 처지에 놓였습니다. 그 이유 중 하나가 이슈만 따라다니는 행태 때문이 아닌가 싶어요.

한국전쟁 당시 맥아더 장군이 제일 잘한 걸 대부분 인천상륙작전으로 알고 계시는데 사실은 도망이었습니다. 맥아더가 이끄는 부대는 도망을 조직적으로 잘 다녔어요. 전선이 무너질 때나 전열이 정비가 안 될 때는 과감하게 버립니다. 수원은 물론이고 대전, 평택, 천안 등 어디라고 중요하지 않겠습니까? 그런데 버릴 때 과감히 버렸죠. 낙동강까지 밀리면 밀리는 대로 쭉쭉 내려간 다음에 웅크리고 정비해서 나중에 인천으로 치고 들어올 시간 여유가 생긴 것 아니에요?

관심과 연대의 손길, 지금 절실히 필요한 것

우리나라 진보진영은 어때요? 용산 터지면 용산으로 우르르 갔다가, 쌍용 터지면 쌍용으로 우르르 갔다가, 기륭 터지면 기륭으로 우르르

가죠. 당연히 연대해야죠. 다만 지나치게 우왕좌왕하고 있어요. 사령탑도 없고, 전략적인 사고도 없다는 생각이 듭니다. 이렇게 이명박 정권이 사고 치는 대로 쫓아다니다가 세월만 보내고 있습니다.

과거사 문제만 해도 그렇습니다. 오늘 〈한겨레〉에 과거사위원회가 풍전등화에 놓였다고 나왔어요. 예상 못했습니까? 정권을 내줬는데 위원회를 지킬 수 있겠습니까? 돼지 머리를 삶으면 돼지 코와 귀도 자연히 다 삶아지는 것 아닙니까? 그렇다고 과거사를 포기하자는 말은 절대 아닙니다. 과거사에서도 내줄 건 내주고 지킬 부분은 정확하게 지키자는 뜻이죠. 이 정권은 과거사에 대한 전문성이 부족한 자들, 아니 그냥 부족한 자들이 아니라 과거사 정리에 반대하는 자들을 위원으로 앉혀 위원회를 말아먹을 겁니다.

그동안 과거사위원회에서 굉장히 많은 사실을 밝혀냈어요. 제가 국정원 과거사위원회에 처음 참여할 때 기대했던 것에 비하면 만족스럽지 않지만, 여섯 권의 보고서를 써내면서 우리가 알지 못했거나, 알았더라도 주장만 했던 것들을 확실하게 밝혀냈습니다. 이 자리에 송기수 선생님도 계십니다만, 송씨 일가 사건이 조작사건이고 억울하다는 사실을 전에도 알고 있었죠. 이걸 과거사 작업을 통해 국정원 자료를 증거로 밝혀냈고, 결국 지난 재심에서 무죄를 선고받았잖아요. 우리가 국민들에게 할 이야기가 있는 겁니다. 전에는 기껏해야 "의혹이 제기된 사건들을 재조사해라" 주장하는 게 다였지만 이제는 달라요. 송 선생님 사건 같은 조작사건을 밝혀 무죄판결을 받았다, 그런데 지금 손도 못 댄 비슷한 사례가 수백 건이나 된다, 이걸 어떻게 할 거냐? 우리 사회가 조작사건의 피해자인 송 선생님 같은 분을 위로할 방법은 무어냐? 우리가 과거사와 관련해 풀어야 할 문제가 아직도 수두룩

이명박의 서민 마케팅
대선 당시 선거 광고에 출연했던 포장마차 주인을 다시 찾은 이명박. 그는 서민들의 사회안전망을 구축하는 복지 정책을 후퇴시키는 대신, 카메라 앞에서 시장 떡볶이를 사 먹고, 재래시장 상인에게 목도리를 선물하는 등의 서민 마케팅을 펼치고 있다. (청와대사진기자단)

합니다.

과거사 문제를 위원회 차원에서만 다루면 사람들은 관심이 없습니다. 과거사 문제가 죽은 문제인가요? 광주항쟁 문제가 죽은 문제인가요? 5·18을 다룬 〈화려한 휴가〉를 보고 750만 명이 눈물을 흘렸습니다. 눈물을 흘린 대다수가 광주가 뭔지도 모르는 학생들이에요. 광주민주항쟁에 대해 대학생들한테 물어보세요. 제가 어느 강연에서 물었더니 "기차간에서 일본 학생이 조선 여학생 머리끄덩이를 잡아당겨서 일어난 사건"이라는 황당한 대답을 하는 친구가 있었죠. 바로 그 친구들이 눈물을 흘린 겁니다. 인터넷에 연재했던 강풀의 만화 〈26년〉을 보고 인터넷이 뒤집어졌잖아요. 과거사 관련 운동을 하는 사람들은 처벌의 '처' 자도 꺼내지 못하는데 〈26년〉에서는 보복을 다루었어요. 만화를 본 사람들이 "저 전두환이 그 전두환이냐?" 물었답니다. 저는 과거사가 결코 죽은 문제가 아니라고 생각합니다. 우리가 어떤 언어로, 어떤 지점에서, 어떻게 대중에게 접근하느냐 하는 부분까지 고려해서 우리가 내줄 수밖에 없는 부분은 내주고 다시 시작해야 할 부분들을 정확하게 다시 시작하자, 그런 마음입니다.

우리는 피해를 입은 개인들을 지켜주지 못했습니다. 이명박 정권이 개인들을 치고 들어갈 때, 가령 촛불 연행자들과 유모차 엄마들, 조중동 광고주 불매운동으로 기소된 분들에 대한 이명박 정부의 공격을 지켜내야 했습니다. 일제고사를 반대하는 선생님들이 잘렸죠. 그 선생님들을 우리 사회가 얼마만큼 지켜줬습니까? 시민사회가 공동 대응을 하지 못했습니다. 1980년대였으면 이렇게까지 되지는 않았을 것 같아요. 지금은 그냥 어, 어, 어, 하면서 계속 깨지고 있는 게 아닌가 싶습니다. 고통받는 사람들 곁에서 손을 잡아주는 것이 바로 연대의 시작이라고 생각합니다.

공자님 말씀 대신에 재미와 감동과 생활의 이익을

비정규직 문제가 언제부터 생겼습니까? 군사독재정권 시절에 비정규직이란 말 들어본 적 있으세요? 미안하지만 그 시절에는 없었습니다. 1990년대 초반 이후에 생긴 문제입니다.

우리가 민주화되면서 함께 들어온 말이 '세계화', '신자유주의' 같은 것들이죠. 개혁세력이나 진보진영이 그 일련의 변화 과정에 잘 대응하지 못했던 듯해요. 대중의 욕구와 처지에 대해서도 제대로 대응을 못했습니다. 1970년대, 1980년대 운동권 분위기가 어땠죠? 맥주를 마시면 안 된다. 주머니에 돈이 있어도 좋은 음식 먹으면 안 되고, 좋은 옷 입으면 안 된다. 어떤 조직은 연애조차 금지했습니다. 민중이 고통받고 있는데 무슨 연애를 하느냐. 몰래몰래 했겠죠. 그런 분위기였어요. 하지만 대중이 좋은 옷 입고 맛있는 것 먹고 싶은 건 당연하잖아요. 1990년대, 2000년대 들어와서 대중의 욕구가 변해가는데 진보가 따라가지 못하고 그런 욕망을 억압하려고만 들었습니다.

동구가 왜 무너졌습니까? 마이클 잭슨이 '문워크'를 보급하는 순서대로 무너졌잖아요? 동구는 나름대로 사회주의 체제에 대한 자부심이 있었습니다. 사회주의 체제가 인류 역사에서 중요한 순기능을 한 부분도 있고요. 왜 무너졌느냐. 사회주의가 제대로 작동하지 못해서이기도 하지만, 또 한 가지는 사회주의의 순기능이 대중과 젊은 층이 즐겁게 호흡할 '롤'을 미처 만들어내지 못한 때문이죠. 젊은이들은 청바지도 입고 싶고 팝송도 듣고 싶고 햄버거도 먹고 싶은데, 만날 혁명가요만 듣고 칙칙한 인민복만 입으라고 하면 누가 좋아하겠습니까?

우리나라에서 민주개혁세력이나 진보진영은 새로운 젊은 층과 얼마만큼 호흡할 수 있었나요? 처음 촛불이 켜지고 아이들이 뛰쳐나올 때는 발랄함이 넘쳐났어요. 그랬다가 시민단체와 대책위에서 마이크를 잡으니까 어땠습니까? 다시 칙칙해졌어요. 재미없어졌습니다. 진보진영, 민주진영이 젊은 층의 발랄함과 대중의 자연스러운 욕구를 어떻게 공유할지를 고민해야 합니다.

우리가 운동을 왜 합니까? 잘 먹고 잘살자고 하는 짓 아니에요? 그런데 그러한 개인의 욕구를 계속 억압만 해온 게 아닌가요? 우리가 이러한 욕구를 공동선으로 끌고 가기 위해 토론하고 모색하는 과정 없이 너무나 지당하고 옳으신 말씀만 하니까 재미가 없죠. 저 역시 재미가 없습니다. 그러다 보니 대중에게 감동도 주지 못했고 이익도 주지 못한 것 같아요. 사람들한테 재미든, 이익이든, 감동이든 줘야 하는데 이것도 못하고, 저것도 못한 채 공자님 말씀만 반복하니까 어떻게 됩니까. 좋은 이야기도 한두 번이죠. 설득력이 떨어지는 겁니다.

우리 내부에서도 이익을 챙기는 사람들이 당연히 나오잖아요. 운동하면서 고생했던 선배들이 좋은 자리에서, 좋은 월급 받고 일하는 거, 다 좋은 일이라고 생각합니다. 그러나 그렇게 둘 리가 없겠죠. 조중동 같은 데서 눈에 불을 켜고 꼬투리를 잡습니다. 근무 시간 이외에 법인 카드를 썼다! 직원들 데리고 포장마차에 가서 2만 원, 3만 원을 긁었는데 9시 이후에 카드를 썼으니 개인 용도다. 감사에도 걸리고 뭐에도 걸리고 하면서 순수하게 운동을 해왔던 사람들의 이미지가 훼손되고 그랬습니다.

그리고 선거마다 패했어요. 대중을 설득하지 못하니까 작은 선거부터 패배하기 시작하고…… 특히 지방선거에서 왕창 깨지니까 총선에서든, 대선에서든 못 이기잖아요. 지난 번에도 말씀드렸다시피 지방선거가 연봉 4천, 5천만 원 받는 선거운동원을 몇천 명 뽑는 거 아닙니까? 그런 선거운동원을 저쪽에 몇천 명이나 만들어주면 대선에서 어떻게 이기겠어요? 대한민국의 모든 사람이 민주주의에 대해 안이하게 생각했어요. 바로 저부터도 그랬고, 여러분도 그랬을 테고, 노무현 대통령이나 김대중 대통령도 그랬을 겁니다.

정권이 바뀌면서 다들 '우리가 못하니까 바뀌지. 바뀔 수밖에 없는 거야' 생각했습니다. 그러는 한편 정권을 내주더라도 최소한 기본은 될 거라는 믿음이 대개 있었어요. 자, 이명박 정권이 역주행하면서 룰을 어기고 국민들의 팔을 비틀었습니다. 그런데 전혀 예상하지 못한 일이라 다들 어안이 벙벙해서 속수무책으로 당해버린 일이 많았습니다. 태평성대에 오래 살다 보니까 사람들이 싸우는 법을 다 잊어버린 모양이에요. 근육도 퇴화해버리고요. 옛날 같으면 나가서 싸웠어야 할 투사들이 다 어어, 하다가 그냥 돌파를 당했습니다. 정말이지 정권이야 내줄 수 있지만 민주주의의 역진만큼은 막아야 하지 않습니까?

우리가 촛불 때 엄청 나갔잖아요. 그래서 그 후에는 당연히 이명박 정부가 알아서 하겠지 했어요. 일제조차도 3·1운동 이후에 정책을 바꿔 문화통치를 했잖아요. 일제가 3·1운동 진압이야 이명박 정권과 비교가 안 되게 잔인하게 했지만 그래놓고도 '아, 이렇게 짓밟는다고 될 일이 아니구나' 해서 식민지 지배 정책을 바꾸지 않았습니까? 우리도 촛불로 민심을 보여줬으니 앞으로 함부로 하지 않겠지 생각했는데 어떻게 되었습니까?

유모차 끌고 나간 엄마들부터 소환하기 시작했어요. 〈조선일보〉에 광고 실은 업체에 대해 불매운동 벌인 사람들도 잡아다 조사하고, 촛불시위 연행자들 다 기소하거나 200~300만 원씩 벌금을 때렸죠. 시민단체에 후원금 낸 기업들도 조사했습니다. 좀 잘나간다는 시민단체들, 기업 쪽하고 크게 사업하던 시민단체들은 지금 아주 죽을 지경일 겁니다. 풀뿌리로 바닥에서 활동했던 단체들은 원래 얻어먹던 것도 없어서 겨울이 와도 그럭저럭 버티지만, 전반적으로 다들 어려운 형편입니다.

건강한 보수에게 바라는 것

우리 사회에 수구세력이 많다는 게 사실이고 분명히 우리보다 강한 것 같아요. 우리보다 강하지만 겁을 먹지 말았으면 합니다. 저는 이제 건강한 보수가 태어나야 한다고 생각합니다. 사실 한국의 보수세력을 보면 보수라는 말이 아까워요. 보수세력이 왜 존경을 못 받느냐? 그들은 과거사에 대해 침묵합니다. 아니, 안기부에서 무고한 시민을 잡아다 100여 일 동안 가두고 두들겨 패서 무수히 간첩으로 조작했잖아요. 그걸 밝혀내는 작업이 왜 좌익 빨갱이들의 책동입니까? 인간의 도리죠. 인간의 도리를 안 지키는 사람을 어떻게 인간으로 대접하겠습니까? 저는 적어도 한국의 보수세력이 체면을 회복하려면 과거사 문제를 과제로 떠안아야 한다고 생각합니다.

북한에 대해서도 그래요. 현실적인 통일의 상대로 인정해야지요. 우리가 지난 수십 년 동안 멸공, 방첩, 때려잡자 김일성, 무찌르자 공산당 그랬는데 무찌르지 못했잖아요. 지금까지 분단 상황만 악화시켜 왔습니다. 남과 북이 치른 비용이 얼마입니까? 이제는 그 방법이 안 통한다는 사실을 깨달아야 하는데 아직도 그렇죠. 거의 다 망해가니까 조금만 더 밀어붙이면 된다. 그거 안 통하거든요.

미국에 대한 태도도 마찬가지에요. 미국을 왜 그렇게 떠받드는지 모르겠어요. 미국이 없으면 큰일 난다고 생각하는 열등한 태도, 이제 그런 태도에서 벗어나야 한다고 생각합니다.

또 하나 중요한 게 있죠. 한국의 보수세력은 사회 변동에 대한 열린 태도를 가져야 합니다. 열린 태도가 없으면 한국의 보수는 망합니다. 조선이 어떻게 망했습니까? 조선의 엘리트들은 사회 변동에 대해 나

름 대로 열린 태도를 견지했어요. 조선시대에 과거제도가 형식적이나
마 개방이 되어서 아래에서도 합격하고 벼슬도 살고, 그러니까 사회
가 좀 돌아가죠. 조선 후기로 오면서 과거 급제를 거의 몇몇 가문에서
해먹습니다. 좋은 집안 출신들만 붙잖아요. 점점 닫힌 체제가 되더니
자기들끼리도 반목하다 세도정치로 망했어요. 지금 조선 말기와 유사
한 상황이 벌어지고 있습니다. 서울대에서 점점 좋은 집안 아이들의
비중이 높아지고 있습니다.

진보도 문제가 많습니다. 뭐랄까, 따뜻함이 없는 것 같아요. 이념적
치열함만 남은 것 같습니다. 도대체 진보를 왜 하고 그 이념이 왜 필
요합니까? 적어도 눈물을 흘릴 줄 아는 진보, 이념보다는 인간을 추
구하는 진보가 되어야 할 것 같습니다. 대중, 생활인들의 욕망을 생각
할 줄 아는 진보가 되어야 할 것 같습니다.

순간 순간의 선택이 역사를 이룬다

지금 모두 굉장히 어려운 상황입니다만 우리에게는 거룩한 유산이 있
습니다. 1945년 해방된 이후 지난 60년 동안 우리가 열악한 조건에서
생존하며 여기까지 왔는데 거저 왔겠습니까? 그 속에서 축적된 자산
이 우리에게는 대단히 크다고 생각해요.

제가 지난해 특강에서도 강조했죠. 한국전쟁이 끝나고 다 죽은 상
태에서 시작해 7년 만에 우리가 4·19를 만들어냈습니다. 유신으로
짓밟혔지만 다시 7년 만에 유신체제가 무너졌죠. 1980년 광주에서 그
토록 처절하게 깨졌지만 7년 만에 1987년 6월 항쟁을 만들어냈습니
다. 3당 합당으로 보수대연합 체제가 수십 년은 갈 것이라고 했는데

딱 7년 만에 정권 교체를 이루어냈습니다.

우리 대중에게는 힘이 있습니다. 그 힘이 어디서 나왔을까요? 저는 자기를 버렸을 때 나왔다고 생각해요. 대표적인 예가 광주 아닙니까? 첫 시간에 말씀드렸습니다만, 도청에서 광주를 지키고자 했던 사람들이 있었죠. 그 사람들이 정말 지킬 수 있다고 생각한 게 아닙니다. 질 줄 알면서도 거기 있었습니다. 그리고 잘 졌기 때문에 바로 유산이 된 겁니다. 처절하게 잘 지는 것. 저는 지금 우리에게 필요한 것은 잘 지는 거라고 생각해요.

한국은 한 번도 왕의 목을 쳐보지 못했죠. 혁명에 성공해보지 못했습니다. 그러면서도 끈질기게 사회를 바꿔왔습니다. 우리 사회를 이 정도까지 변화시킨 저력은 결코 무시할 수 있는 힘이 아닙니다. 이런 유산을 가진 민족, 많지 않다고 생각합니다. 우리가 그런 면에서 굉장히 중요한 자산을 가지고 있어요. 그걸 누가 인정하지 않습니까? 바로 우리 자신이 인정을 안 하고 있는 겁니다.

이번 특강의 제목이 '지금 이 순간의 역사'입니다. 저는 지금 우리가 보내는 하루하루가 굉장히 중요하다고 생각해요. 우리가 겨우 60여 년 전에 식민지에서 해방되었고, 나라가 두 동강이 났습니다. 그 반쪽으로 세계 10위권의 나라로 올라서기까지 굉장히 많은 경험을 했습니다. 그 한순간 한순간이 중요했습니다.

그 순간의 포인트를 놓치면 어떻게 될까요? 지금 비정규직 문제가 심각하잖아요. 불과 20년 전 민주화되면서 불거지기 시작한 비정규직 문제가 지금 우리를 지배하고 있습니다. 우리가 지금 이 순간을 놓친다면 또다시 20년 후에 어떻게 되겠습니까? 우리 자식들에게 어떤 영향을 미칠지 예측하기 어려운 일들이 지금 벌어지고 있는 겁니다.

지금 이 순간을 어떻게 살아가느냐. 1980년 광주에서 총을 내려놓느냐, 그래도 도청에 남을 것이냐 하는 한순간의 선택이 역사를 바꾸고 우리에게 거룩한 유산이 되었습니다. 그냥 몇백 명이 죽어버린 사건으로, 불미스러운 폭도의 폭력 사건으로 끝나버릴 수 있었던 갈림길이 바로 그 작은 순간이었습니다. 그 순간 몇 명이 어떤 선택을 하느냐에 따라 역사가 달라질 수 있습니다.

역사는 공부하는 것이 아니라 만들어가는 것

우리 역사는 참 정직한 것 같아요. 대중이 흘린 눈물만큼 역사가 변했습니다. 우리가 싸운 만큼 우리가 누리고 있는 겁니다. 김대중 대통령의 말씀 중에 정말 중요한 것이, "이기는 것도 쉽고 지는 것도 쉬운데, 우리가 싸우지 않으면 반드시 진다"고 했습니다. 제가 이 강의 초반에 말씀드렸습니다만, 민주화되어서 살림살이 안 나아졌습니까? 사실 얼마나 좋아졌습니까? 민주화되고 난 다음, 노동자들이 열심히 싸워서 분배가 되었잖아요. 그러다 우리가 내 것 챙겼다고 더 이상 싸우지 않으니까 어떻게 되었습니까? 그때부터 비정규직이란 것이 생기기 시작했죠. 우리가 약한 사람을 돌보지 않을 때 비정규직이 생겼습니다.

어떻게 해야 정권을 다시 찾겠습니까? 연대를 해야죠. 누구랑 합니까? 약한 사람하고 하는 겁니다. 힘센 사람이 뭐가 아쉬워서 우리하고 연대합니까? 우리는 약한 사람에게 함께 다가가야 합니다.

제가 비정규직 농성 현장을 찾아다니는 모임에 한번 따라갔다가 그걸 느꼈습니다. 서산의 '동희오토'라고 기아자동차 '모닝'을 만드는

전 직원이 비정규직인 동희오토
충남 서산 동희오토의 사내 하청업체 비정규 노동자들이 2008년 10월 2일 아침 '부당 해고'에 반발해 공장에 들어가겠다며 '출근 투쟁'을 벌이고 있다. (동희오토 사내하청 해고자 복직투쟁위원회)

공장이 있습니다. 왜 요새 인기 있는 경차 있잖아요? 그걸 만드는 공장인데 이 '동희오토'가 자본가들 사이에서 꿈의 공장이랍니다. 왜냐? 전 직원의 비정규화를 실현한 공장이거든요. 생산직 1천 200명 전원을 비정규직으로 만들어놓았어요. 시급이 얼마냐 하면 2008년 기준으로 3천 790원입니다. 최저임금에서 20원 더 준 거지요.

농성 현장에 갔을 때 제가 정말 가슴 아팠던 것이 '동희오토' 노동자들을 응원하러 온 사람들이 1천 일 동안 싸우고 있던 '기륭전자' 아줌마들이에요. 그럼 이 아줌마들은 얼마를 받느냐? 3천 780원인가 받았어요. 최저 임금보다 20원 더 받는 '동희오토' 아저씨들의 농성장에 최저임금보다 10원 더 받는 '기륭전자' 아줌마들이 응원을 왔던 겁니다. 슬픈 연대죠. 참 슬프지 않습니까?

우리가 어떻게 해야 합니까? 여기에 힘을 보태야죠. 함께 손을 잡아야 한다고 생각합니다. 노무현 대통령의 죽음에 많은 사람이 슬퍼했습니다. 김대중 대통령이 돌아가셔서 더 슬퍼했습니다. 슬퍼하는 사람들이 그 슬픔을 같이 나눠야 한다고 생각합니다. 우리가 현장으로, 슬퍼하고 힘들어하는 사람들이 있는 현장으로 더 다가가야 한다고 생각해요.

민주화되면서 우리가 잃어버린 것이 있어요. 무엇이냐 하면, 눈이 너무 높아진 것 같아요. 눈이 높아졌다는 표현은 그렇습니다만 적어도 1970년대, 1980년대에 대중에게 민주화가 먹혀든 까닭은 민중의 어려운 처지를 민주화란 요구 속에 함께 담았기 때문입니다.

세상이 바뀌고 1990년대, 2000년대 들어서 그런 정신이 많이 약해지고 자기들만 민주화된 사람들이 생겨나기 시작했죠. 특히 정치권으로 들어가고 공기업에 들어간 사람들이 그렇습니다. 자신들만의 민주화를 누리며 대중의 팍팍한 삶에서 멀어진 사람들이 말하는 민주화가 무슨 호소력이 있겠습니까? 자신들만의 민주화를 누리면서 대중과 유리되다 보니 민주진영 내에도 균열이 생길 수밖에 없죠. 그렇게 되니까 민주진영이 죽었다 깨어나도 단결이 안 되는 거예요. 비정규직과 실업자들이 지난 대선에서 민주당을 찍었을까요, 이명박을 찍었을까요? 선거 결과가 다 말해주죠. 상황이 그러니 도저히 이길 수가 없습니다. 민주주의조차 지켜내기 힘든 거죠.

2007년의 대통령 선거 패배, 2008년의 촛불, 2009년 두 분 대통령의 서거, 그리고 지금도 계속되는 이명박 정권의 역주행을 보면서 민주주의의 중요성을 다시 한 번 절감합니다. 민주주의는 여의도에서 투표하는 절차를 따지는 문제만은 아닙니다. 대한민국의 자원이 강부자, 고소영을 위해서 쓰여야 할지, 아니면 절대다수를 차지하는 서민 대중을 위해 쓰여야 할지를 정하는 것이 민주주의입니다.

　지금은 좀 더 치열하게 밑으로 내려가야 합니다. 그러기 위해서 한 사람 한 사람이 자신보다 약한 사람들에게 손을 내밀어야 한다고 생각해요. 그걸 언제 해야 하나요? 바로 지금, 이 순간 해야죠. 우리가 살아가는 지금 이 순간의 선택이 우리 역사를 만들어갑니다. 한국 현대사를 공부하면서 제가 느낀 점이 무엇이냐 하면, 역사는 공부하는 것이 아니라 만들어가는 것이라는 사실입니다. 우리 현대사는 만들어 갈 요소가 대단히 많습니다. 이제껏 선배들이 이렇게 만들어왔습니다. 우리가 그 바통을 이어받았습니다. 지금 이 순간의 주자는 바로 여러분입니다.

　우리가 민주주의와 산업화를 함께 이루어온 역사, 이 거룩한 유산을 받아 우리가 지금 이 순간을 달리고 있습니다. 지금 이 순간이 어떤 순간입니까? 이제껏 대체로 앞을 향해 나아가던 우리가 무언가에 발이 걸려 헉 넘어져 바통을 떨어뜨리면서 역주행이 이루어지는 순간입니다. 이 역주행을 보면서, 우리가 이룩했다고 믿었던 것이 얼마나 허망하고 얼마나 허약한 것인가를 느끼게 됩니다. 이 역주행을 어떻게 이겨내고, 우리의 허약한 토대를 어떻게 다지느냐, 민주화의 성과가 어떻게 비정규직 노동자, 실업자, 기초생활수급자 등 우리 사회의 구석구석까지 미치도록 하느냐에 우리 미래가 달렸고 우리 후손들의 내일이 달려 있습니다.

　지금 이 순간, 이 순간의 주자는 바로 여러분이고, 여러분은 역사를 그냥 배우고 공부하는 것이 아니라 역사를 창조하는 주인입니다. 다

같이 힘을 합쳐 새로운 역사를 만들어나가면서 지금 이 순간을 확실하게 살아가는 것이야말로 지금 우리에게 부여된 중요한 과제라고 생각합니다. 저와 여러분 모두가 한국 현대사의 주인공이기 때문입니다. 한홍구의 한국 현대사 특강, 지금 이 순간의 역사. 오늘로 모든 순서를 마치겠습니다. 감사합니다.

보론 : 대한민국 야당사

한국 보수 야당의 역사

오늘은 보론으로 대한민국 야당사에 대해 이야기하겠습니다. 과연 우리에게 정권교체의 희망이 있는가를 역사의 흐름 속에서 짚어보려고 합니다. 어떻게 했을 때 야당이 힘을 받았고, 어떻게 했을 때 무기력했는지 살펴보도록 하지요.

강의에 들어가기에 앞서 오늘 여러분께 꼭 전해야 할 소식이 있습니다. 그동안 강의에 계속 참여해주신 송기수 선생님에 관한 건데요. 선생님은 1982년 송씨 일가 간첩단사건에 연루되어 수년간의 감옥살이를 포함해 지난 30여 년 가까운 세월 동안 엄청나게 고생하셨습니다. 지난주 금요일(8월 28일) 드디어 재심에서 무죄 판결을 받으셨어요. 송 선생님, 나오셔서 한말씀 해주십시오. 여러분, 박수로 맞아주세요.

"안녕하세요. 송기수입니다. 저는 아직도 꿈속을 헤매는 것 같습니다. 한 교수님을 비롯해 많은 분이 적극적으로 도와주신 덕에 이런 좋은 결과가 나왔습니다. 돌아보면 저희는 참 행운아였습니다. 이제 저희뿐 아니라 조작 사건으로 고생하시는 수많은 억울한 분이 빨리 풀려났으면 좋겠습니다. 그리고 저도 뭔가를 하고 싶습니다. 어느 분이 제게 깨어나라고, 또 행동하라고 하셨습니다. 저도 깨어나서 행동하고 싶습니다. 내가 할 수 있는 일이 뭔가? 내가 해야 할 일이 뭔가? 제가 보탬이 될 만한 일을 한번 찾아보고 싶어요. 이제 저도 자격이 생긴 것 같아요. 그 자격을 주신 한 교수님, 인권 변호사님, 뜻이 있는 판사님들, 그리고 민가협 등 재야에서 도와주신 분들에게 어떻게 은혜를 갚아야 할지 모르겠습니다. 나이만 먹은 줄 알았더니 이런 부채가 많이 늘었습니다. 이제부터 할 일이 너무 많아졌어요. 정말이지 간첩사건은 한도 끝도 없어요. 남은 생애, 일꾼들 물 떠다드리고 안마해주고 박수 쳐주는 일들을 해야 할 것 같습니다. 여러분, 정말 고맙습니다. 감사합니다."

네, 감사합니다. 방금 선생님께서 간첩사건이 끝이 없다고 하셨는데, 오늘도 집에서 나오던 중에 전화 한 통을 받았어요. 옛날에 중앙정보부에서 다루던 간첩사건의 유가족이셨어요. 옥중에서 거의 돌아가시게 되어 가석방된 아버님이 며칠 후 돌아가셨답니다. 거의 옥사하신 거나 다름없죠. 자료를 뽑아 왔는데 송기수 선생님보다 5년 앞서 벌어진 사건입니다.

아까 말씀하셨지만 다른 간첩사건들에 비해 우리 송 선생님 사건은 축복받았다고 생각됩니다. 선생님의 누님 되시는 송기복 선생님께도 축복받은 간첩(?)이라고 종종 말씀드려요. 송씨 일가 간첩사건은 국정원 과거사위에서 대표적인 조작 사건으로 선정해 조사했고, 또 특이하게도 군사정권이 한참 독이 올랐던 1982년, 1983년에도 대법원에서 무죄 판결을 두 번이나 받았어요. 그걸 안기부가 우격다짐으로 다시 유죄 판결을 끌어내 30년 가까이 고생하셨습니다. 그래도 국정원 과거사위에서 조작 사건이라는 사실을 밝혀냈고, 마침내 재심에서 무죄 판결까지 받으셨습니다.

우리나라에 아직도 수많은 조작 간첩사건이 남아 있습니다. 그런 면에서 송 선생님이 책임이 무겁다고 말씀하신 의미를 저도 잘 압니다. 앞으로 선생님과 함께, 그리고 여러분께서도 관심을 많이 기울이셔서 이분들이 억울함을 풀고 이 땅에 더 이상 억울한 사람들이 나오지 않았으면 하는 바람입니다.

지역과 계보에 기반한 보수 야당의 출발

오늘 말씀드릴 것은 대한민국 야당사입니다. 주제가 야당사지만 약방의 감초처럼 중간중간 간첩사건이 끼어들어요. 이 부분은 오늘 강의를 풀어나가면서 말씀드리도록 하죠.

한국의 야당은 몇 가지 특징이 있습니다. 원래 정당이란 것이 계급적 성격을 띠는데, 한국 야당은 시작부터 계급 정당으로 출발하지 못했어요. 그래서 계급적 성격이 약한 대신 지역에 기반을 둔 지역 정당들이 나옵니다. 더구나 지역 정당들이 특정 인물을 중심으로 영남, 호남, 충청 지역에 기반을 둔 정당으로 유지되어 왔고 지금도 지역 정당 체제가 계속되고 있죠. 3김 체제가 아주 전형이었습니다.

우리 민주주의는 이식된 민주주의라고 할 수 있습니다. 원래는 우리 내부에 민주주의를 향한 여러 가지 중요한 자산이 있었죠. 그런데 제대로 꽃도 피우기 전에 일본 제국주의가 우리나라를 강점했습니다. 일제 때 우리는 정당은커녕 집회·결사의 자유조차 없었어요. 그나마 3·1운동을 통해 엄청난 희생을 치른 다음에야 집회·결사의 자유가 조금 주어졌는데, 그것도 중일전쟁이 벌어지고 1940년대가 되면서 다 없어지다시피 했습니다. 그러다 일본이 패망하고 미군정이 들어서면서 선거제도를 처음 시행하게 되었어요.

우리는 일반 보통선거를 1948년에 처음 시행했습니다. 남녀 평등 선거였죠. 지금이야 여성이 투표권을 갖는 것이 너무 당연하지만 사실 남녀 평등 선거는 프랑스 혁명의 발상지인 프랑스에서조차 1945년에 가서야 실시되었어요. 프랑스가 많이 늦었지요. 스위스는 우리보다 한참 늦은 1971년에서야 남녀 보통선거를 실시했습니다. 어떻게 보면 우리는 민주주의 제도를 굉장히 빨리 시작한 셈입니다. 문제는 우리 손으로 제도를 발전시킨 것이 아니라 다른 나라에서 이미 발달한 제도를 완제품으로 들여온 것이지요.

그러다 보니까 우리 국민들이 민주적인 선거제도나 근대 정당제도에 익숙하지 않았습니다. 당시 유명한 이야기가 있는데요. 미소공동위원회 당시 미군정에서 정당과 사회단체를 등록하랬더니 하룻밤 사이 감자로 도장을 파서 꽝꽝 찍고, 뭐 무슨 인민조선당, 무슨무슨 독립조선당 등 400여 개가 한꺼번에 등록했다고 합니다. 우리나라 각 종교에 등록된 신자 수를 합치면 우리나라 국민보다 많다죠. 그때도 정당원 숫자가 인구보다 많았답니다.

우리나라에서는 독재자들이 연이어 장기 집권을 해왔습니다. 이승만이 10년을 해먹고 박정희가 18년을 해먹으면서 독재가 계속되다 보니까 야당은 100년 야당, 만년 야당이 되었죠. 야당은 야당인데 국민들이 집권을 목표로 하는 정당으로 안 봐줘요. 제가 1959년 이승만 시절에 태어났지만 철들고부터 나라의 대통령이 계속 박정희였어요. 대학에 들어갈 때까지도 박정희였으니 어느 누구도 감히 대통령 할 생각을 못했죠. 야당도 자기네가 실제 집권하리라는 생각이나 했을까요? 1963년 선거나 1971년 선거는 그래도 집권을 목표로 했겠지만, 유신 이래 집권은 꿈도 못 꾸는 상황이 아니었을까 싶습니다.

미국의 경우를 보면 1930년대 뉴딜 정책 이후 민주당이 좀 더 분명한 진보 색깔을 나타냈습니다. 그래서 나름 진보와 보수의 색채가 구분되는데 한국은 그런 게 거의 없었어요. 1990년대 들어 평민당이나 열린우리당이 일반 기층 대중을 위한 색깔을 약간이나마 나타내기 시작했지 그전까지는 모두 보수 야당이었습니다. 보수 여당과 보수 야당만 있으니까 야당이 차별성을 가지기가 참 어려웠죠.

또 중앙정보부 같은 데서 주로 뭘 했습니까? 심할 때는 중앙정보부 예산의 절반 이상이 김대중을 감시하는 데 쓰였다고 할 만큼 야당을 감시하고 파괴하는 공작을 일삼아서 야당이 정상적으로 운영되기는 힘들었죠. 생각해보세요. 옆집 사람이 밤낮 내 집 창문에 구멍을 뚫어놓고 감시하면 여러분도 비정상이 되어가지 않겠습니까?

지금까지 우리나라에서 정권이 두 번 바뀌었죠? 김대중 정권 때 바뀌고, 그다음에 노무현 정권을 거쳐 이명박 정권으로 넘어가는 두 번의 정권 교체가 있었습니다. 아마 여러분 주변에서 누가 되든 계속 여당을 지지하는 분들 보셨을 겁니다. 붙박이 여당이라고 할 수 있겠죠. 그런데 붙박이로 야당 지지하는 분 보셨어요? 아마 없을 겁니다. 어쨌든 우리나라가 야당 하기 참 힘든 나라입니다. 지역주의와 계보정치가 뿌리 깊고, 한편으로는 야당 탄압이 계속되었습니다. 자, 이 야당 탄압에 대해 좀 더 말씀드리겠습니다.

독재정권의 야당 탄압

야당 탄압은 1960년대 말, 1970년대 초반의 유신체제로 전환되던 시기에 가장 심했다고 할 수 있습니다. 연행과 고문이 아주 심각했어요. 그런데 재미있는 것이 중앙정보부에서 초기에는 야당보다 여당 의원을 더 많이 잡아갔습니다. 권력 내부의 투쟁이 더 큰 문제였기 때문에 집안 단속을 했던 거죠. 집안 단속을 끝내고 나서 야당을 치기 시작했고, 야당이 얌전해진 뒤 재야가 주된 공격목표가 되었습니다. 상황에 따라 공작 대상이 바뀌지만 1970년대, 1980년대 중앙정보부와 안기부의 주요 공작은 야당을 흔드는 데 집중되었죠.

'사쿠라'라는 유명한 말이 있죠? 전에도 말씀드렸지만 당적은 야당인데 보고는 중앙정보부에 하고, 중앙정보부에서 자금도 받는 사람들입니다. 정치공작의 핵심은 역시 돈이죠. 주로 돈으로 매수했어요. 그런데 거물쯤 되면 매수가 잘 안 되잖아요. 그러면 돈줄을 끊어놓습니다. 방법은 많아요. 특히 세무사찰이라는 게 있는데, 야당에 정치 자금을 댔다가 세무사찰 당하고 풍비박산 났다는 이야기가 많았죠. 1971년 대선에서 김대중 씨에게 선거자금을 댄 사람들이 유신 시절에 굉장히 고생을 많이 했어요. 김대중 씨가 음모적인 성격이다, 정치자금이 어떻게 운용되는지 가신들도 모른다, 그러는데 다 이런 상황에서 학습된 효과라고 보시면 됩니다.

그다음에 각목 대회라고 있죠? 드라마 〈모래시계〉에 적나라하게 묘사됐습니다만 중앙정보부, 안기부에서 '나랏일' 한다고 청년들을 구슬려서 야당 전당대회를 습격했습니다. 이승만 시절의 반공청년단부터 쭉 역사가 있지 않습니까? 권력과 결탁해 그런 조직을 풀어서 야당 전당대회를 습격하는 일들이 1970년대, 1980년대까지도 있었습니다. 대표적인 게 1987년 안기부의 사주로 깡패들이 통일민주당 창당을 방해한 '용팔이 사건' 이죠. 돈 가지고 안 되면 그렇게라도 하는 거죠.

야당 분열 공작도 극심했어요. 중앙정보부가 벌인 공작 중에 제일 대표적인 것이 김영삼 총재와 관련된 건입니다. 반정부 발언을 빌미로 국회에서 제명시켰는데 신민당 김영삼 총재가 원외 총재로서 계속 강경하게 대응했어요. 그러니까 신민당 전당대회 때 절차에 하자가 있다고 직무정지 가처분 신청을 했습니다. 법원에서 그대로 받아서 김영삼 총재의 당무를 정지시켰죠. 국회의원직까지 박탈했고요. 박정희 정권의 이런 무리수가 결국 부마항쟁을 불러와 유신정권의 붕괴로 이어졌습니다.

또 야당 탄압에 자주 등장하는 것이 여자 문제입니다. 야당 의원들 중에 여성 정치인이 거의 없으니까 남성 정치인들을 미행하기도 하고 중앙정보부에서 아예 함정을 파놓고 기다리기도 했죠. 제가 그 당시 공작에 참여했던 분을 미국에서 인터뷰한 적이 있습니다. 그분이 원래 영화를 전공했대요. 전공을 살려서 준비를 다 해놓고 적당한 시점에 벌컥 문 열고 들어가서 찰칵 찍으면 왜 "악!" 하는 표정 있잖아요. 좀 더 장난기가 동하면 여자한테 아예 옷을 가지고 도망치게 했대요. 이런 식으로 꼬투리를 잡아 협박하는 방법도 많이 써먹었습니다. 도청, 미행, 사찰은 아주 밥 먹듯이 했어요. 제가 국정원 과거사위에서 직접 본 자료에 의하면 "아무개, 신원 불상녀와 접촉"이라고 나와요.

대개 2~3일 후에는 신원 불상녀가 어디에 사는 누구인지 두 사람이 내연 관계인지, 아니면 친척 누나인지 다 드러나죠. 그런 보고서가 많았습니다.

야당 의원을 제일 많이 고문한 시기는 유신이 선포된 직후입니다. 1971년 제8대 국회에서 야당이 상당히 강해서, 소장파 의원들이 목소리를 높여 정부를 비판했습니다. 유신을 선포하고 나서는 그 소장파 의원 10여 명을 잡아다가 보안사에서 아주 자근자근 밟아버렸죠. 말도 못하게 고문을 했습니다.

야당 탄압만으로도 몇 시간을 이야기하겠지만 한국 야당사가 주제니까 야당 전체의 큰 흐름을 살펴보도록 하죠.

한민당, 이승만에게 버림받다

야당은 여당과 상대되는 개념 아닙니까? 집권당이 있어야죠. 대한민국 정부가 수립되면서 등장한 대표적인 야당이 한국민주당, 줄여서 '한민당'입니다.

1980년대 초반까지만 하더라도 우리나라 야당들이 뭐라고 떠들었느냐 하면, 자신들이 전통 보수 야당인 한민당의 적통을 계승했다, 한민당의 뿌리를 이어받았다 하면서 굉장히 자랑스럽게 이야기했어요. 1980년대 후반 한국 현대사의 많은 부분이 재조명되고, 야당도 자기 정체성을 재확인하면서 그런 이야기가 쑥 들어갔습니다.

한민당은 사실 미군정기에 여당이나 다름없었어요. 한민당의 주요 간부들 중에서 지금으로 치면 장관급의 고위직인 국장들이 대거 나왔고 한민당도 자기네가 여당이 될 거라고 생각했습니다.

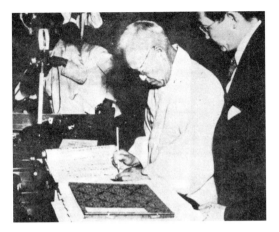

한민당 대신 친일 관료를 선택한 이승만
미 군정기 남한 단독정부 수립을 원하던 이승만과 한민당은 동맹 관계를 유지했다. 하지만 권력을 잡은 이승만은 자신과 권력 기반이 같은 토착 지주 세력 한민당을 내치고, 그 대신 친일경찰과 관료들을 등용한다. 사진은 이승만이 건국헌법에 서명하는 장면.

자, 이승만을 추대해 권력을 잡아야 하는데 대한민국 초대 헌법 초안이 내각책임제를 채택했거든요. 이걸 이승만이 대통령중심제 아니면 안 한다고 빡빡 우겨서 어쩔 수 없이 대통령중심제로 바꿨어요. 대통령중심제인 우리나라에 총리라는 내각책임제 요소가 남아 있는 게 그래섭니다. 총리의 권한도 법적으로는 세요. 다만 그 권한을 행사하지 못하는 게 문제죠. 이회창 씨가 김영삼 정권 당시 법에 보장된 대로 총리 권한을 행사하려다 넉 달 만에 잘렸죠.

한민당은 자기네가 여당이 될 거라고 생각했는데 이승만이 권력을 혼자 독차지해버렸어요. 이승만 입장에서 강력한 토착 지주세력인 한민당한테 자신이 자칫 휘둘릴 듯싶으니까 그 대신에 친일파라든가 관료들 쪽으로 올라탄 겁니다. 사실 한민당이 굉장히 보수적이고, 어떤 의미에서는 우리나라 우파의 주류라고 할 만하거든요. 그래도 대중이 보기에 악질 친일파보다는 한민당이 덜 오염된 집단이었어요. 한민당도 친일 문제에서 깨끗하지는 않지만 이승만의 직계로 들어간 친일파 관료들에 비하면 정도가 조금 덜한 구 민족주의자들이라고 해야겠죠. 한민당이 그런 집단인데 이승만에 의해 배척을 받았습니다. 다시 말해 계급적인 성격은 비슷한데 권력 배분에서 빠진 겁니다. 그래서 뜻하지 않게 야당이 된 겁니다.

한민당은 창당 이후부터 계속 축소되는 과정에 놓입니다. 처음 미군정기에는 세가 컸지만 이승만한테 버림받고 나니 그동안 한민당을 지지했던 돈 있는 사람들이 등을 돌렸죠. 또 대중 입장에서는 한민당이 그다지 야당 같아 보이지 않았어요. 1948년 선거에서도 한민당이 예상보다 별로 재미를 못 봤습니다. 그때는 국회의원을 2년마다 뽑았는데 1950년 총선에서 무소속 돌풍이 불어 한민당은 70석에서 23석으로 의석이 3분의 1로 줄어듭니다. 제3대 국회에서는 그나마도 15석으로 줄어들었죠. 원내교섭단체도 구성을 못하게 되었습니다.

한민당이 전통 야당이라지만 처음부터 국민들로부터 광범위한 지지를 받지 못했어요. 당의 계급적 성격이 이승만 정권과 너무나 똑같았기 때문이죠. 그때만 해도 선거에서 대중이 뭔가 좀 다르고 새로운 걸 기대하지 않았겠습니까? 한민당은 그런 비전이 없었죠. 대한민국 정부가 출범했을 때, 한민당 이외에도 야당이 여럿 있었죠. 그때까지만 해도 남로당도 합법정당이었고, 백범 김구 선생이 이끄는 한독당도 있었고, 그밖에도 수많은 정당이 있었습니다. 그러나 국가보안법이 제정되고 한국전쟁을 거치면서 대부분 사멸하고 말았습니다.

4·19혁명과 어! 하다가 여당이 된 민주당

대중에게 배척당하고 점점 축소된 한민당이 대통령 선거를 앞두고

1955년 민주당으로 재편됩니다. 그때 야권에 일종의 대동단결 분위기가 생겨나요. 진보당 사건으로 사형당한 조봉암도 민주당에 참여하려고 했어요. 조봉암이 처음부터 진보당을 따로 만들 생각은 아니었습니다. 보수 야당에 묻어가는 게 한국 같은 상황에서 생존하는 길임을 본능적으로 알고 있었는지도 모르겠어요. 그런데 민주당에서 안 받아준 겁니다. 창당 멤버이자 원로인 김성수는 받아들이자고 했지만 병석에 누워 있어서 적극적으로 개입을 못하는 사이, 조병옥이라든가 신익희 같은 사람들이 비토를 놔버렸죠. 1952년 대선에서 조봉암이 조직도 없이 개인으로 뛰었는데도 지지율이 11.4퍼센트가 나왔거든요. 굉장히 많이 나왔죠.

조봉암이 우리나라의 농지개혁을 주도했잖아요. 농지개혁 할 당시에 농림부 장관이었고 젊은 시절 공산주의 운동을 했던 전력도 있어서 진보 성향의 표들을 일정하게 흡입하는 힘이 있었습니다. 그래서 민주당의 잠재적 경쟁자들이 "조봉암은 거북하다", "공산주의자는 전

향해도 공산주의자다", "한 번 공산주의자는 영원히 공산주의자다", "전향은 필요 없다" 하며 조봉암을 배척했습니다. 한민당의 8총무 중 한 사람인 민혁당의 서상일은 대구의 진보 계열을 대표하는 사람이었는데도, 조봉암과 거리를 두었습니다. 이렇게 따돌림을 받았기 때문에 결국 조봉암은 1956년 대선에서도 무소속으로 출마해 24퍼센트(유효표의 30퍼센트)를 얻었고, 같은 해 독자적으로 진보당을 창당하게 됩니다.

한국의 민주당이 조봉암 같은 사람조차 빨갱이라고 밀어낼 정도니까 색깔로 치면 철저한 보수죠. 그런데 1950년대 초중반까지만 해도 한국전쟁을 거쳤음에도 불구하고 우리 대중들이 진보적인 색깔을 잃어버리지 않았다고나 할까요. 보수야당을 별로 좋아하지 않았어요. 제헌의회부터 3대 국회까지 무소속이 아주 강했고, 한민당-민국당-민주당이 고전을 면치 못했습니다. 그러다가 민주당은 제4대 민의원 선거를 앞둔 1958년 1월 1일 자유당과 함께 통과시킨 '협상선거법' 덕분에 약진의 계기를 마련합니다. 3대 국회에서 15석에 불과했던 의석이 4대 국회에서는 79석으로 대폭 늘어난 거죠. 사실 이 협상선거법은 자유당과 민주당이 혁신세력의 의회 진출을 봉쇄하기 위해서 만든 것입니다. 이렇게 1950년대의 민주당은 이념적으로 볼 때 진보와는 거리가 먼 전혀 '불온'하지 않은 정당입니다. 다만 4·19 직전까지는 억세게 '불운'했던 정당인 것은 분명합니다.

우리나라 선거 역사를 보면 가끔 바람이 붑니다. 선거라는 것이 한 번 바람이 불면 조직이니 자금이니, 평소에 선거에 큰 영향을 미치던 다른 요인들이 하나도 안 먹혀듭니다. 우리나라 선거에서 최초로 큰 바람이 분 것이 1956년 대통령 선거 때였습니다. 그때 신익희 선생이 내걸었던 구호가 한국 선거 역사상 가장 선동적인 구호일 겁니다. "못 살겠다. 갈아보자!" 자, 서울 인구가 150만 명 정도였는데 신익희 후 보 유세 때 한강 백사장에 모인 군중이 30만 명이니까 지금으로 치면 300만 명 가까이 모인 셈이죠. 그렇게 분위기 잡고 잘나가다 선거를 코앞에 두고 신 후보가 덜컥 돌아가셨어요. 대신 민주당의 장면 씨가 부통령에 당선되었죠. 지난번 김대중 대통령 추모 강연을 하면서 민 주당에 구파와 신파가 있다고 말씀드렸죠. 구파는 한민당 계통이고, 신파는 민주당이 만들어질 때 새로 들어온 사람들입니다. 신익희는 민주당 내의 구파였어요. 장면은 신파였고요. 구파의 신익희 씨가 대 통령 후보로 나왔다가 선거를 앞두고 돌아가시고 신파인 장면 씨가 부통령이 되었습니다.

1960년 3월 15일 정부통령 선거가 치러집니다. 이승만 대통령의 나 이가 80대 중반이란 말이에요. 지금도 여든이면 장수한 거죠. 당시 한 국인의 평균 수명이 50 전후였습니다. 나이가 여든이 넘으면 우리가 문안인사를 드릴 때 "밤새 안녕하셨습니까?" 합니다. 아침에 일어나 지 않으셔도 전혀 이상할 게 없는 나이죠. 그러니 부통령이란 자리가 중요해질 수밖에 없습니다. 부통령 후보로 자유당에서는 이기붕이 나 왔어요. 자유당에서는 이기붕을 당선시키는 데 주력해야 했겠죠.

이승만 박사가 기가 굉장히 센가 봐요. 1956년 대선에서는 신익희가 심장마비로 죽었지, 1960년 대선 때는 조병옥 박사가 민주당 후보로 나왔는데 심장병 때문에 미국에 수술하러 갔다가 수술 도중 죽습니다. 게다가 조봉암은 이미 진보당 사건으로 1959년에 사형시켰잖아요.

경쟁자들이 다 죽고 없어진 가운데 1960년 3·15 선거에서는 이승 만이 대통령 후보로 혼자 뛰었어요. 부정선거를 할 필요도 없었죠.

3·15부정선거는 부통령에 관한 사건입니다. 3·15부정선거에 분노한 학생들이 들고 일어난 거죠. 처음 학생들의 요구 사항은 "부정선거 다시 하라" 정도였어요. 그러다 사태가 확산되어 정권이 넘어가게 됩니다. 그게 4·19혁명이죠.

두 대통령 후보를 잃은 불운한 정당 민주당이 "어!" 하다가 여당이 되었어요. 선거로 집권한 것도 아니고, 자신들이 혁명을 일으키지도 않았죠. 1987년 직선제 투쟁 때는 양김씨가 앞장을 서고 중요한 역할을 하지 않습니까? 4·19 당시 민주당은 그런 역할조차도 안 했어요. "어!" 하다가 자유당이 무너지고, 6월 내각책임제 개헌 후, 7월 29일 5대 총선을 치르게 되었어요. 국회의원 200석을 뽑는데 그중 175석을 민주당이 가져갔습니다. 100여 석이던 자유당은 3석인가로 줄어들었어요. 나머지는 무소속하고 혁신계가 차지했습니다. 민주당이 압도적인 승리를 거두면서 갑자기 여당이 된 거예요.

민주당이 형성된 과정을 보면 자유당보다도 더 보수적이고, 더 친미적이고, 더 반공적이에요. 민주당의 뿌리인 한민당이 미군정 시절의 여당 아닙니까. 한민당의 정강정책을 보면 자유당에 비해 보수 반공 색채가 훨씬 강하죠.

정권을 잡은 민주당은 1960년판 FTA라 할 수 있는 한미경제협정을 맺고, 그다음에 반공법을 제정하려고 시도합니다. 민주당도 원래는 색깔론 때문에 많은 타격을 받았는데도 혁신계의 도전을 막기 위해 반공법을 제정하려 했습니다. 조봉암은 죽었지만 그 잔당이라고 할 만한 혁신계가 남았거든요. 그러면서 민주당은 내부적으로 극심한 신, 구파의 갈등을 겪습니다. 대중은 혁명적으로 치고 나가는데 민주당은 미국과의 경제협정에다 반공법 제정 시도도 모자라 권력투쟁까지 벌이는 거죠. 혁명으로 집권했지만 권력의 성격은 대단히 보수적이었어요. 그 와중에 5·16이 터졌습니다.

박정희 시대의 대표야당, 신민당

5·16 군사 쿠데타가 일어났을 때 정치판이 워낙 지리멸렬해서 대중이 오히려 군사정권에 기대를 했던 측면이 분명히 있습니다. 장준하 선생 같은 경우도 나중에 박정희와 가장 치열하게 부딪친 분이지만 5·16 초기에는 〈사상계〉를 통해 조속한 민정이양을 조건으로 군사정권을 지지했습니다. 직접 재건운동본부에 적극 참여하기도 했습니다. 군부로 대표되는 근대화 세력이 치고 올라오는 상황에 대해 야당도 일정 부분 기대를 한 것이 분명 있습니다. 4·19 후 민주당의 구파와 신파가 아예 갈라서고, 5·16 후에는 야당의 일부가 군사정권을 지지하는 등 야당세력이 지리멸렬했어요.

그러던 야당 진영이 하나로 묶이게 된 계기가 있죠. 군사 정부와 공화당이 한일 관계 정상화를 억지로 추진했고, 그 반대 투쟁을 하는 과정에서 야당이 다시 결집하기 시작했습니다.

그런 과정을 거친 후 1967년 2월 민중당과 신한당이 통합해 신민당이 만들어집니다. 이후 신민당은 1980년대까지 20년 동안 야당을 대표하는 이름이 되었습니다. 1967년 5월 대선에 신민당 후보로 윤보선 씨가 나갔다 졌습니다. 그리고 1967년 7대 국회의원 선거가 있었는데 부정선거가 아주 어마어마했죠. 그 후유증으로 박정희 정권이 공화당 의원을 2명이나 구속할 수밖에 없었어요. 그럴 만큼 심각한 부정선거였고 야당은 의석을 37석밖에 못 얻습니다. 그런데 야당이 37석으로

1967년 대선 당시 투표하는 윤보선
박정희와 윤보선은 1963년, 1967년 두 번의 대선에서 맞붙었다. 63년 선거는 표 차이가 15만 표밖에 나지 않는 대선 사상 가장 박빙의 승부였지만, 67년 선거에서 박정희는 100만 표 이상 차이로 이겼다. (보도사진연감)

도 잘 싸웠습니다.

지금 야당인 민주당이 81석이잖아요. 참 미안한 이야기지만 지금 민주당은 존재감이 거의 없습니다. 촛불 정국 때도 아무 역할을 못했잖아요. 그 당시 시사 프로에서 누가 그랬죠. 우리나라의 제1당이 이명박 당이고 제2당이 박근혜 당, 제3당이 강기갑 당, 그다음에 민주당을 비롯한 군소정당들이 있다고요. 지금 민주당은 80석을 가지고 군소정당이라는 비아냥거림을 들은 최초의 정당일 겁니다.

제7대 국회에서는 야당이 37석밖에 없었지만 존재감이 넘쳤어요. 37석으로 나름 선방을 했습니다. 물론 3선 개헌을 막지는 못했죠. 그때 3선 개헌을 하려고 고작 37석인 야당 의원을 매수해 빼내려고 했습니다. 중앙정보부에서 신민당 의원 중 3명의 전국구 의원한테 공작을 벌였는데, 야당 총재가 결단을 내려서 기습적으로 당을 해산시켰어요. 당시 정당법이 묘해서 당이 해산할 경우 그 당 소속인 전국구 의원은 의원직을 잃게 되거든요. 해산 전에 탈당하면 괜찮죠. 그런 법의 허점을 이용해 중앙정보부에 매수될 듯한 3명의 전국구 의원을 날려버린 겁니다. 이 정도로 제7대 국회에서 야당의 존재감이 컸는데 지금은 2배가 넘는 80석인데도 존재감을 발휘하지 못하는 거죠.

하여튼 3선 개헌이 강행되었고, 국민들이 "야, 이거 야당을 좀 키워야겠구나" 해서 1971년 8대 국회의원 선거에서는 야당이 개헌 저지선을 확보합니다. 국회에서 합법적으로 개헌할 길이 막혀버리죠. 박정희 입장에서는 계속 대통령을 하고 싶은데 또 4선 개헌까지 해서 "한 번만 더 합시다" 하기가 어렵잖아요. 그래서 아예 유신의 길로 들어가 버리는 겁니다.

유신 이후 신민당의 강성 의원들을 다 잡아다 두들겨 패고 일본에 있던 김대중 씨를 납치하는 상황까지 갑니다. 그런 와중에 김영삼 씨가 1974년 '선명 야당'의 깃발을 들고 나오고 한동안 야당 바람이 불었습니다. 그런데 1년 만에 갑자기 김영삼이 주춤합니다. 1975년에는 인도차이나 사태가 악화가 되면서 사이공이 함락되고 베트남 정권이 패망한단 말이에요. 박정희가 반체제 세력을 탄압하려고 인혁당 사건 관련자 8명에 대해 사형을 집행한 것도 바로 이때입니다. 그런 험악한 분위기에서 박정희와 김영삼이 여야 영수 회담을 합니다. 이 회담 내용과 진상을 아직 아무도 몰라요. 박정희가 김영삼에게 뭐라고 했는지 추측만 난무하지 아직 알려진 것이 없습니다. 어쨌거나 영수 회담을 하기 전까지만 해도 김영삼의 목소리가 굉장히 높았었는데, 회담 이후 갑자기 깨갱하는 분위기로 돌아섰어요.

한국 야당사가 참 재미있는 게 싸움을 잘할 때는 인기가 좋지만, 싸움을 포기하면 금방 다 떨어져 나갑니다. 뭔가 좀 해 보려는 척하다가 꼬리를 내리면 국민들이 철저히 응징했습니다. 야당에서 전당대회를 했는데 김영삼이 떨어지고 이철승이 총재로 당선되어 중도통합론을 주장합니다. 그런데 '통합'이 무슨 의미입니까? 독재정권하고 싸우지

67년 총선에 출마한 장준하와 김영삼
1967년 2월 민중당과 신한당이 통합돼 만들어진 신민당은 이후 1980년대까지 20년 동안 야당을 대표하는 이름이 된다. 7대 총선 당시 신민당 후보로 총선에 출마한 장준하와 김영삼. (눈으로 보는 선거전—선거와 홍보자료)

않겠다는 거죠. 결국 독재정권하고 협조하는 방향으로 흘러갔습니다.

그러다 김영삼이 선명 야당의 기치를 다시 내걸고 김대중 쪽에서 김영삼을 지지하면서 야당의 분위기가 바뀌게 됩니다. 야당이 바뀔 수 있는 분위기가 어떻게 만들어졌을까요? 1978년 제10대 국회의원 선거 때 중선거구제를 실시했어요. 1구에서 2명을 뽑았습니다. 의석은 공화당이 더 많이 가졌어요. 그러니까 공화당은 무조건 각 구에서 1명이 당선되고 다른 1석을 신민당이 대부분 차지하고, 나머지를 무소속이나 다른 군소 정당들이 나눠 가졌죠. 공화당이 신민당보다 많은 의석을 차지했지만 전국적인 득표율에서는 신민당이 공화당보다

1.1퍼센트 앞섰습니다. 주로 인구가 많은 대도시 지역에서 큰 차이로 이긴 결과였죠. 이에 대해 야당은 "국민들이 우리를 더 지지하지 않느냐"면서 분위기가 고조되었습니다.

그러면서 야당 내에서 '야당성 회복'이라는 말이 부쩍 많이 나왔습니다. 왜 사육사들이 어미 잃은 맹수들을 키우면서 야성을 회복시키는 훈련을 하잖아요. 실제로 '야투'라고, '야당성 회복 투쟁동지회'라는 조직까지 출현할 정도였어요. 야당이 무척 강하게 나왔고, 김영삼도 다시 선명 야당의 기치를 내걸어 당 총재로 당선되었죠.

이때 YH 여공들이 신민당사에 들어가 농성을 했습니다. 만일 중도통합론을 내건 이철승이 신민당 총재였다면 절대 안 그랬을 거예요. 차라리 공화당사로 가지 중도통합론이나 붙들고 앉아 있는 신민당사로 가지는 않았을 겁니다. 이 YH 사건이 박정희가 죽는 10·26 사건까지 이어지게 됩니다.

2·12 총선과 신민당의 부활

1980년대 야당사는 지난번 6월 항쟁과 김대중 정부에 대해 이야기하면서 많이 다루었는데요. 일단 여당 민정당은 보안사가 만들고, 야당인 민한당, 국민당을 안기부에서 만들었다고 말씀드렸죠. 그러다 보니 제1야당인 민한당이 제 역할을 못했고 나중에 김영삼 총재가 단식을 시작하면서 정국의 돌파구가 뚫리기 시작합니다. 양김씨가 '민추협'을 만들고 그동안 정치제제로 묶였던 사람들이 일부 풀리면서 1985년 2·12 총선에서 야당이 본격적으로 부활합니다.

그때도 야당 명칭이 '신한민주당'이었는데 아주 웃긴 사연이 있습니다. 전두환은 신민당이라는 이름이 못마땅했어요. 신민당 하면 박정희 때부터 강성 이미지, 도전적인 야당 이미지가 있단 말예요. 그래서 그 이름을 못 쓰게 하려고 한 번 등록된 정당 이름은 쓰지 못한다고 정당법에 규정해놨습니다. 정당 이름이라는 게 다 거기서 거기 아닙니까? 뭐, '한국'이나 '민주' 넣어서 만드는 건데 야당 사람들 입장에서는 신민당이라는 이름을 쓰고 싶은 거죠. 꾀를 낸 것이 '신한민주당'이라는 이름으로 선관위에 등록하고 그걸 줄여서 신민당이라고 했어요.

그렇게 신민당을 재창당해 몇 년을 싸웠습니다. 신민당 총재로 이민우라는 분을 내세웠어요. 양김이 합의해 총재로 앉힌 일종의 고용 사장인데 처음에는 좀 인기가 있었죠. 그런데 여권에서 이민우 씨한테 "내각책임제로 가자"고 살살 공작을 했습니다. 그 말에 이민우 씨가 솔깃했어요. 화가 난 양 김씨가 고용 사장을 하루아침에 해고시켰죠.

이게 우리나라에만 있는 일 아닌가 싶어요. 제가 다른 나라 사정은 다 보지를 못해서 모르지만, 정당이라는 게 나름 합의된 정치적 목적을 가진 사람들이 모인 집단이잖아요. 양김씨는 대통령이 되려는 마음이 강했죠. 그런데 당 대표로 등록된 사람이 딴 짓을 하니까 굉장히 곤란하잖아요. 사실 이민우 총재는 주식회사에 비유한다면 자기 주식이 없는 고용 사장이거든요. 그런데 총재 자리에 앉아서 다른 짓을 하니까 어떻게 됩니까? 대주주들이 사장을 자른 게 아니라 정확히 이야기하면 자기 주식을 빼버린 겁니다. 의원들을 데리고 나가 새로운 당을 만든 거예요. 그렇게 해서 양김씨가 통일민주당을 창당했어요. 아까 말씀드린 용팔이 사건이 이때 일어난 겁니다.

제가 우리나라에만 나타나는 현상이라고 보는 게 또 있어요. 2·12

총선 전에는 민한당이 제1야당이었는데 총선을 통해 신민당이 크게 부상하니까 민한당 의원들이 우르르 신민당으로 몰려갔거든요. 민한당은 껍데기만 남았다가 없어졌죠. 신민당의 고용 사장인 이민우 씨가 내각제 파동을 일으키면서 양김씨가 따로 통일민주당을 창당하니까 또 어떻게 되었습니까? 신민당 의원들이 다 나와서 통일민주당으로 들어갔습니다. 또 다른 몇 가지 사례가 있죠. 3당 합당 이후에 꼬마민주당이 생겼습니다. 민주당 의원들이 모두 3당 합당한 김영삼 씨쪽으로 따라가니까 "어떻게 야합을 하느냐?" 해서 남은 몇 명이 민주당 간판을 지켰죠. 그래서 '꼬마 민주당'이라고 했어요. 그 꼬마 민주당이 결국 김대중 씨의 새정치국민회의하고 합쳤습니다. 새정치국민회의의 당대표로 이기택 씨를 앉혔는데 이 사람이 말을 안 들으니까 김대중 씨가 자기 의원들 데리고 나와 새천년민주당이라는 당을 만들었습니다. 저 같은 전공자도 가끔 이름과 순서가 헷갈릴 만큼 야당이 참으로 변화무쌍한 길을 걸어왔죠. 이런 사례들은 한국 야당사가 가진 굉장히 특이한 현상이 아니었나 싶습니다.

3당 합당, 뒤통수를 맞다

야당이 1987년 6월 항쟁으로 직선제라는 기회를 갖게 되었지만, 그다음에 양김씨가 대통령 자리를 놓고 싸우면서 김대중 씨가 통일민주당을 나와 평화민주당을 새로 창당합니다. 집권의 기회가 왔을 때 야당이 통합하지 못하고 분열하는 바람에 기회를 잃어버린 것이죠. 그렇지만 1988년 4월 13일 13대 총선을 통해 여소야대 정국이 마련됩니다. 민정당(125석)이 과반 의석 확보에 실패하고, 평민당이 70석으로

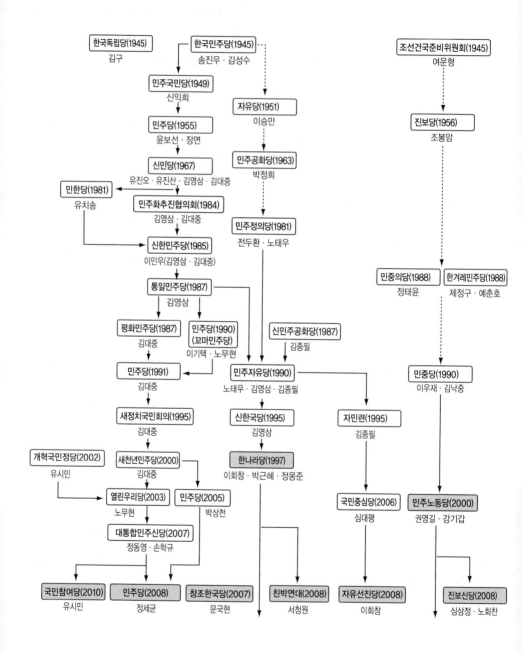

| 해방 후 한국 주요 정당 계보도 |

한국독립당(1945)
김구

한국민주당(1945)
송진우 · 김성수

조선건국준비위원회(1945)
여운형

민주국민당(1949)
신익희

자유당(1951)
이승만

진보당(1956)
조봉암

민주당(1955)
윤보선 · 장면

민주공화당(1963)
박정희

신민당(1967)
유진오 · 유진산 · 김영삼 · 김대중

민한당(1981)
유치송

민주화추진협의회(1984)
김영삼 · 김대중

민주정의당(1981)
전두환 · 노태우

신한민주당(1985)
이민우(김영삼 · 김대중)

통일민주당(1987)
김영삼

민중의당(1988)
정태윤

한겨레민주당(1988)
제정구 · 예춘호

평화민주당(1987)
김대중

민주당(1990)
(꼬마민주당)
이기택 · 노무현

신민주공화당(1987)
김종필

민주당(1991)
김대중

민주자유당(1990)
노태우 · 김영삼 · 김종필

민중당(1990)
이우재 · 김낙중

새정치국민회의(1995)
김대중

신한국당(1995)
김영삼

자민련(1995)
김종필

개혁국민정당(2002)
유시민

새천년민주당(2000)
김대중

한나라당(1997)
이회창 · 박근혜 · 정몽준

열린우리당(2003)
노무현

민주당(2005)
박상천

국민중심당(2006)
심대평

민주노동당(2000)
권영길 · 강기갑

대통합민주신당(2007)
정동영 · 손학규

국민참여당(2010)
유시민

민주당(2008)
정세균

창조한국당(2007)
문국현

친박연대(2008)
서청원

자유선진당(2008)
이회창

진보신당(2008)
심삼정 · 노회찬

* 이 표는 2007년 8월 6일 자 《대구매일》의 '한국 주요 정당 계보도'를 참조, 보완 · 수정한 것입니다. (편집부)

제1야당이 되었고, 민주당이 59석, 신민주공화당이 35석을 차지하죠. 이때가 한국 야당 역사에서 가장 힘이 셌던 시기였습니다. 5공 청문회, 광주 청문회를 열어서 전두환을 비롯한 5공 핵심 세력과 광주 학살 책임자, 정주영 회장 등 재벌 오너들까지 TV 생중계하는 국회에다 앉혀놨잖아요. 노무현이 뜬 게 바로 이때 아닙니까. 또 대한민국 역사상 처음으로 대통령이 지명한 정기승 대법원장 임명 동의안을 야당이 단결해 거부했어요. 사법부에까지 영향력을 발휘한 겁니다. 그 모든 게 이 여소야대 국면에서 가능했던 거죠.

이 모든 상황을 단번에 뒤집은 것이 바로 1990년의 3당 합당이죠. 그러면서 한국 정당들이 가진 일종의 정체성에 혼돈을 빚게 되었어요. 호남만 빼놓고 다른 지역이 다 연합해버린 상황에서 그동안 전혀 다른 기준에 의해 작동되었던 지역성과 야성이 이상하게 엉켜버렸습니다. 자, 경남 지역을 보세요. 4·19 항쟁의 도화선이 되었던 김주열이 마산상고 학생이었습니다. 10·26 직전에 가장 세게 저항했던 지역이 부산, 마산 아닙니까? 6월 항쟁 때도 그쪽에서 얼마나 열심히 싸웠습니까? 전통적으로 야성이 강했던 경남이 3당 합당으로 인해 갑자기 여권 지역으로 바뀐 겁니다. 게다가 2년 후에는 김영삼이 대통령에 취임하면서 완전히 여당 정서로 돌아서고, 이후 쭉 보수화의 과정을 걷게 되는 거 아닙니까. 3당 합당의 여파가 지금 현재까지 엄청난 영향을 끼치고 있는 것이죠.

한국 야당사에서 또 하나 빠뜨릴 수 없는 게 한나라당이 10년 동안 야당을 했던 일입니다. 김대중 대통령 시기 5년과 노무현 대통령 시기 5년 해서, 저쪽에서 흔히 얘기하는 '잃어버린 10년'입니다. 수십 년 동안 권력을 장악했던 집단이 갑자기 야당이 되었죠. 한나라당에는 옛날 꼬마민주당 출신들도 있었습니다. 김대중과의 갈등 문제도 있었지만, 어쨌든 이 사람들이 신한국당 시절, 그리고 1997년 대선 직전에 여당으로 들어갔거든요. 선거에서 승리할 거라고 생각했는데 갑자기 외환위기가 터지고 김현철 사태와 병역비리, DJP연합에 이인제가 튀어 나오는 등 여러 가지가 겹쳐 대선에서 지고 졸지에 다시 야당으로 전락했단 말이에요. 야당이 된 한나라당을 먹여 살린 게 어떻게 보면 이 꼬마민주당 사람들입니다. 한나라당 사람들은 어떻게 야당을 해야 하는지 몰라요. 여당 생활에는 익숙한데 야당이 되어 길바닥에서 싸우는 방법을 하나도 모르죠. 그런 상황에서 또 중심을 잡아준 사람들이 이재오, 김문수 같은 민중당 출신입니다. 사실 이재오, 김문수가 없었으면 한나라당은 망했을 거예요.

엊그제 이재오 씨가 어느 인터뷰에서, 한나라당이 정말 어려웠을 때 자신을 전면에 내세워 싸우지 않았느냐? 그래서 안 한 게 없다. 원내총무에 사무총장에 원내대표까지 맡아서 한나라당을 살려냈더니 이제 당이 잘나가니까 자신이 뭘 하려고 하면 "저거 옛날에 빨갱이였다"는 말이 나온다고 푸념을 해요. 사실 맞는 말이죠. 이재오나 김문수같이 재야에서 제일 과격했던 사람들이 열심히 뛰어서 지금 한나라당을 살려낸 겁니다.

원래 한나라당의 뿌리가 1980년대 민정계잖아요. 김영삼이 민주계를 데리고 들어가면서 민정계라는 물이 흐려졌고, 이후 꼬마민주당, 민중당 출신들까지 들어가면서 야당 시절에 한나라당이 많이 바뀌었습니다. 또 제가 볼 때는 박근혜 씨가 탄핵 직후 한나라당을 맡아서 야당 대표로서 중심을 잘 잡았다고 생각해요. 오늘 박근혜 씨 이야기를 할 자리는 아니지만 적어도 박정희의 딸이라는 후광만으로 그 자리에 오른 건 아니지 않느냐, 뭔가 리더십을 보이지 않았나 생각을 합니다.

저는 한나라당이 재집권한 것은 야당 시절에 잘했기 때문이라고 생각합니다. 동시에 여당이 못했기 때문이기도 하죠. 지금 민주당은 어때요? 지리멸렬, 지지부진하죠. 야당 시절을 잘 보내야 다시 집권할 기회를 잡을 텐데 과연 지금 가능성이 보이느냐? 바로 이 지점에 두 분 대통령마저 떠나보낸 우리의 걱정이 있는 게 아니겠습니까?

지역에서는 토호, 중앙에서는 야당

숫자는 차이가 있겠지만 역사적으로 야당은 늘 소수당입니다. 한국 정치가 지역으로 나뉘다 보니 여소야대 국면이 되기도 하지만, 대통령중심제인 한국은 구조적으로 대통령의 권한이 야당에도 일정한 영향력을 행사할 수 있기 때문에 국민 전체의 사랑을 받는 야당이 되기가 어렵습니다. 한마디로 동네 야당인 셈이죠. 자기 동네에서는 여당인데 중앙 무대에서만 야당 노릇을 하니까 전국적으로 야성을 발휘해야 할 상황에서 제 역할을 못하는 겁니다.

그러니까 이런 거예요. 민주당이 자기 지역에서는 토호세력이고 보수인데 중앙에만 오면 진보를 외치죠. 예컨대 대운하 건설이나 4대강 사업으로 땅 파고 삽질하면 지역 토호에게 좋잖아요. 지방에서 토건이라는 먹이사슬의 중심에 자리 잡고 있는 민주당이 중앙에서 4대강 사업에 반대하는 시늉을 하니까 제대로 되겠어요?

한국 야당이 이렇게 지역에서는 토호로 군림하고 중앙에 와서는 야당 역할을 해야 하는 이율배반적인 위치에 놓였습니다. 민주당이 80

석인데도 존재감이 없는 게 그래서잖아요. 분명한 사람 30명만 있어도 방향이 제대로 드러날 텐데 이런저런 사람이 다 섞여 배가 어느 쪽으로도 못가는 겁니다. 두 가지 힘이 안에서 작용하는 거죠. 현재 민주당 내에도 성격이 분명한 분들이 수십 명은 있다고 생각합니다. 그런데 소용이 없어요. 앞으로 나가려고 해도 안에서 끌어당기는 힘 때문에 나가기 힘들죠. 민주당이 지금 그런 형편이 아닌가 싶습니다.

또 하나, 야당이라고 반대만 할 수는 없잖아요. 일반 시민들이야 반대만 해도 상관없지만, 집권을 노리는 수권 정당이라면 반대만 해서는 안 되죠. 만년 야당 시절에야 정권을 잡아본 적이 없으니 모른다고 해도 되겠지만 이제는 그러기도 어렵잖습니까. 사실 대안이 그렇게 쉽게 나오는 것이 아닙니다. 똑똑한 박사들 서넛 채용했다고 정책이 툭툭 튀어 나오는 게 아니거든요. 옛날에 민정당 정책위 의장이 이런 말을 했어요. "한국 같은 상황에서 정당이 대안을 만들기란 어렵다." 솔직한 진단입니다.

미국 같은 나라는 보수 쪽의 헤리티지 재단, 진보 쪽의 브루킹스 연구소 등 싱크탱크가 작동하고 그들이 내놓은 정책들이 끊임없이 검증되고 있죠. 우리는 여당조차 그런 것이 없어요. 요새는 정당보다는 관료의 정책 기능이 더 크고요. 관료보다 정책 기능을 많이 하는 데가 바로 재벌입니다. 삼성경제연구소가 최고의 정책 생산 기관이지 않습니까? 그거 가져다가 서로 베껴 쓰니까 정책 면에서 여야의 차이가 없습니다. 문제는 뭡니까? 지금 민주당이 무엇 때문에 고민하겠습니까? 여야의 차별성이 없다는 것 아닙니까.

노무현 대통령이 서거하기 전에 민주당이 만든 플랜이 무엇입니까? '뉴민주당 플랜'이라고 하죠. 이게 오른쪽으로 한 스텝도 아니고,

두 스텝 가는 겁니다. 한나라당하고 거의 똑같은 정책을 쓰자는 거예요. 쉽게 이야기해서 "부자 되세요" 정책입니다. 여러분이 부자라면 누굴 찍으시겠습니까? 한나라당 찍겠습니까, 민주당을 찍겠습니까? 여러분이 조중동 보는 독자라면 민주당이 뉴민주당 플랜 가지고 와서 "우리도 예뻐해주세요" 할 때 그쪽을 찍겠습니까? 아니면 한나라당을 찍겠습니까?

야당이 자기 정체성을 어떻게 확보하느냐, 그게 중요한 문제입니다. 민주당이 한나라당과 부자 되기 경쟁을 벌이면 백전백패예요. 왜 그런 게임을 합니까? 민주당 내 일부 의원들한테는 그게 장사가 되거든요. 자기 지역구에서 먹혀듭니다. 하지만 민주당 전체로 보면, 야당 전체로 보면 망하는 길이죠.

선명한 정책 정당만이 유일한 살 길이다

저는 진짜 이런 사람이 나왔으면 좋겠어요. 야당에도 대통령을 꿈꾸는 사람들이 있을 것 아닙니까? 족보에 기록되고 어마어마한 권력을 휘둘러보는 차원이 아니라 진짜 이러이러한 정책들을 펼치고 싶다는 꿈을 품고 대통령을 바라는 사람이 있다면 야당이 어떻게 변해야 할지, 정치인으로서 어떻게 행동할지 길이 보일 겁니다. 야당이 한나라당을 따라서 '부자 되세요 놀이' 하는 동안에 비정규직이라든가 실업자들이 누굴 찍겠습니까? 그런 사람들을 위한 구체적인 대안이라든가 정책들이 없잖아요.

한나라당이 2002년과 2007년 대선에서 얻은 표가 똑같습니다. 이명박 대통령이 굉장히 큰 표 차이로 이겼습니다만 이회창 후보보다 겨우 4만 표 더 얻었어요. 유권자는 260만 명 가까이 늘었는데 겨우 4만 표 더 얻었죠. 제가 생각하기에 1천 150만 표가 한나라당이 끌어낼 최대치일 겁니다. 야당은 어떻게 하느냐? 그걸 넘으면 이기는 겁니다. 아주 간단하죠.

자, 방법은 두 가지입니다. 한나라당이 얻은 1천 150만 표에서 깎아먹는 방법. 저는 그 전략도 굉장히 필요하다가 생각해요. 우리가 한나라당을 가리켜 밤낮 하는 이야기가 뭡니까? 두 분 탤런트께는 죄송합니다만 '강부자', '고소영' 정권이라고 하죠. 그런데 우리나라에 강부자, 고소영이 과연 1천만 명이 되겠습니까? 절대 안 되죠. 사돈의 8촌까지 합쳐봐야 끽 해야 300만이죠. 나머지 몇 백만은 뭐냐? 비정규직, 실업자, 기초생활수급대상자, 차상위생활대상자…… 그들 중 상당수가 지금 한나라당을 찍고 있는 겁니다. 왜? 민주당이 갈팡질팡하면서 서민 정당으로서 제대로 자리매김하지 못했잖아요.

이명박 대통령이 당선된 비결이 뭡니까? 경제 살린다! 잘 먹게 해준다! 다른 모든 기준은 작동하지 않았죠. BBK 동영상이 튀어나오든 뭐가 어떻게 되든 간에 전혀 상관이 없었습니다. 기층 대중의 상당수는 그런 방향으로 가는데 그 사람들에게 먹혀들 만한 이야기들이 없는 한 민주당이 집권할 가능성은 제로입니다. 그러니까 그 부분을 정확하게 파고들어야지 '부자 되세요' 경쟁에 나섰다가는 필패죠.

한국 야당사에 무서운 법칙이 하나 있어요. 저는 지난번 선거에서 많이 느꼈습니다. 제17대 국회 때 제 주변에 친한 사람들이 제법 국회에 있었습니다. 비교적 성격이 분명한 사람들입니다. 그런데 이번 제18대 국회에서 대부분 떨어졌어요. 몇 명 안 남았어요.

참 안타까운 게 그들이 대부분 겨우 1천, 2천 표 차이로 떨어졌다는 사실이에요. 저는 유권자들의 응징이었다고 생각합니다. 왜? 좀 더 잘해야 할 사람들이 빌빌대니까 찍어주고 싶지 않죠. 그렇게 생각하는 유권자가 한 지역구에 1천 명만 나와도 떨어집니다. 그렇게 떨어진 사람들이 민주당에 20명쯤 된다고 생각해요. 지역구 사정이 아주 좋았거나 그나마 국회에서 열심히 일했다고 유권자들에게 인정받은 사람들만 살아남았죠. 어정쩡했던 사람은 떨어졌습니다. 대표적인 분이…… 개인적으로 제가 좋아하는 분입니다만 김근태 씨 경우는 적어도 민주화운동을 대표하는 사람이잖아요. 정치권에 들어갔으면 그만한 몫은 해줘야 하지 않느냐, 그런 기준에서 볼 때 마음에 안 드니까 "에이, 나 국회의원 투표 안 해" 하고 기권했던 유권자가 많았을 겁니다. 그 1천 명, 2천 명한테 버림받아서 떨어진 거예요. 아주 적극적인 지지자가 될 수 있었던 사람들이 등을 돌렸기 때문에 떨어졌단 말이죠. 응징의 법칙입니다. 유권자들이 어떻게든 골라내요. 어쩌면 유권자들이 자기 자신을 처벌한 것인지도 모릅니다.

저는 역대 야당이 계속 그래왔다고 생각해요. 선명성을 내세우면 잘하라고, 유신과 열심히 싸우라고 뽑아주지만, 흐리멍덩하면 여지없습니다. 김영삼 총재도 그랬잖아요. 칼칼할 때는 이철승한테 두 차례나 이겼는데 선명하지 못할 때는 졌습니다.

한국 유권자들이 전통적으로 야당을 만들어온 입장이 바로 그런 게 아닌가 생각해요. 도대체 민주당이 누구를 대변해야 하는가? 진보정당도 마찬가지죠. 왜 가장 가난하고 가장 억압받고 가장 목소리를 내지 못하는 사람들이 진보정당이나 민주당을 지지하지 않고 한나라당에 표를 주는가? 그 지점에 대한 정확한 자기반성에서 출발하지 않는다면 또다시 만년 야당의 길을 갈 가능성이 큽니다.

국민들의 관심사는 정권교체인데, 야당의원의 관심사는 자기 재선 밖에 없습니다. 두 분 대통령마저 돌아가신 이 순간, 야당은 존재감이 없습니다. 우리 역사에서 야당이 이렇게 존재감이 없었던 적은 일찍이 없었습니다. 오죽하면 이렇게 죽을 쑤고 있는 MB정권이나 한나라당에서 믿을 건 민주당 밖에 없다는 얘기까지 나오게 되었습니까? 민주당만, 민주당 의원들만 탓해서 될 일은 아닙니다. 국민들이 민주당을 바꿔야 합니다.

신자유주의가 구조화되는 상황에서 자기 텃밭만 가지고 하는 정치는 비전이 없습니다. 한국 사회의 기층 민중에게 다가가는 메시지를 만들어내야 합니다. 그런 목소리를 내야 삽니다. 야당은 특히 그렇습니다. 죽어야 삽니다. 모든 것을 버리면 거기서 돌파구가 생깁니다.

한국 진보 정당의
역사

지금부터는 우리나라 진보정당의 역사를 중점적으로 살펴보겠습니다. 이 어려운 시절에 진보정당이 실질적인 힘을 가지고 좋은 세상을 만들어나간다면 얼마나 좋을까 하는 생각을 점점 더 하게 됩니다.

우리나라 진보정당 이야기를 하려면 조봉암 선생부터 언급하지 않을 수 없는데요. 인천 출신이라고 알려진 조봉암 선생은 정확하게는 강화도 출신입니다. 강화도에서 태어나 인천에서 많은 활동을 했죠. 해방 후 공산당에 가담했다가 박헌영하고 틀어지는 바람에 나오게 되었고요. 이승만에게 발탁되어 초대 농림부 장관으로서 농지개혁을 이끌었습니다. 우리가 대학 다닐 때만 해도 농지개혁에 대해 제한적인 성과밖에 거두지 못했다는 평가가 많았는데, 지금은 농지개혁의 의미를 꽤 높이 평가해요. 제한적인 게 사실이지만 개혁의 효과가 장기적으로 나타나고 있는데다 농지개혁 없이 한국전쟁이 터졌으면 전쟁의 양상이 어떻게 되었을지 모릅니다. 농민들이 어떻게 되었을지 몰라요. 점령지에서 인민군들이 토지를 분배했는데 이미 한국 정부가 분배했던 토지를 다시 나눠준 거잖아요. 그러니까 인민군의 토지개혁 효과가 극히 미미할 수밖에 없었죠.

조봉암과 진보당

그런 면에서 대중에게 각인이 되었던 조봉암이 1956년 선거 때 내건 구호는 특별했습니다. "피해 대중을 위하여!" 이 '피해 대중'이란 누구를 말합니까?

이승만 정권이 한국전쟁 당시 다리를 끊어놓고 도망갔잖아요. 그러고는 다시 서울에 돌아와서 미처 도망 못 간 사람들을 "빨갱이 새끼들"이라면서 부역자로 처벌했습니다. 그렇게 상처받은 사람들, 특히 민간인 학살, 보도연맹 등에서 가족을 잃은 사람들이 바로 '피해 대중'이죠. 그들에게 이 구호가 꽤 잘 먹혀들었습니다.

사실 1956년이면 골짜기의 시신이 수습도 안 되었을 때입니다. 빨갱이 가족이나 학살자 유가족은 어디 가서 입도 뻥끗 못하죠. "빨갱이니까 죽었지 엄한 사람 죽였겠냐고, 양민이면 죽였겠냐고" 그런 분위기였습니다. 양민학살이란 말이 있잖아요. 양민학살이 뭡니까? 우리는 좋은 사람이고 대한민국 편인데 국군이 잘 모르고 우리를 죽였다, 억울하다, 그런 표현이지요. 어쨌거나 수많은 사람이 죽었습니다. 지금도 '진실과화해위원회'에서 조사하는 중이지만 워낙 규모가 방대해 다 못하고 있어요. 바로 그 피해 대중한테 메시지를 분명하게 던졌습니다.

1956년 대통령 선거가 참 재미있는 선거입니다. 조봉암이 정당을 만들지도 못하고 무소속으로 뛰었는데 유효표의 30퍼센트나 얻었어요. 이승만 이후를 이어나갈 강력한 지도자로 부각된 것이죠. 1960년 대통령 선거에서 뛰었다면 결과가 어떻게 되었을지 모릅니다. 어쨌든 1956년 선거에 나선 조봉암이 초반에는 3등으로 달렸죠. 1, 2등을 바짝 뒤쫓는 3등. 2강 1중이나, 3강 구도라고나 할까요. 그런데 갑자기 신익희가 죽었어요.

신익희가 죽었으니 민주당의 표가 조봉암한테 갔느냐? 꼭 그렇지는 않습니다. 신익희가 워낙 선거에 임박해 죽었기 때문에 투표용지에 신익희 이름이 그대로 찍혀 있었거든요. 그래서 무효표가 굉장히 많이 나왔습니다. 기권표도 많았고요. 또 신익희가 죽은 다음에 민주당은 조봉암이 아닌, 이승만을 찍으라고 했습니다. 야당인 민주당이 이승만 선거운동을 해줬습니다. 민주당의 입장은 "그래도 이승만은 반공주의자인데 조봉암은 빨갱이다, 한 번 빨갱이는 영원한 빨갱이다"이라는 거였죠. 1955년 야권 대통합 때 조봉암도 참여하려고 했는데 차라리 김일성하고 회담을 하지 조봉암하고는 못하겠다, 그렇게 내쳤거든요. 그 분위기가 1956년 선거에까지 계속 이어졌습니다.

〈중앙일보〉홍석현 회장의 부친이며 이건희 회장의 장인인 홍진기 씨가 자유당 시절 법무장관이었는데, 그분의 회고록에 기가 막힌 이야기가 나옵니다. 1956년 대통령 선거 때 투표함을 열어봤더니 조봉암 표가 너무 많더라는 겁니다. 그래서 민주당하고 타협하길, "야, 부통령 표는 우리가 손 안 댈 테니까 대통령 표는 봐줘라" 그랬대요. 무슨 이야기인지 아시겠죠? 결국 대통령에는 이승만이, 부통령에는 민주당의 장면이 당선되었습니다. 이때 나온 유명한 이야기가 있죠. "투표에서 이기고 개표에서 졌다."

문제는 여야가 짜고 선거를 치렀는데도 무소속 조봉암이 거의 30퍼센트 가까이 얻었다는 점입니다. 1960년 대선을 앞두고는 아무래도 불안해서 조봉암을 죽여버린 겁니다. 뿐만 아니라 대통령 선거에서 엄청나게 국민의 지지를 받은 사람이 정당을 만들어 국회의원 선거에 뛰어들면 어떻게 되겠습니까? 민주당으로서는 그야말로 재미없죠. 진보당 사건이 일어났을 때도 민주당이 팔짱 끼고 방관했어요. "왜 야당을 탄압하냐?" 옆에서 소리 한번 질러주지 않은 겁니다. 잠재적인 경쟁자이기 때문이에요. 조봉암이 제거되는 걸 민주당도 속으로 좋아했던 거죠.

조봉암을 무슨 명목으로 제거했습니까? 지금 생각하면 어이가 없죠. '평화통일론'을 주창했다는 죄입니다. 그때는 무조건 '북진통일'이었어요. 6·25는 무효다, 다시 한판 붙어보자. 그런 식으로 그냥 밀고 올라가는 게 목표였어요. 1950년대에 나온 책들을 보면 맨 뒷장에 「국군의 맹서」라는 게 있습니다. 국기에 대한 맹세가 아니라 국군의 맹서인데, "백두산 영봉에 태극기 날리고"라고 되어 있어요. 이런 분위기에서 조봉암이 평화통일을 하자고 하니 문제가 된 거죠. 북한을 때려 죽여도 시원찮을 판에 평화롭게 통일하자니, 이거 이북에서 하는 이야기 아니냐? 뭐 그렇게 해서 1958년 1월 진보당 사건을 조작해 조봉암과 진보당 간부들을 잡아들였습니다. 그해 5월 국회의원 선거가 있었는데 진보당은 이 사건으로 아예 후보 등록도 못했죠. 이승만 정권은 조봉암이 이북 간첩 양이섭과 접선하고 공작금을 받았다는 등 터무니없는 누명을 씌웠지만, 사법부는 1심에서 간첩 부분에 대해 무죄를 선고했습니다. 그러나 끝까지 정의를 수호하지는 못했어요. 고등법원과 대법원은 조봉암에게 사형을 선고했고, 이승만 정권은 대통령 선거를 6개월 앞둔 1959년 7월 31일 서대문형무소에서 사형을 집

진보당 사건 공판
국가보안법 위반 혐의로 재판을 받고 있는 진보당 사건 관련자들. 앞줄 왼쪽 두 번째에 조봉암 당 위원장, 두 사람 건너 윤길중 당 간사장의 얼굴이 보인다. 이승만 정부는 대통령 선거를 6개월 앞둔 1959년 7월 조봉암에 대한 사형을 집행한다.

행했어요. 이것이 우리나라 첫 진보정당의 최후입니다.

사실 해방 이후부터 따지면 진보당이 첫 번째 진보정당은 아니죠. 해방 이후 미군정기에는 조선공산당도 합법정당이었어요. 1946년 조선공산당이 남로당으로 재편되었는데 남로당도 대한민국 정부가 출범했을 때는 합법정당이었고요. 그러다 1949년 남로당 활동이 불법화되었고 전쟁이 터지자 공산주의자들이 북으로 올라가거나 지하로 잠적했죠.

조봉암 선생은 조선공산당에 참여했다 일찍이 1946년 전향했죠. 전향을 인정받아 대한민국 정부 수립에 참여해 초대 농림부 장관과 국회 부의장까지 지냈어요. 신분 세탁은 다 되었다고 할 수 있는 분이죠.

이렇게 정부와 국회의 요직을 지낸 조봉암 선생조차도 한국 같은 풍토에서 진보정당을 만들려면 아마 뒷골이 뻑뻑했던 모양입니다. 그래서 보수 야당에 들어가고 싶어 했어요. 민주당의 그늘 아래로 들어가면 보호막이 되어주지 않겠느냐는 생각을 본능적으로 했는지, 아니면 진보적인 어젠다를 현실 정치에서 실현하기 위해서였는지는 모르겠습니다. 어쨌든 조봉암 선생은 민주당에 들어가고 싶어 했는데 민주당이 왕따를 놓아 결국 진보당을 만들죠.

일제강점기를 거쳐 해방 이후를 직접 겪었던 당시 우리나라 사람들한테는 진보에 대한 기준치가 있었어요. 그게 1980년대, 1990년대 한국인들보다 오히려 더 높았던 것 같습니다. 그래서 진보적인 국민들은 민주당의 조병옥이나 신익희 같은 사람들은 성에 차지 않았고 조봉암에게 좀 기대했던 게 아닌가 합니다. 또 1950년대만 하더라도 해방 직후의 진보 활동을 보고 듣고 기억하는 사람들에게는 조봉암의 한마디가 먹혀들었지요. 이승만 부류의 사람들이 하는 이야기와 달리 조봉암이 피해 대중에 대해 이야기하고 기층 생산자들에 관심을 기울인 부분이 먹혀들었던 거죠.

4·19 혁명과 혁신 세력

조봉암이 사형당하고 10개월 만에 4·19가 터졌습니다. 조봉암이 죽고 딱 1년 후인 7월 29일 총선을 실시했어요. 그 선거에 혁신세력들도 나왔는데, 이 사람들은 지금 기준으로 볼 때는 좌파라기보다는 중도

우파 정도에 해당한다고 할 수 있지요. 요즘의 진보세력이 중도좌파라면 혁신세력은 중도우파 정도 됩니다. 그 혁신세력이 민의원 223석 중 5석, 참의원 58석 가운데 3석을 얻어 모두 8석을 차지했어요. 총 280석 중에서 8석을 차지한 겁니다.

지난 2004년 총선에서 민주노동당이 300석 중 10석을 차지했죠? 1960년 총선과 비슷한 셈인데 제가 그때 〈한겨레21〉에다 이런 글을 썼어요. "몇십 년 만에 진보정당이 의회에 진출해 모두 '의회 대거 진입'이라며 놀라워하지만 1960년 총선 때도 혁신세력이 의회에 진출했었다. 당시나 지금이나 의석수는 비슷하다. 그런데 그때는 참패했다고 평가했다." 뭐 그런 내용이었어요. 1960년에는 정말 혁신세력의 성과에 대해 의회에 교두보를 확보하는 데 실패했다고 냉정하게 평가했어요. 그러면서 혁신정당이 앞으로 장외투쟁에 의존할 수밖에 없다고 했습니다.

그런데 1960년 총선 자료를 보다가 도저히 이해가 안 가는 부분이 있었습니다. 뭐냐 하면 혁신정당 중에 제일 큰 당이 사회대중당인데 어처구니없게도 같은 지역구에서 출마한 그 당 후보가 여러 명이에요. 당시 '동래' 지역구가 좀 진보 성향이 있었나 봐요. '동래' 한 선거구에만 사회대중당 후보가 4명이에요. 말이 됩니까? 사회대중당이 복수 후보를 낸 데가 20여 군데예요. 결과가 어땠겠습니까? 다 떨어졌죠. 떨어질 수밖에 없잖아요. 규율이고 뭐고 없는 거예요. "나 나갈래" 하고 무턱대고 나가서 같은 당끼리 경쟁했는데 그런 지경에서도 8석이나 얻었어요. 그걸 당시에는 참패라고 불렀습니다.

반면, 2004년 선거는 탄핵 선거였죠. 선거가 끝나고 양당의 대표선수인 유시민과 노회찬 사이에 논쟁이 붙었어요. 열린우리당이 의석을 굉장히 많이 늘렸잖아요. 47석에서 152석이 되었으니까 3배 이상 뻥튀기를 했습니다. 그걸 두고 노회찬 씨가 "길 가다 지갑 주웠다"고 표현했어요. 유시민 씨가 발끈해서 "지갑은 우리가 주은 게 아니라 당신네가 주웠다"고 했습니다. 때아닌 지갑 논쟁이 벌어졌는데 제가 볼 때는 열린우리당은 지갑을 주은 게 아니라 도박을 해서 딴 겁니다. 노무현 대통령이 임기 4년 남은 대통령 자리를 건 도박을 해서 판을 쓴 겁니다.

진짜 지갑을 주은 쪽은 민주노동당이 아닌가 싶어요. 중요한 사실은 민주노동당이 남의 지갑을 주운 것이 아니라 자기 지갑을 찾았다는 거예요. 40년 전에 도둑맞은, 아니 강도에게 빼앗긴 자기 지갑이죠. 40년 전에도 8석을 얻었잖아요. 물론 8석 중에 참의원 3석은 덤이었습니다. 참의원 선거에서 제비뽑기를 해서 기호 1번을 뽑은 사람은 다 당선되었거든요. 제비뽑기에서 혁신계 2명이 1번을 뽑았고 1명은 2번을 뽑았는데 당선이 된 겁니다. 그 3명은 7~8명 뽑는 선거구에서 다 8등으로 당선되었어요. 기호의 승리였죠. 그래서 운 좋게 8석을 얻었죠. 지난 2004년 선거에서 민주노동당이 10석을 얻게 된 것도 사실 정당투표제 영향이 컸죠. 지지 후보와 지지 정당을 따로 찍는 1인 2투표제로 정당 득표율 13.1퍼센트를 얻어 비례대표 8석을 얻었습니다.

1960년 선거도 색깔론이 무시무시했어요. 민주당이 사실 대단히 보수적이고 반공적인 정권이라고 말씀드렸잖아요. 그 무렵 잠시 세상이 좋아져서 혁신계도 나오고 교원노조도 만들어졌지만 그건 혁명적 상황이었기 때문이지 정권 자체가 용인한 게 결코 아니었어요. 당시 민주당 정권은 이승만 정권보다 더 보수적이었다고 보시면 됩니다.

4·19혁명으로 얼떨결에 집권한 민주당은 아예 부자 정권, 보수 정권 티를 많이 냈습니다. 특히 색깔론 부분에서 더 그랬는데, 반공은 어떤 의미에서 이승만 정권 때보다 더 강화되었어요. 사실 이때 반공법을 만들려고 했고요, 이 자리의 송기수 선생님 사건도 관련이 있습니다만, 국가보안법의 불고지죄를 이 정권에서 만들었어요. 또한 민주당 정권은 선거를 20여 일 앞두고 혁신계 정당원의 60퍼센트가 옛 남로당 당원이라며 경찰에 조사를 지시했습니다. 혁신계가 색깔론으로 큰 타격을 받았죠.

진보의 공백기

진보정당의 오랜 공백기인 박정희 시대에 사회주의 정당으로 유일하게 통일사회당이 있었습니다. 통일사회당을 이끈 사람은 김철 선생이라고, 김대중 정권하에 장관을 지낸 김한길 씨의 아버지죠. 그분이 원외에서 통일사회당을 오래했는데 박 정권이 그냥 놔두었습니다. 어떻게 박정희 시대에 그럴 수 있었을까요?

박정희가 쿠데타를 일으키고 1961년 군정 시절에 반공법을 만들었습니다. 그 전 민주당 정권 때는 만들려고 시도했던 것이고요. 사실 자유민주주의 국가에서 반공법은 말이 안 됩니다. 공산당이라도 폭력 행동을 해야 처벌하지, 단순히 공산당 활동을 한다고 처벌할 수는 없거든요. 사상의 자유, 결사의 자유가 있기 때문이죠. 그 덕분에 모든 자유민주주의 국가에서는 공산당이 다 합법이에요.

박정희가 반공법을 만들어서 어쩌구저쩌구 욕을 들으니까 우리도 사회주의 정당이 있다는 대외 선전이 필요했죠. 그래서 사회주의 인

김철 통일사회당 당수
박정희 시대 유일한 사회주의 정당이 있었는데, 바로 김철이 이끈 통일사회당이다. 그는 김한길 전 장관의 아버지이다.

터내셔널 가입 정당을 하나 두었던 겁니다. 통일사회당이 그 역할을 했어요. 김철 씨가 가끔 중앙정보부에 잡혀가고 더러 고생도 하지만 통일사회당은 유지되었고, 김철 씨를 잡아가도 감옥에는 잘 안 보냈어요. "적당히 합시다. 피차간에." 그렇게 굴러갔습니다.

전두환 시대에도 사회주의 정당이 있었습니다. 전두환의 자상함이 참으로 눈물겨운데, 밥상을 차릴 때 사회주의 정당까지 추가해서 차렸어요. 안기부를 시켜 야당을 만들 때 민한당과 국민당에다 사회주의 정당까지 만든 겁니다. 1980년대 사회주의 정당으로 신정사회당과 근로농민당이 있습니다. 신정사회당에서 두어 명을 당선시켰고 농민당도 1명을 당선시켜서 골고루 배치했습니다. 대개 우리나라 사회주의 정당 계보에서 신정사회당은 뺍니다. 창피해서.

벌떼론과 현실의 벽

혹시 '전위당'이라는 말을 들어본 적이 있습니까? 이게 1980년대 우리 진보정당의 역사를 이야기할 때 중요한 정당 형태입니다. 우리는 진보정당이라고 하면 민주노동당 형태의 대중정당을 떠올리지만, 아주 오랜 기간 진보진영이 꿈꾸었던 정당은 전위당이었습니다. 해방공간 당시의 조선공산당도 전위당 형태였고, 1960년대의 통일혁명당도 전위당 건설을 모색했죠. 전위당에 대한 이론은 레닌이 정리했어요. 보수지배세력이나 제국주의 세력이 엄청난 힘으로 위에서 누르고 있는 시점에 혁명을 선도할 참모부를 만드는 건데, 그러다 보니 자연스럽게 전위당은 비합법, 비밀조직 형태를 띠게 됩니다. 대중정당은 2차 세계대전 이후 소련이 동구를 점령한 조건하에서 사회주의자들이 마음 놓고 활동할 수 있는 합법공간이 열린 뒤 많이 만들어졌습니다. '공산당'이라는 협소한 간판을 떼고 '노동당'으로 탈바꿈하면서 널리 퍼졌지요. 물론 부르주아 민주주의가 실현된 서구유럽국가에서는 이와는 또 다른 맥락에서 진보적인 대중정당들이 일찍부터 출현했습니다.

1980년대에는 학생운동이나 노동운동이 대단히 급진화되었다는 얘기를 여러 차례 드렸는데, 노동현장으로 들어간 학생운동출신들은 거의 대부분 전위당 건설의 꿈을 갖고 있었습니다. 실제 앞장서서 노동자 대중을 이끌 이념과 조직과 실력을 갖추었느냐는 별개의 문제이지만요.

1987년의 6월 항쟁은 민주주의의 새로운 가능성을 열어주었습니다. 일부 활동가들은 이 열린 공간을 이용하여 공개된 합법 무대에서 정치활동을 꿈꾸었지요. 이런 입장이 꼭 전위당의 영도를 부인하는 것은 아니었을 겁니다. 6월 항쟁을 거치면서 진보진영 일각에서도 독자적인 정당을 만들어 선거에 참여하자는 꿈을 꾸었습니다. 제가 20

대 후반으로 한창 왔다 갔다 할 때여서 기억이 나는데 제 친구나 선배들 중에도 진보정당 만들겠다고 운동하던 사람들이 있었습니다. 그때 유명한 이야기가 '벌떼론'입니다. 우리가 깃발만 들면 사람들이 벌떼처럼 모여들 것이다. 그런 희망에 부풀었는데 웬걸요. 깃발을 들었더니 몇십 명 모이는 게 전부더라고요.

1988년 13대 총선을 앞두고 '한겨레민주당'과 '민중의당'이 만들어졌습니다. '한겨레민주당'으로는 조금 이름이 알려진 변호사라든가 교수 등이 선거에 나갔고요. 바닥에서 운동하던 친구들은 '민중의당' 같은 데서 나갔는데, 대개 제 또래의 20대 중반에서 30대 초반이었죠. 한겨레민주당이 전남 신안에서 의석 하나를 얻었지만, 그게 평민당 한화갑 씨의 후보 등록이 무효가 되는 바람에 반민정당표가 몰려 당선된 겁니다. '민중의당' 후보로 나간 친구들은 선거구마다 차이는 있겠지만 대부분 500~700표 정도 받고 떨어졌어요. 사실 국회의원 선거에서는 아무나 나가도 대충 500표, 700표는 받죠. 그걸 받고 떨어졌어요.

진보진영에서 대통령 선거에 독자 후보로 백기완 선생을 밀었지만, 양김이 워낙 첨예하게 붙어서 완주를 못했죠. 1992년 선거에서는 끝까지 뛰었는데 1퍼센트를 못 넘었어요. 우리 사회에서 진보정당의 벽이 그만큼 높았습니다. 지난 시간에 예비군 문제를 이야기했죠. 30년, 40년 전에 "예비군 폐지합시다"를 대통령 선거 구호로 내세웠던 김대중 씨가 대통령이 되었지만 '폐지'의 '폐'도 안 나올 만큼 지난 수십 년간 우리 사회가 오른쪽으로 착착착 가 버렸어요. 참여정부 때도 마찬가지였다고 생각합니다.

1980년대에 대학 사회가 무지 과격했잖아요. 내로라하는 이론가들이 활발하게 활동했지만, 그 영향력은 자기 동네에 국한됐을 뿐이었죠. 우리가 돌출적으로 사회에 몇 군데 구멍을 내기 시작했지만 사회 전체는 수십 년간 세뇌를 당해온 거예요. 레드 콤플렉스가 온몸 구석구석 배었죠. 문제는 해방 이후를 겪은 세대보다도 오히려 새롭게 태어난 세대가 아예 진보를 호흡도 못해보고 꿈도 꿔보지 못한 상태에서 그런 방향으로 흘러갔다는 겁니다.

그런 시행착오를 거치면서 '아, 진보정당이 쉽게 만들어지지 않는구나' 깨닫게 되죠. 그러면서도 진보에 대한 꿈, 사회주의에 대한 꿈이 점점 커지다가 갑자기 현실사회주의 체제가 무너지는 세계사적인 흐름 앞에서 모든 전망이 사라져버립니다. 한국에서는 급진적인 청년 학생들이 이제야 사회주의의 꿈을 키워보려고 하는데 동구에서는 갑자기 현실사회주의가 무너진 거예요.

그동안 한국 사회가 어땠습니까? 사회주의의 '사' 자도 꺼낼 수 없었잖아요? '평화통일'을 외쳐도 잡아 죽이고 '민족' 이야기만 해도 잡아 죽이는데, '계급' 이야기를 어떻게 합니까? 실제로 어땠냐 하면요. 1980년도에 제가 교지 편집장을 했는데 그때 누가 원고에 '계급'이라고 쓰면 교지 지도교수가 다 '계층'으로 바꿔놨어요. '계급' 하고 '계층'은 엄연히 다른 개념 아닙니까? 그런데 다 바꿨어요. 막스 베버를 인용해도 이거 마르크스 아니냐며 붉은 줄을 긋던 시절이니 뭐 오죽했겠습니까?

그런 분위기에서 학생들이 사회주의 서적을 읽기 시작했어요. 사회주의에 대해 공부도 하고 고민도 하고 그랬습니다. 한국 사회에서 워낙 자본주의의 문제점들이 구조적으로 드러날 때니까 하나의 대안으로서 사회주의를 고민했어요. 사회주의 혁명을 꿈꾸었던 사람들은 당연히 최고의 조직 형태로 전위당을 만들어야 한다고 생각했죠. 6월 항쟁 이후에는 전술적인 차원에서 진보적 대중정당을 꿈꾸었던 사람들도 있고요.

1987년 6월 항쟁 이후 대선이 끝나고 1988년을 지나면서 단군 이래 최대의 언론 자유를 맞이해요. 심지어 북한 서적까지 막 찍어내는 분위기였는데 갑자기 공안정국이 몰아쳤습니다. 그 무렵 바깥에서는 사회주의 체제가 무너지기 시작했어요. 그 전에 먼저 1989년 6월 천안문 사태가 일어났죠. 천안문에서 대학생들이 시위를 하는데 중국 공산당이 내버려두는 거예요. 진보진영에서는 "사회주의 체제를 봐라. 얼마나 민주적이냐?" 그랬는데 웬걸, 어느 날 갑자기 탱크가 들이닥치더니 정말 깨끗하게 깔아뭉갰어요. 광주하고는 비교가 안 될 정도였죠. 우리는 '어, 사회주의 정권이 왜 저러지? 어떻게 저럴 수가 있지?' 하면서 어떻게 해석해야 할지 몰라 갸우뚱했죠. 그러다 가을이 되면서 독일 사람들이 갑자기 베를린 장벽에 몰려들어 담벼락을 부수기 시작했고, 며칠 후에는 루마니아에서 민중혁명이 일어나고, 차우세스쿠 대통령의 총살 장면이 그대로 실황 중계됐습니다.

현실사회주의 체제가 그렇게 허망하게 무너진 겁니다. 그러면서 한국에서 뒤늦게 꾸기 시작한 사회주의의 꿈이 엄청난 타격을 입게 되었습니다. 1990년을 전후한 시기에 많은 사람이 운동을 포기하고 떠나고, 진로를 바꾸고, 지하에 있다가 올라오고 여러 가지 부침을 겪었습니다.

바로 그 무렵 민중당이 창당됐어요. 지금 한나라당을 살렸다고 하는 김문수, 이재오와 운동권 사회에서 유명한 장기표 같은 분들이 모여 민중당을 만들어요. 1990년 6월 21일 발기인대회, 11월 10일 창당

민중당 창당
1990년 12월 19일 오후 민중당의 이우재 상임 대표와 김낙중 대표, 이재오, 장기표, 문익환 목사 등이 참석한 가운데 마포 당사에서 현판을 하고 있다. 이재오 국가권익위원장, 김문수 경기도지사, 차명진 한나라당 의원, 박형준 정무수석 등이 이 민중당 출신들이다.

대회를 거쳐 민중당이 창당되었습니다. 민중당의 상층 지도부는 전민련에서 이탈한 재야 명망가들 중심이었지만, 당의 토대를 이룬 것은 인민노련, 사노맹 등 지하 노동자 정치조직 구성원들이었습니다.

한편 동구사회주의권에 이어 1991년 소련이 붕괴되면서 사회주의를 꿈꾸었던 활동가들은 이루 말할 수 없는 충격과 혼란에 빠집니다. 당시 지하에서 전위당 건설을 꿈꾸며 비합법으로 활동하던 급진세력들이 비합법 전위정당 건설노선을 폐기하고, '신노선'을 채택하여 공개 합법적인 노동자정당을 건설하려고 합니다. 이른바 청산론 바람이 분 거지요. 이들은 지상으로 나와 1991년 말 (가칭)한국노동당 창당을 제안하고, 1992년 1월 3천 500명이 모여 창당발기인 대회를 가졌습니다. 그러자 노태우 정권은 주대환 창당준비위원장 등 지도부 5인을 검거하는 등 탄압을 했지요. 이들은 민중당과의 통합을 희망했지만 그마저 여의치 않았고, 거의 민중당에 흡수되다시피 합니다. 그러나 민중당 역시 기대했던 1992년 총선에서 단 한 명의 당선자도 내지 못하고, 득표율도 1.5퍼센트에 그쳐 정당법에 규정된 정당자격 요건을 채우지 못하고서 해산의 운명을 맞지요. 여기에다 1992년 대통령 선거를 앞두고 이른바 중부지역당 사건이 터지면서 지도부 일부가 북과 연결된 것으로 드러나 치명타를 맞게 되었죠. 첩첩산중이었죠.

그런 와중에 이재오, 김문수, 이우재, 정태윤 등 민중당의 상층부와 이들의 추종자들이 문민정부 출범 이후 김영삼의 신한국당에 대거 입당하고 맙니다. 이들이 지금 MB계의 중요한 한 축을 이루고 있으니 참 아이러니한 일이지요.

아무튼 민중당은 국민들로부터 완벽하게 버림받았습니다. 민주화 운동 세력의 영향력이 무척 크다고 생각해왔는데 현실은 그렇지 않았음을 뼈저리게 느꼈죠. 1980년대를 거치면서 무척 강해 보이던 진보 세력이나 운동진영이라는 게 선거라는 판에 풀어놓으니까 그냥 묻혀버리고 만 겁니다.

한국 사회는 여전히 국가보안법이 맹위를 떨쳤고 사회주의의 기미가 조금만 보여도 저거 빨갱이 아니냐는 소리가 나오죠. 아직 진보정당이 날개를 펼칠 만한 여건이 안 되었던 겁니다. 노동자들의 대중적 조직화가 미미했던 시절, 민중당의 실험은 그렇게 참패로 돌아갔습니다.

진정한 대중적 진보정당, 민주노동당의 탄생

민중당의 실험이 실패로 끝난 뒤에도 진보정당을 만들겠다는 꿈마저 사라진 것은 아닙니다. 한국의 운동진영을 크게 나누면 민족문제를 중시하는 NL계열과 계급문제를 중시하는 PD계열로 나눌 수 있습니다. NL계열은 좀 더 많은 계급·계층을 포괄하는 연합체로서의 조직을 중시했기 때문에, 전위당이나 대중적 진보정당을 만드는 데는 좀 소극적이었습니다. 반면 PD계열은 내부사정이 복잡하지만 전위당 노선을 청산한 이후에는 대중정당 형태의 진보정당을 만드는 작업을 중시했습니다. 민중당이 해산된 뒤 진보정당추진위원회(진정추)가 만들어져서 활동을 했지요.

1997년의 대통령 선거는 여러 가지 의미에서 복잡했던 진보정당 결성 논의가 현실적 조직으로 구체화되는 계기였다고 할 수 있습니다. 이때 민주노총의 주도 아래 전국연합과 진보정치연합이 참여하여 '국민승리21'이 발족했습니다. '국민승리21'은 민주노동당의 전신이라고 할 수 있는데, 처음에는 대선을 치르기 위한 민주진보진영의 임시적 대응기구였다고 할 수 있습니다. 이는 대단히 중요한 실험이었지만, 득표만을 놓고 본다면 결과는 참담했습니다. 당시 국민승리21 주변의 많은 사람들이 민주노총 조합원만 해도 50만 명이 넘으니, 그 가족 중 한 명씩만 더 찍으면 100만 표는 따놓은 것이요, 잘하면 300만 표도 가능할 것이라고 믿었습니다. 그런데 정작 투표함을 열어보니 30만 표를 겨우 넘겼어요. 운동진영 일부만이 지지했던 1992년 백기완 민중 후보의 득표와 비교해봐도 민주노총, 전국연합 등의 조직적 지원을 받은 권영길 후보가 별로 표를 더 얻지 못한 거예요. 민주노총 조합원도 절반 이상은 김대중 후보나 다른 후보를 찍었다는 얘깁니다.

선거를 앞두고 급조된 국민승리21은 선거 패배 이후 뿔뿔이 흩어졌죠. 그래도 권영길 후보와 권 후보를 중심으로 대통령 선거를 치른 핵심활동가들이 남아서 진보정당의 꿈을 버리지 않았습니다. 그러나 상황은 어려웠습니다. 권영길 대표가 민주노총의 초대위원장이었는데, 1기 지도부가 정리해고 도입에 합의했다가 불신임당했거든요. 또 대선 과정에서의 "일어나라 코리아" 같은 구호가 '몰계급적 애국주의'라고 좌파진영의 비판을 받았기 때문에 한동안 진보정당운동은 난관에 봉착했습니다. 그러다가 1998년 6월 지방선거에서 울산 지역 구청장 2명 등 노동자들의 조직적인 지원을 받은 후보들이 대거 당선되면서 반전의 계기를 잡게 됩니다. 당시 민주노총은 정리해고 문제가 발등에 떨어져 진보정당 결성에 적극적으로 힘을 실을 수는 없었죠. 그러다가 민주노총이 1999년 4월 중앙위원회 결의로 진보정당 창당 추진위원회를 결성했고, 이를 토대로 8월 진보정당 발기인 대회를 가졌습니다. 그리고 마침내 2000년 1월 민주노동당이 창당됩니다. 당명을 결정하는 과정에도 우여곡절이 많았습니다. 민주진보당으로 할 것이냐, 민주노동당으로 할 것이냐, 당명에 통일이란 말이 꼭 들어가야 하지 않느냐, 오랜 논쟁과 여러 차례의 투표를 거쳐 민주노동당으로 당명이 확정되었습니다. 진보당 해산 이후 40여년 만에 영향력 있는 진보정당이 출현한 것이지요.

2000년 4월 제16대 총선에서 민주노동당은 1명도 당선되지 못했지만 출마 지역 평균 득표율이 13.1퍼센트였어요. 2000년 1월 창당했는데 처음 도전한 것 치고는 괜찮은 성적이었습니다. 2002년 6월 지방선거에서는 정당 득표율 8퍼센트로 정당 지지율 3위를 했으니까 나쁘지 않았죠. 그런데 2002년 12월 대통령 선거에서는 지방선거 때 얻은 정당 득표율의 절반도 못 얻었어요. 민주-반민주 구도 아래 양자대결 형태로 진행되는 대통령 선거에서 진보정당의 입지가 어렵다는 점이 또 한 번 확인되었습니다. 쉽게 이야기해서 민주노총이나 조직원들도 다 민주노동당을 찍은 게 아니었습니다.

한국과 같이 반공주의가 거세고 지역감정이 드센 나라에서 소선거구제를 통해 진보정당이 원내에 진출한다는 것은 대단히 어렵습니다. 서구에서 녹색당 등이 돌풍을 일으킬 수 있었던 것은 소선거구제를 통한 지역구 의원의 원내 진출이 아니라 정당 명부 비례대표제를 통해서입니다. 민주노동당도 이에 착안하여 기존의 전국구제도가 비례대표제의 정신을 살리지 못한다고 헌법소원을 냈는데, 2001년 헌법재판소에서 이 소원을 받아들여 1인 2표제의 정당명부 비례대표제가 다음 선거부터 시행되게 되었습니다. 민주노동당에게는 크게 다행스러운 일이었죠.

드디어 2004년 17대 총선에서 처음으로 국회에 진출하게 됩니다. 지역구에서 2명, 비례대표로 8명이 당선되었어요. 원내 제3당이 되었습니다. 민주노동당이 원내 제3당이 되리라는 예상은 제가 처음 했습니다. 탄핵 직후에 제가 그렇게 예상한 내용이 〈한겨레〉에 나와 있어요. 정말 우연이었을까, 필연이었을까? 그때 새천년민주당이 60석이었다가 몰락해 9석이 되었고, 민주노동당이 10석을 차지해 제3당으로 올라섰습니다. 그게 참 우여곡절이 많은데 민주노동당 비례대표 8번이 노회찬이었어요. 비례대표라는 게 0.1퍼센트라도 투표율이 높은 당에 주잖아요. 하필 노회찬과 당락을 겨루던 사람이 자민련 김종필이었습니다. 의석 하나가 민주노동당으로 가느냐, 자민련으로 가느냐였는데, 결국 노회찬이 김종필을 떨어뜨리고 당선되었죠. 상당한 상징성을 지닌 당선입니다.

10명의 국회의원이 등장하고 국회의원의 세비도 노동자 평균 임금인 180만원만 받고 나머지는 당비로 납부하겠다는 등 여러 가지 참신

한 모습을 보여 한때 당 지지율이 20퍼센트가 넘었습니다. 그런데 딱 거기까지였던 것 같아요. 이게 오래가지 못했습니다. 울산 북구 조승수 의원이 선거법 위반으로 국회의원직을 상실하면서 2005년 10월 보궐선거를 치렀는데, 당이 총력을 기울였음에도 한나라당에 패하고 말았죠. 이 때문에 민주노동당은 지도부가 총사퇴를 해야 했습니다. 2006년 5월의 지방선거에서 민주노동당은 조금 후퇴했지만, 열린우리당은 수도권에서 전멸하는 등 상상하기 힘든 참패를 당했습니다. 참으로 고민스러운 지점은 진보정당의 독자성이지요. 노무현 정권이 죽을 쑤면서 민주노동당의 지지율도 동반하락하기 시작했습니다. 민주노동당 입장에서야 부르주아 정당인 한나라당과 열린우리당이 거기서 거기겠지만, 국민들의 입장에선 열린우리당과 민주노동당이 다 똑같아 보인다는 거예요. 이 점을 어떻게 극복할 것인가가 큰 과제가 아닐 수 없습니다.

한나라당의 이명박 후보가 독주한 2007년 대통령 선거에서 권영길 후보의 지지율은 3퍼센트대로 다시 추락했고, 정권이 바뀌면서 공안 사건이 터질지 모른다는 두려움과 종북주의 논쟁, 그리고 당권파의 패권주의적, 비민주적 당 운영에 대한 불만 등이 합쳐져 결국 당이 갈라졌습니다. 그래서 어떻게 되었습니까? 다 망했죠. 둘 다 망했습니다. 2009년 4월 18대 국회의원 선거에서 민주노동당은 의석이 절반으로 줄어들었고 진보신당은 한 석도 못 얻었어요.

보수는 부패로 망하고, 진보는 분열로 망한다지만 2008년의 분당사태처럼 가슴 아픈 일은 다시없을 겁니다. '종북주의' 문제를 극한으로 몰고 가 당을 깨버린 것도 원망스러웠고, 비민주적인 당 운영으로 정파와 무관한 일반 당원들의 등을 돌리게 만든 것도 답답했습니다.

민주노동당 당선자 기자회견
2004년 총선에서 민노당은 10석을 차지해 원내 제3당이 되었다. 기자회견 당시 "실현 가능한 정책 제시로 다른 정당들이 뒤쫓아오지 않을 수 없도록 하겠다"고 밝혔지만, 이후 대선 참패, 분당 등의 사태를 겪으며 진보진영은 큰 어려움에 직면하고 있다.

분당 당시 당권을 장악한 쪽은 NL계라 할 수 있는데, 이쪽은 처음에는 진보정당에 소극적이었다가 2001년경부터 진보정당의 필요성을 중시하는 방향으로 태도를 바꿨습니다.

이때부터 이쪽 정파의 사람들이 많이 민주노동당에 입당하기 시작했습니다. 이쪽 분들은 대체로 좌파계열에 비해 대중사업에 더 열성이고 성과도 많이 내었지요. 그런데 가끔씩 심각한 문제가 발생했습니다. 예컨대 용산은 미군기지가 집중되어 있어 민족문제를 중시하는 자주파에게는 매우 중요한 지역이죠. 민주노동당은 주민등록상의 거주지와 상관없이 자신의 활동구역을 택해 당적을 가질 수 있는데, 새로 입당한 자주파 활동가들이 주로 용산지구당을 택하면서 기존에 이

지역에서 활동하던 당원들 숫자보다 많아지게 된 겁니다. 이런 상태에서 지구당 지도부를 자주파에서 차지하려 하다보니까 이 문제가 전당적으로 시끄럽게 된 것이고, 정파와 무관한 일반 당원들 입장에서도 부당하다 생각한 분들이 많이 나오게 되었습니다. 더구나 일심회 사건에서 당의 기밀을 북쪽에 제공했다는 문제를 당권파가 원칙적으로 단호히 처리하지 못하면서 많은 사람들이 실망을 하게 되었지요. 이런 잘못이 꼭 당을 깨야만 하는 것이었는지는 잘 모르겠습니다만, 분당이라는 참으로 불행한 일이 벌어졌습니다. 분당에 이어 2008년 국회의원 선거에서 참패하고 한 달 조금 지나서 촛불이 켜졌잖아요. 강기갑 대표가 '강다르프'라고 해서 떴죠. 진보신당의 '컬러TV'도 엄청나게 떴습니다. 만일 두 당이 합쳐진 상태였다면 굉장했을 거예요. 민주당은 정말 존재감이 없었거든요. 그때가 진보정당이 뜰 정말 좋은 기회였는데 분열로 인해 놓쳤다는 생각이 듭니다.

진보정당, 어떻게 대중 속으로 들어갈 것인가

한국의 진보정당에 대해 여러 가지로 할 말이 많습니다만, 우선 드리고 싶은 말씀은 운동권적인 속성을 극복했으면 좋겠다는 겁니다. 말이 너무 어려워요. 제가 이 동네 물을 먹은 지 30여 년 되는데 제가 들어서 어려우면 그건 아닌 거죠. 정말 무슨 말인지 통 모르겠는 이야기들로 논쟁을 합니다.

대한민국에서 권영길 후보가 3퍼센트 얻었다면 100만 표 얻은 것 아닙니까? 권영길 후보를 찍은 100만 명 중에 NL과 PD를 구분할 사람이 몇 명이나 될까요? 그런데 100만 명 중에서 NL과 PD를 아는 사람 다 합쳐봐야 5만 명이나 될까요? 그나마 단어를 아는 사람이 그 정도고, NL과 PD에 대해 정파적 이해관계를 가진 사람이 과연 몇 명일까요? 저는 몇 백 명도 안 된다고 생각해요. 그 몇 백 명 싸움으로 몇만 명 당원을 가진 당이 갈라진 걸 어떻게 설명해야 할까요? 보수 내지는 중도보수정당인 열린우리당과 진보정당인 민주노동당을 같은 편으로 취급하는 대중들에게 그 차이를 설명하는 것도 쉽지 않은 일인데, 진보정당인 민주노동당의 미세한 차이는 또 어떻게 설명해야 할까요?

진보진영이 대중성도 부족하고 말이 어렵고 재미없어요. 촛불 때 다 들통이 났잖아요. 운동권이 마이크를 잡으면 분위기가 싸해졌잖아요. 왜? 세 마디만 들어보면 알거든요. "신자유주의의 구조적 위기" 이렇게 나오면 딱 운동권입니다. 제가 운동하면서 민망해본 적이 없는데 현장에서 그분들이 마이크 잡았을 때는 낯이 뜨거울 만큼 민망했어요.

정파나 대중성 부족도 문제지만 더 큰 문제는 현재 진보가 갖고 있는 이미지예요. 진보 하면 칙칙하잖아요. 운동권인지 아닌지 보면 대충 압니다. 사실 저도 이런 옷 입고 다니면 안 되는데…… 진보도 옷 잘 입고 모양도 잘 가꾸어야 한다고 생각합니다. 여러분, 동구가 왜 무너졌다고 생각하세요? 뭐 때문에 무너졌습니까? '블루진' 때문에 무너진 것 아닙니까? 마이클 잭슨이 들어가서 공연한 지역부터 차례차례 무너졌어요. 팝과 코카콜라, 블루진. 젊은이들이 따라 하고 싶어 해야 하지 않습니까? 그걸 못 만들어내면서 어떻게 우리 편이 되라고 하겠어요? 나는 진보도 그런 고민이 필요하다고 생각해요.

또 하나, 우리나라 진보진영의 역사를 봐도 그렇고 민주노동당을 봐도 참 아쉬웠던 부분이 있어요. 뭐냐 하면, 쉽게 말해서 한나라당한 테보다 열린우리당이나 민주당 등 보수 야당에 대한 공격이 더 셌다는 느낌이 들어요. 보수 야당표를 우리 편으로 끌어온다는 생각을 많이 하는 듯한데 결과는 어때요? 오히려 보수 야당이나 범민주진영이 올라갈 때 민주노동당도 의석이 많아지고, 그쪽이 죽을 쑤면 같이 죽을 쒔잖아요. 보수 야당을 흔들어서 그쪽 표를 뺏어오는 게 아니라 전체적인 흐름 속에서 함께 오르락내리락 하는 것 같아요. 아직까지 국민들에게 진보진영이 독자적으로 서 있지 못하다는 이야기죠. 사실 진보정당이 만들어진 것도 결국 김대중 정권으로 바뀌고 난 다음이었습니다. 전교조가 합법화된 것도 김대중 정권 들어와서죠. 노동자의 정치 세력화, 노동자 정당에 관한 논의들은 1980년대에 제가 아직 어렸을 때부터 나왔던 이야기인데 김대중 정권 들어서서 비로소 만들어지기 시작한 거잖아요. 그렇게 그 둘이 같이 가는 측면이 분명이 있는 겁니다.

이런 문제들을 어떻게 극복할지 진지하게 고민해야겠습니다만, 지금 여기서 다 이야기할 수는 없고 일단 우리가 반성할 부분부터 짚고 넘어가야겠습니다.

우리가 2004년에 얻은 성과나 지금 현재 얻은 것들에 만족할 것이 아니죠. 같은 편끼리 싸워서 그나마 작은 몫마저 갈라먹고 지금 제 목소리조차 못 내는 상황에서 비정규직, 실업자 문제 등은 점점 더 커지고 있습니다. 진보진영도 그 사람들을 위한 정책을 내놓는다지만 그 사람들은 진보진영을 안 찍잖아요. 이게 현실이란 말이에요. 이를 어떻게 극복할까? 어떻게 좀 더 대중 속으로 들어가야 할 것인가? 그런 고민을 해야 할 것 같습니다. 누군가가 이런 농담을 했어요. 진보신당은 전 세계 진보정당 역사에서 가장 학력이 높은 정당이라고요. 민주노동당도 진보신당 만큼은 아니라 해도 다른 나라의 진보정당에 비하면 비교가 안 될 정도로 고학력의 정당일거에요. 이렇게 된 까닭에는 분단 한국이라는 역사적 조건이 분명 있습니다만, 언제까지나 우리가 거기 갇혀 있을 수는 없잖아요. 우리 민주노동당과 진보신당이 지금 노동자 대중보다 고학력 중산층에게 더 지지를 받고 있는 현실에서, 더 낮은 계층의 지지를 얻어낼 수 있는 건 무엇일까요. 그걸 깊이 성찰해야 합니다.

진보진영의 전망이 어둡다고 생각하지는 않습니다. 우리가 한국전쟁 이후에 워낙 상처를 많이 받았고, 그 후에도 국가보안법이나 지역주의에 찌들었죠. 하지만 그 속에서 독자적인 목소리를 잃지 않으면서 대중이 따르고 꿈꿀 수 있는 전망을 제시한다면 진보진영의 역할을 할 수 있지 않을까 생각합니다. 이제 우리도 수권 정당의 꿈을 한번 꿔봐야 하겠습니다. 제 살아 생전에 진보정당이 집권하는 것을 꼭 보고 싶습니다. 여러분도 그러리라 생각하고요.

2009년 대한민국의 지금 이 순간의 역사에서 수많은 안타까운 현상들이 벌어지고 있는데요. 이렇게 바뀌어가는 세상 속에서 우리가 어떤 미래를 꿈꿔야 할지 걱정입니다. 진보진영도 여러 가지 변화를 추구해야 하지 않을까 싶습니다. 젊은이나 어르신들이나 모두 따라 하고 싶고 사랑하고 싶은 진보, 따뜻하고 편안한 진보, 그런 진보가 나타나기를 고대합니다.

지금 이 순간의 역사 −한홍구의 현대사 특강 2
ⓒ 한홍구 2010

초판 1쇄 발행 2010년 3월 8일
초판 11쇄 발행 2019년 12월 27일

지은이 한홍구
펴낸이 이상훈
편집인 김수영
본부장 정진항
편집1팀 고우리 김단희
마케팅 조재성 천용호 박신영 조은별 노유리
경영지원 정혜진 이송이

펴낸곳 한겨레출판(주) www.hanibook.co.kr
등록 2006년 1월 4일 제313-2006-00003호
주소 서울시 마포구 창전로70(신수동) 화수목빌딩 5층
전화 02-6383-1602~3 **팩스** 02-6383-1610
대표메일 book@hanibook.co.kr

ISBN 978-89-8431-377-4 03900